JN271084

深田剛史
Fukada Takeshi

数霊
かずたま

たま出版

目　次

数霊、その前に 6
　1．神道とあいまいさ 6
　2．調和とあいまいさ 12
　3．数霊のあいまいなわけ 19
　4．数霊への無執着 24

その1　"方陣" 29

その2　"神と41" 52

その3　"光と81" 81

その4　"イザナミと117" 108

その5　"火と水と" 144

その6　"御中主、満ち足りて" 173

その7　"天明と木星" 197

その8　"名古屋と52" 219

その9　"太陽と維新" 250

その10　"富士と88" 273

その11　"土星を以って貴しとなす" 294

その12　"雛形と118" 314

その13 "もうひとつのミロク──37" ……………………………… 335

その14 "焦がすほどに、玉し霊を" ……………………………… 361

 おしまいに ……………………………………………………… 374
 巻末付録・81方陣 ……………………………………………… 387

数霊、その前に

１．神道とあいまいさ

　ＮＯと言えない日本人の「あいまいさ」が取り沙汰されて久しいですが、この「あいまいさ」というものは必ずしも悪しき風習というものでもないのであります。
　法律やスポーツのルールなどがあいまいすぎるのは問題でしょうが、決め事の中にあいまいさが残ったままでありましても民度が高いほど争いは起こりにくいものです。
　逆に民度が低い地域や国ほど決め事・ルールを事細かにしておきませんと、秩序が乱れてまいります。
　なぜなら、あいまいな範囲での判断は、各々(おのおの)のモラルによるものなのですから。
　また思想的なことにいたしましても、すぐに答えを出さずして宙ぶらりんにしておきますと、求めた分はどんどん成長してまいります。それに対する捉え方の深みが。
　「あいまいさ」というものは、相手の親切心の有無にかかわらず、自らの主張をはっきりさせることが相手への思いやりともなるような習慣に育った民族にとりましては、じれったいものでありましょう。
　特に何に対してでもすぐに白黒はっきりつけたがる西洋人にとっては、非合理的以外の何物でもないようであります。
　ところがです。
　日本の風土におきましては「あいまいさ」もまた思いやりであります。
　やんわりとした断り方として言葉を濁し、はっきりさせないことで相手を傷付けまいとする「あいまいさ」は「いい加減さ」とは違いまして、これも心遣いであります。
　相手方も「あいまい」な返答から思いを察し、ではまた次の機会にと退きやすい、やわらかで暖かみのある独自の文化です。
　それでも、相手が必要以上の期待を持ってしまうような「逃げ」でのあいまいさはよろしくありませんし、何度言っても思いを察することが

できないようなしつこい男には、はっきりと"嫌いだってば"と言ってやらなければいけません。
　しかし、だからといって「あいまいさ」が全面的に否定されなければいけないということでもないのであります。

　「あいまいさ」は日本古来からの宗教観にも深く根付いておりまして、それは日本が世界に誇る大変優れた宗教体系、神道の中にも見られます。
　ここでいう神道とは、明治政府のつくりあげた強制的思想の国家神道ですとか、代表的なところが大本、黒住、天理、金光といったやはり明治以後の教派神道のことではありませんでして、それ以前の古神道、あるいは氏神神道と呼ばれるもののことであります。
　古神道、氏神神道とは簡単に申しますと、「人々の暮らしの中で絶えることなく連綿と受け継がれてきた信仰風習」のことでありまして、これを「惟神の道」と申します。カムナガラの道、これが神道であります。
　神道には開祖がおりません。
　開祖がいないので教義もございません。
　したがって戒律もないのであります。
　戒律がないと言い切るのは適切ではないかもしれませんが、定められたものはございません。
　本来信仰とは「神様対個人」においてのことでありまして、その間には何も存在しないのであります。そして、神様対自分の中で得るものは各人違っていて当たり前ですので、一定のものを定める必要性などもございません。
　ですから宗教上の対立もしようがないのであります。何も定められてないのですから。
　先ほど神道を"大変優れた宗教体系"と申しましたが、実はこの表現は間違っております。なぜなら、神道は体系化されておりませんので。
　体系化されておりませんし、教義もありませんので、その解釈の違いにより相手をやり込めたり、争いが生じることもないわけであります、本来は。
　考えてばかりでちっとも行動に移さず、行動する前からすでに答えを出してしまっている者に対し神様は、

「考えんでもよい。まず行動してみよ」
とおっしゃるでしょうし、逆にじっくり考えることなくすぐに思いつきで行動し、失敗をくり返すような呼吸浅き者に対しては、
「おい、動くでない。じっくり考えよ」
とおっしゃることでありましょう。
　この「考えるな、動け」と「動くな、考えよ」のどちらかを教義にしてしまいますと、非常に偏った社会となり、やがては解釈に異を唱える者同士で対立が起こることでありましょう。そうして人々は殺し合っているのです。
　ですが神道にはありがたいことに教義がない。人それぞれが、その時々に応じて直接「神様対自分」の対話の中で適切な答えを導き出していけばよろしいのです。あまり自分を保護しすぎずに。
「考える」とは「神返る（カムガエ）」ことでありまして、自ら神に返る、自身を神にとって代えることでよりよい手段、方法を導き出すことであります。
　また、考えるは「神迎える」でもあります。「カミ・ムカエル」でカムガエルです。
　神迎えるというのは自身の肉体を神の宿る社とし、神様をお迎えすることであります。
　そのために玉し霊（タマシヒ）を穢（けが）さぬようにし、清まった状態で神迎えお智恵を拝借するのであります。
「カエル」とは「発生する」という意味もございまして、卵が孵（かえ）るのカエルです。
　神迎えることにより新たな智恵が発生するのであります。
　神迎えることで神様のお智恵を授かりましたならば、次はお智恵を活かすために行動する。
　行動せぬ者は守護のしようがなく、縁の与えようもないわ、と守護者はおっしゃいます。
　このようなことを生活の中で各々が行ってまいりましたので教義を設ける必要がなかったのであります。

　　元来惟神（カムナガラ）の道では大自然のすべてが信仰の対象でありました。
　太陽を拝み、月を拝み、火を拝み、水を拝む。

木を拝み、花を拝み、農作物を拝む。
　風を拝み、石を拝み、土を拝む。
　親を拝み、子を拝み、人を拝む。
　そして、特に気の高いと感じるところに社を建てました。気の高いところを「イヤシロ地」と申します。「癒す」はここからきております。
　反対に気の澱んだところ、気の枯れたところを「ケカレ地」と呼びました。穢れ地のことでして、気が枯れてしまった状態の地です。
　イヤシロ地は通常山の奥ですとか、山の頂きであることが多いのですが、そのような所ですと社を建てましてもそう頻繁にお参りに行くことができません。
　そこで人の住む里のなるべく気の高きところにも社を建てました。それが里宮であります。
　村人は毎朝里宮に出かけて行きお礼を言う。お礼だけでなく報告もする。普段お礼や報告をしている分、困ったときには力をお借りしやすいことも経験からちゃんと知っておりました。
　こうして各々が大自然を信じ仰いでいたのであります。信じ仰ぐことが信仰なのですが、これが自然発生的に行われていった。あるいは、伝えた者がいたとしても教義を設けなかったがために、その者の名も残らなかった。ですから神道には開祖がいないことになっているのであります。
　開祖がいないということは、後の者が開祖に対し対抗意識を持つこともありませんし、劣等感を感ずることもなく、「神様対個人」の信仰生活が阻害されませんので大変よろしいのであります。

　世の中が不況になってまいりますと、人は心のよりどころとして教義を求めたがります。教義によって自身の悔い改めをするのは結構なことなのですが、どうにも勘違いをされて困ることもございます。
　これぞ神様の御心に適うものと信じ、教義・戒律の規制をエスカレートさせますと、本人は「清く、正しく、美しく」のつもりでありましょうが、実は「清く、正しく、つまらなく」になってしまいがちであります。
　「清く、正しく、つまらなく」というのはちっともイキイキしておりま

せん。オロオロしているのであります。

　人から見れば「窮屈で、息苦しく、おせっかいな」ということになります。

　あの人と会うとまずその話になるからやめましょ、と避けられるようになります。

　それでは生命を活かすことができませんし、自分らしさも失ってしまっております。

　生きているということはイキイキしていることが第一条件でありまして、それなくして"生かされている"なんて言っても、自身を全く"生かしておらず"、神様の思いにも適っておりません。

　教義なきところに戒律存在せず、ではありますが、神道では何かを行う場合、目的に応じて神様対個人で決め事はしてまいりました。

　家族の病いが癒されることを願い100日間欠かさずお参りを続けてみるのも、いや21日しか無理だというのも神様と自分自身で決めればよろしいのであります。

　お参りという形のみならず、川原のゴミ拾いでもよろしいし、一日に10人の人を笑わせるということでも特性を活かした尊い決め事であります。

　要は目的を達成させんがために、少しだけ努力を必要とするようなことを神様と取り決め、一旦決めたらそれに背(そむ)かず行っていく。

　これがいわば神道の戒律のようなものであります。

　一般的な戒律というのは二種類ございます。ひとつは"これをやってはあかんぞよ"といった「禁戒」。もうひとつは"これこれ、これをやりなさいよ"という「勧戒」であります。

　もちろん神道では双方共、何も定められてはおりませんが、神々に対し礼を逸しないための態度ふるまいなどには決まり事が継承されております。それは簡単に申せば神々に対し「穢さぬこと」と「畏怖の念を持つこと」であります。

　「穢さぬこと」に関しましては、各々の立場で謙虚さを持って、心に"これをやっては失礼にあたるかもしれないな"と思うことをやらなければそれでよろしいのですが、問題は「畏怖の念」であります。

西洋から輸入されました癒し的思想及び手法にも大変すばらしいものがございますが、どうも一部に畏怖の念というのが抜けております。神様と対等でありたがっている。
　平等さというのは人々に与えられた権利でありますので、それを要求することに問題はありません。しかし対等でありたいと望むのは自分がすでに相手の下にいることを認識しているから湧き起こる欲求であります。
　下にいる自分が可哀想なのです。
　それを何に対してでも対等でありたがるのは老若男女の特性を無視した傲慢さであります。ましてや神々と人間では歴然とした力の差があります。思いの深さに格段の差がございます。
　日本の既存の宗教に対する反発がありますと、西洋物に心地よさを感じるものです。
　そこには泥くささもなく爽やかであり、パステルな色合いに満ちております。
　ですが、日本の風土の中で生まれ育った以上は神々に対し、あるいは大自然に対し敬う心や畏る心を忘れますと、風土に対し不自然な気を発するようになります。
　それは自然の摂理に反することになりますので体を壊します。ですから手段としましては何をお選びになってもよろしいのですが、畏怖の念は持ち続けられた方がいいでしょう。
　また、守護者が生きている間、畏怖の念を持って信仰してこられましたので、当然守護する子孫にもそれを求めます。
　自分が若かりしころ夢中になったことを子供にもやらせたがるようなものです。
　その思いに反することを続けておりますとやがては運気までが下がってまいりますから、そうならぬための畏怖の念でもあります。
　畏怖の念を持っておりますと心がグッと締まってまいります。閉まるのではなく、ひき締まるのであります。
　開放した状態でグッと締まりますと、心の真ん中に一本芯ができた状態になります。
　神々に芯を持って手を合わせお礼をのべる。報告をする。願いがあれ

ば祈る。

　そうしますと神々の反応もいち早く現れてまいります。ちゃんと願い叶うための縁が与えられるのであります。

　このような信仰生活こそが風土に根付いた惟神(カムナガラ)の道なのであります。「祈る」ということは神様の思いを判るということであります。思いを判り、その思いに添った生き方をする。

　これが"神の意に乗る"ことでありまして、すなわち「意乗り」であります。

　意乗りができておりますと、必然的に祈りは通ずるものであります。

　もし、神様の意に反した生き方をすることで意乗りをしておりませんと、祈ったところでなかなかどうして、通ずるものではございません。

　祈る前に普段から意乗り、祈った後はただ意乗る。これが願い叶う法なのであります。

　このように、定められたものがほとんど無い状態の中で古人たちは大自然とともに生きてまいりましたので、「あいまい」な点というのは多く残っております。

　しかし、あいまいさがあるからこそ大きな争いなく永く受け継がれてきたのでして、「柔(じゅう)能く剛を制す」とは、まさにこのことであります。きっちりと体系化された剛は一見判りやすい。ところが臨機応変さを持ち得ぬ硬きものですと、いつかは争いを生み、崩れていくものです。

　神道のあいまいさ、日本の風習のあいまいな柔こそが、今の地球人類にとっては大変重要なことなのであります。

２．調和とあいまいさ

　会話の中で数を用いるとき、あるいは考えの中で出てくる数は、その場では略されておりましても必ずその数に対しての単位や基準が存在しております。単位や基準、何に対しての数であるのかといったことなくして数を用いることはございません。

　誰かがいきなり「ねぇ、85」と言ってきましても前後にその数に結び付く会話がなければ、一体何のことやらさっぱり判りません。単位や基

準を略して数だけが出てまいりましても理解し合えるのは、話の前後から何についての数であるのかが判るからであります。

女性同士がダイエットの話をしているときに、一人が「私60になっちゃった」と言えば、それは60歳でも60メートルでもなく、60キログラムであることは通じ合います。

居酒屋で女将（おかみ）に向かい、空になったビール瓶を片手で持ち上げ、もう一方の手で指を2本立てますと、ビール2本追加の意志であることは女将に伝わります。それを見て、ああこの人はビールがおいしかったからVサインをしているのだな、とは思わないでしょう。

このように相手と判り合えるのであれば、意志を伝え合うのに数は大変便利なものであります。

言葉と違い、算術は万国共通です。しかし、算術と同じように数を用いる他の基準も統一された共通のものばかりかと申しますと、これがてんでバラバラなのであります。

長さでのセンチ、インチ、尺寸や、重さでのキログラム、ポンド、貫（かん）といった具合に。

ただし、これらは使用する際そのとき基準になるものに変換しますので、同時に複数の単位を使用することはあまりないように思います。

しかし、生活の中で別々の基準が同時進行し、しかもそれが全く違和感なしに共存しているものがございます。

10進法と12進法がそれです。

10進法は人が主体になっている基準でありまして、手足の指の数が10本ずつだから10進法ができあがりました。

仮に人の指の数が左4本右4本であったならば8進法が当たり前のように使われていることでしょう。

8進法ではややこしいぞと思ってしまいますが大丈夫。その場合はそもそも数の概念に8と9というひと桁の数は存在せず、7の次は自然に10になりますので。

逆に、人の指が片方に6本ずつありましたならば、9の次にあと二つ、ひと桁の数が考案されておりまして、10はその次になります。指が片方に6本ずつある宇宙人にとっては12が10になるわけでして、別に何も面倒なことではございません。

数霊、その前に　13

このように人の指の数によって制定されておりますのが10進法なのであります。
　一方、12進法というのは大自然が主体になっております。
　1年は12ヶ月であり、1日は（12×2）時間であり、1時間は（12×5）分であります。
　おそらく宇宙には、いえ太陽系内だけかもしれませんが、人の指と同じように12が基本になる何かが存在しているのでしょう。
　最も考えやすいのは太陽系内の惑星の数でありますが、今のところこれが皮肉にも太陽を含め10個で成り立っております。
　やがては11番目、12番目の仲間が見つかることでありましょう。
　と、いいたいところでありますが、技術は進み、それらしきものが次から次へと見つかってしまい、すでに17個を数えております。
　ただし、11番目、12番目の惑星に指定されるまでには至っておりませんが。
　それはそうでしょう。地球に対していつも太陽の反対側にいる、地球と同じ公転周期を持つ星を差し置いて他の星を11番目の仲間にするわけにはまいりますまい。

　大自然が主体の12進法ですが、これがなかなかやっかいな性格でありまして、人は大昔から宇宙の運行が主人公の12進法くずれを使いこなすために多くの智恵をしぼってまいりました。それが暦であります。
　「日本」という言霊は「二本」でもあります。一本では偏りますので日本はいつも二本立てで成っております。
　西洋の一部分の国のように、宗教から暦に至るまでが一本化されますと判りやすいのですが、奥ゆかしさも失われてしまいまして、その点二本立ての日本は色彩豊かな文化が継承されているのであります。
　それもあいまいさあってのことでありましょう。
　二本立てについてでありますが、物事には必ず陰と陽が対峙し、人が生まれるのには必ず男性と女性が必要であるように、日本では当たり前のように神道と仏教が必要とされ、西暦と元号が同時進行し、太陽暦と太陰暦とを使い分けております。
　太陽暦は通常カレンダーで使用する暦でありまして、日常はほとんど

が太陽暦でことが運ばれております。おそらく、仕事のアポや入学試験の日時の案内に旧暦を使用する人はもういないでしょう。

　太陽暦の1年は365.2422日でして、細かな誤差を修正するため4年に一度二月末に設けられたのが閏日(うるう)であります。さらに細かな誤差につきましては100年に1度、閏日があるはずの年にそれをなくし、さらにさらに細かな誤差修整のため400年に1度、閏年を復活させたりもしております。

　また、関係者以外にとりましてはどうでもよろしいようなことですが、毎年「閏秒」というものがございます。

　毎年1月1日、元旦の朝の午前8時59分59秒の次に1秒間閏秒が設けられておりまして、したがって元旦の朝だけは、

午前8時59分59秒
　　　　↓（1秒間）
午前8時59分60秒
　　　　↓（1秒間）
午前9時00分00秒

になりまして、1秒お得なのであります。

　ただし、昭和47年から始まりました閏秒ですが、平成11年を最後に現在は中止されております。千分の1秒単位で地球の自転が速くなっているためなのですが、どうしてそんなことが判ってしまうのでしょう。

　さて、太陽暦は努力の甲斐あってほぼ完璧に使いこなせるようになりましたが、太陰暦はなかなそうはいきませんでして、先人たちの思いが偲(しの)ばれます。

　太陰暦には二種類ございまして、ひとつは純陰暦と呼ばれるものであります。

　純陰暦とはイスラム式の暦のことでして、月の満ち欠けぐるりと1周を1ヶ月とし、12ヶ月で1年とするものであります。

　これは1年が354日になってしまいまして、地球が太陽のまわりを1周回る日数よりも約11日も短いのであります。

　純陰暦を続けておりますと農作業などに大きな支障をきたしてしまいます。

　確か子供のころ田植は6月にやっておったのに今年は12月のはじめご

ろが田植の時期じゃ、というような具合に。

　新緑まばゆい初夏であってもそれが1月であったり9月だったりということにもなります。だいたい自分の誕生日の季節が判らないのは面白くない話ですし。

　この純陰暦は約32年で1年の誤差が太陽暦との間に出てしまいます。

　そこで登場するのが「閏月」というものであります。閏月を設けました暦がもうひとつの太陰暦、太陰太陽暦と呼ばれるものでして、日本の旧暦はこれであります。

　閏月というのは閏秒や閏日と同じように誤差を調整するためのものですが、まるまる一ヶ月続きます。ですから閏月の設定された年は2ヶ月続けて同じ月がやってくることになります。

　西暦1998年は5月が2度訪れておりまして、5月26日から旧5月が始まり6月23日で旧5月の末日を迎えました。そして、翌日6月24日から旧暦の閏5月が始まりました。これが閏月であります。

　1995年には3月が、1990年には5月がそれぞれ閏月と合わせ2度やってきております。

　閏月は純陰暦で不足する1年のうちの11日を埋め合わせするわけですので3年弱に1回の割合いでめぐってまいります。

　算出方法は8年に3回閏月を設けます8年3閏法、11年で4回の11年4閏法、19年7閏法といったものがございます。

　この暦が日本に伝わりましたのが西暦285年に中国よりもたらされたとか、西暦553年、欽明天皇14年から始まったなどの説がございまして、いずれにしましても太陽暦に移るまでの千数百年間先人たちが使用してきた暦なのであります。

　そして1872年、明治5年12月3日、千数百年に渡り続いてまいりました太陰太陽暦は裏側にまわり、太陽暦の時代の幕明けとなったのであります。

　最近はもっぱら太陽暦ばかりが優先されておりまして、旧暦が重要視されることが少なくなってきておりますが、端午の節句や七夕などは旧暦に合わせてとり行うべきであります。こと七夕にいたりましては太陽暦ですと毎年梅雨の時期にあたりまして、いつも雨降りになってしまいます。雲が出ておりましても彦星と織り姫はお会いになっているので

しょうが、隠れた状態でありまして、それでは密会じゃありませんか。密会はよろしくないでしょう。オープンな形で会っていただくためにも旧暦にして下され。

もうひとつ太陽暦の悪口を言います。

太陽暦の元旦というものは天文学的に見ましても地球の位置が太陽に対して何ともふしだらで中途半端なところにございまして、こんなところで新年をお迎えするのはよろしくありません。

地球には地軸の傾きというものがございます。この傾きを考慮せずの暦は暦ではありません。

ですから、1年の始まりは冬至にしませう。

日本国内だけのことでしたら現在の中国のように節分を元旦にしましても意味深いことなのですが、世界全体では冬至の方が判りやすいことでしょうから。

それに神様の世界では現在も冬至でお正月を迎えておりますので、地上もそのようになされるとよろしいでしょう。

二本立ての日本で最もすぐれたバランスを取っておりますのが神道と仏教であります。この二本に儒教を加えまして三法と申します。

通常ですと三宝とは仏・法・僧のことでありまして、仏と仏の教えとその教えを説く僧のことを指しておりますが、これは仏教内に限ってのことであります。

少し範囲を広げまして、神道、仏教、儒教もまた三法と申しております。

しかし、孔子様の唱えられた儒教につきましてはその教えを儒教が生まれた国の国民よりも、どういうわけだか日本人の方がよっぽど身につけておりますので、ここでは省きまして二本立てでまいります。

さて、日本では神道と仏教がなぜ共存できたのでありましょうか。

国によってはこのようなこと、排斥し合ってもおかしくありませんし、実際殺戮(さつりく)し合っているではありませんか。

しかし日本ではそのようにならなかった。その理由は二つあります。

実は神道と仏教との間柄は父と母との役割をしておりまして、ですから共に必要なことであり、永く共存を可能にしたのであります。

強いて申しますと仏教の役割は母のそれであり、教えも母の教えに大変近いものがございます。
　もちろん仏の御教えの中にも厳しいものがございますが、その思いは慈愛に満ちておりまして、観音様に代表されますように包み込まれるような母の思いのような教えなのであります。
　一方神道はと申しますと教義にはなっておりませんが、神々は父の教えのように突き放しながら成長を見守り、陰から守護して下さるといったところでありましょうか。
　神の思いは智恵に満ちております。
　ですから、神道と仏教の間柄は、朝、父に"しっかりやってきなさい"と送り出され、夜、母に"よく頑張ったね"と包んでもらう。そんな間柄でありまして、神が育て仏が包むといったバランスが保たれております。強いて言えばですよ。
　意識せずとも潜在的に母の情愛を求むる者は海へと、そして厳しき父の智恵を求むる者は山に魅せられることが多いように、人は苦しみ悲しみからの救いを求めれば仏様にすがり、道求めて止まない者はどちらかといえば神様を求めることが多いのも、神と仏が見事に父と母の役割をバランスよく補い合っているからであります。
　海外では日本人の宗教観の節操のなさが批判されることもございますが、二本立てであることは節操なきことではございません。偏らないためのすぐれた文化風習でありますから。
　どちらの方かは存じませんが、お国よりは秩序が保たれておりますよ、我が日本は。
　ただし、ここに結婚式などでキリスト教のうわっ面のみを持ち込みますれば確かに節操ないわな。
　ともかく、うまい具合に日本国内にはお寺の数と神社の数がほぼ同じだけ存在していることで、いかに双方が必要であるかを物語っております。
　これがひとつめの理由です。
　もうひとつは、「あいまいさ」があった故に神と仏の調和が保てたということであります。今後は「調和」と書いて「あいまいさ」と読んでもいいことにいたしましょう。

何に対しても主観的かつ一面的に結論を出したがるような西洋流合理主義というものは新たな発見があると、同時に大切なものを見失ってまいりました。こうして科学の発展に対し精神の発育が追いつかなくなってしまったのであります。
　このようなことなきよう我が国は、科学の発展と精神の発育、二本立てでまいりましょう。
　神道と仏教が共に必要であるように。
　あいまいさを残しつつ。

3．数霊のあいまいなわけ

　数霊、これもあいまいさの中にあります。すべてにおいて論理的な解釈をお求めの方には"いい加減さ"であります。
　ですから数霊学ではありません。
　では、なぜ数霊学としないのか。
　運命学といったものもなかなかすぐれておりまして、相対性の中から真理を見出すことも可能であります。
　しかし、体系化されているがために用い方によっては「学主人従」になってしまうこともございます。
　まず先に学問ありき、そこへ人を振り分けてしまいますと、うまく用いれば人の手助けとなりますが、学主人従が過ぎますと人の可能性を狭めてしまいます。
　過ぎたるは猶及ばざるが如し、であります。
　ですから、体系化されておりませんと判りづらく、捉え方もまちまちとなってしまいますが、体系化することにより本来の目的から外れてしまう可能性がございますので「数霊学」ではなく「数霊」なのであります。
　まず人があり、数霊から何を学び取るかが大切なことでありまして、どう捉えようともそれが個人の生活の中で、あるいは信仰の中でより自分らしさが発揮できるための後押しとなればそれでよろしいのであります。

数霊、その前に　19

数霊はあくまで人主学従というカタチでありまして、人が主です。
　ですから数霊に個人の運命学を求めておられましたならば残念でした。ごめんね。
　「すべての人々に確実かつ的確に当てはまる絶対的な体系的運命学を探し出し、自身の約束された将来の保障が欲しい」という気持ちは判らないわけではありません。
　自分は本当はすごいんだという答えを導き出すことができる運命学やパワーグッズを手に入れることにより安心したいのでしょうけども、自己の外側でそれを探しておりましても永遠に見つからないのであります。
　答えは内にあるのですから。
　ひとときのやすらぎや数週間の気休めはたくさんございます。
　けれども翌月にはまた次のものを探し出す始末。いったいいつまで続けるのでしょうか。
　もし私がそのような人の守護者でありましたなら、きっとこのように申すことでしょう。
　「ごめんな、力不足で。そんなに頼りないのか、わしでは」と。
　なお外側の運命学やグッズ、神仏を追いかけまわしているようでしたら、こうします。
　「じゃあ、その神さんに守護してもらえ。わしはお前から手を引く。あとは知らんからな」と。

　仮に絶対に外れない運命学が見つかったとしましょう。もしその運命学で自分の当てはまるところにこう書いてあったらどうしましょうねえ。
　「何をやっても駄目な人。一生苦しみ続け晩年は孤独に一人で死んでいく。お金には全く縁がなし。気の毒な人生の人。病気や争い、貧困、災いが連続して起こるため注意すべし」と。
　ああ、そうなのか。では仕方ないなと納得できますでしょうか。
　それでもお望みでしたら既存のあらゆる運命学を組み合わせますと、かなり的確で具体性のあるものができあがるかもしれません。
　生まれた月日に生まれた日の曜日を組み合わせ、その日はどんな月夜だったか月齢を29に分類し、十干十二支や九星も組み合わせ、ついでに血液型も含めましょうか。忘れておりました。姓名判断ももちろん含め、

男か女か。男であっても長男か次男か。長男であっても第一子か姉がいるのか。姉は何人かといったことも組み合わせます。

手相では神秘十字があるのか、金星帯はどうか、太陽線は、といったことも加味しましょう。人相学で目と目の間は狭いか否か。下あごは受け口かどうか。そうだ骨相も仲間に入れて下さるといい。

組み合わせは、366×7×29×60×・・・・・・

家庭用の電卓では算出不能になってしまいました。

しかし、これをどなたがまとめるのでしょうか。可能とするのは安倍晴明ぐらいでありましょう。晴明没後千年を記念してどなたか挑戦してみてはいかがでしょうか。

当てはまるところを買い求めますので。

ただし、その際は、

「あなたは人知れずやさしさを持っております。ただ、やさしさがときには誤解を招いてしまうことがあります。

また、陰では努力していますが、なかなか実らず不安に思うことも。もっと自信を持てばきっと道は開けるでしょう」

なんて書き方はお願いですからやめてね。

外側に安心を求めるのではなく感覚を研ぎ澄ましておりますと、外側で得たくて仕方がなかった答えが内側に見えてまいります。

するとキリッとした表情になってきます。

そして、凛とした気を醸し出すようにもなります。

凛とした気は不動心によって発せられるのですが、そのような気を出しておりますと、それが自らを守護するバリヤーになってまいります。

自身の出した気が邪のモノから守ってくれるのであります。この守護は運気をも呼び込む大変ありがたいものであります。

そうなりますと、姓名判断で凶があろうが、今年はそっちの方角が悪かろうが関係なくなってまいります。

人を守護する力というのは大きく3つに分類することができます。

ひとつは守護者からの守護であります。

御霊(ミタマ)分けをして下さった親神様とその御眷属(けんぞく)、先祖、霊統的縁の深い方などを含めて守護者と呼んでおります。

数霊、その前に　21

人にとっての最も強い守護がこれであります。
ふたつめは親の思いです。
親が子を思う思いが念となり、そのまま子の守護になります。
幼児のころまではこの２つがすべての守護であります。
そして、歳を重ねるごとに割合が大きくなってまいりますのが、自ら発する気による守護。これが３つめであります。
不動心により発せられます凛とした気。この気を発しておりますとほぼ間違いなく望み叶うことでしょう。
そうなっていくための数霊であります。
神秘さの中で生かされていることを自覚するための数霊なのであります。
より自分らしさを自信を持って発揮するための。
数霊はその手段であります。
決して目的ではありません。
けれども大きな手段なのであります。
そして、あいまいさの中にあり続けております。

　　内面　環境　親先祖
　　思いも変えず名前だけ
　　よき数　よき音　よき流れ
　　ただ文字だけに人生の
　　運の良きを求むるは
　　１パーセントに満たぬほどしか
　　変わるものではありません。

　　１パーセントの向上じゃ
　　本人気付けぬ愚かしさ
　　何も変わりはいたさぬと
　　また次の占い事に
　　手を出し幻覚くり返す
　　このまま一生虚しきままで

命尽きて初めてに
悟るものであろうかと
ただただ悲しく今はこれ
耐えてながめておりまする
はよう気付いて下されよ

体系化された占学に
導き出された分析で
己の苦しみ解釈し
これも定めと納得を
しているようではどこまでも
成せることさえ成せませぬ

親への思い改めりゃ
機械化された分析も
当てはまりはせぬことを
知っておいて下されよ
恩知るための分析ぞ
分析悪う思うでない
それも与えた智恵なりし
枝葉と幹の取り違え
いたさぬように注意して
どうか生かして下されよ

人を生かすは天なれど
天動かすは人なるぞ
しかりと心の奥深く
とめておいて下されよ

4．数霊への無執着

　数霊とは単位や基準のない、いわば主体性なき数に意味付けを見出していくものでありますので、ときには危険性も伴ってまいります。
　本文では何度も「41はこういった意味がある」とか「81はこのような意味を持つ」といった具合にその数の性質を述べておりますが、これらはあくまで「こんな意味にも解釈できる」「こういった意味も含まれている」ということでありまして、絶対的なものではありません。その数の「すべて」ではなく「部分」であり「捉え方のひとつ」であります。
　意味合いを限定してしまいますと、他の角度からの見方を放棄することになってしまいますので。
　また、たとえ明らかな意味付けが発見されましても、その世界を抜け出ますと全くもってそんな意味付けは不要となってしまいます。
　では、一面的な捉え方が無意味かと申しますと、そんなことはございませんけれども。
　姓名判断には姓名判断の面白さや有用性というものがちゃんとございまして、実にすばらしいものであります。
　しかし、
「限定された世界において導き出された解答は、決してオールマイティーではなく、限られた世界の中での一面的な見解」
なのであります。
　ですから姓名判断上では10は大凶、15や24は大吉でありましても、姓名判断という世界から抜け出してしまいますと大凶も大吉も関係なくなってしまいます。
　なぜなら、すべての数は神様が創造されたのですから。人の指の数に至るまで。
　したがって、住所の番地が10丁目10番地でありましてもちっとも困りません。むしろ憶えやすくてよろしい。
　車のナンバーが15－24ですと事故を起こさないかと申しますと、これもちっともそうでない。運転の心掛け次第でありまして、慢心していれば事故を起こすこともありましょう。
　姓名判断において10や20があるからといって悲観する必要はござい

ません。
　自身の名前に姓名判断上うまくまとまる不自然でない文字が見つかれば、それに変えるのもいいでしょう。それによって気分が明るくなれば1％よりももっともっと運命を変えていくきっかけとなるのですから。
　ですが、何度も申し上げますように、姓名判断などは相対的なものでありまして、絶対的なものではございません。
　ではどうしたらいいか。
　相対的なところから抜け出してしまえばよろしいのであります。そうしますと10にしろ20にしろ無意味なものになるのですから。
　物の見方、捉え方、生きざまによってどれだけでも抜け出すことはできるのであります。当てはまってしまいますのは世間に流され続け、自らの人生さえ世間体のためにあり、常識程度の生き方をしている場合であります。常識というのは大変すばらしいように思われがちであります。普段はそれでもよろしいでしょう。それに常識以下や非常識なのも困りものであります。
　ところが、いざというときにも常識程度ですと、人並みの答えしか見つけることができず、人並みに苦しむことになるのであります。すると相対的運命学もピッタリと当てはまるのであります。特に悪いことは。
　では、なぜ常識程度がそんなにいけないのでしょうか。
　それは、
　常識とは「俗人の共通した物の考え方」
でしかないのですから。
　もう少し詳しく申しますと、
「その時期、その地域に住む世間に流されている俗人の共通した思考パターン」
　それが常識であります。
　ですから争いも病いも貧困も災いも世間並みに我が身にふりかかってまいるのであります。

　常識を抜け出した考え方、生き方を身につけますと、すでに住むところは相対的世界の外側であります。
　常識を超越した人に姓名判断は当てはまりません。一白水星であろう

が五黄土星であろうが関係ないのであります。
　空海や親鸞に姓名判断をしますか。
　道元は姓名判断上こうであり、日蓮はこうであるとのたまう御仁がおられましたなら実におめでたい限りではございませんか。
　枝葉は根ではありません。
　手段であるものは本質とはならないのであります。
　ですからどれほどすばらしい名前を持っておりましても身勝手で恩知らずな生き方をしておりますと、自ら災いを招くことになりますし、名前に凶がありましても意乗りの生き方をすれば、それはすばらしき人生となりうるのであります。
　人は生まれたときから現在に至るまで真似の連続であります。
　生まれ出でて一年も経ちますとまずは親の真似をします。おもちゃの電話機を与えても親のするように本物の受話器を持って電話する真似をする。やがて園児となりますと友だちのすることを真似、テレビで観たことを真似ます。学生になればアイドルを真似、影響を受けた本や映画の主人公を真似るようになります。社会に出るようになりますと、先輩を真似、経済的に成功した人を真似るようになり考えが広がってまいります。
　現在の自分は真似事の集大成であるといっても間違いではございません。
　では、その広がった考えの中で超越した人をどれほど真似ているのでありましょうか。何パーセントほど超越した人を真似、体得しているのでしょうか。
　真似ている相手が、争いに苦しみ、病いに悲しみ、貧困にあえぎ、災いから逃れられずにいれば、それを真似したところで同じ状況に陥るのは当たり前であります。
　いかに超越した先人の真似を体得し自分のものにするか、それが常識を抜け出す確実な方法であり、学ぶということなのであります。
　「学ぶ」の語源は、真似をするの意の古語「まねぶ」なのですから。
　真似するといっても出家することではありませんので誤解のないようにしていただきたい。内側のことであります。
　答えは外側にはないのでありますから。

浄土真宗の方は親鸞の悟りを知る。曹洞宗の方は道元が何をどう悟ったのかを知る。
　形のことはお寺さんにおまかせしておけばよろしいのであります。
　釈尊が何を悟ったのか。我が家の宗派の開祖が何を悟ったのかを求めておりますと神仏の守護がますます強くなってまいります。それを求めることも先祖供養であります。
　あるとき、お墓参りで手を合わせておりました。すると、
「彼岸や盆にお礼を言いに来るだろ。それをな、先祖が子孫にお礼を言いに行く日にしてみよ。
　それぐらいの生きざまをしてみろっちゅうことだ」
　ですから、教団の運営やあり方については目を向けない。開祖対自分のホットラインを結ぶのでありまして、その間には何も介在しないのが信仰であります。して、中間にいちいち注文をつける必要もないわけです。
　ホットラインが設けられますと強いですよ。
　真似する相手を選びましょう。

　本文に入る前にもうひとつお話ししておくことがございます。
　数に意味付けをしておりますと必ずといっていいほど同じ数でも相反する意味合いが見えてまいります。
　41や81がすばらしい数だからといって何かにその数を選びましても、ただそれだけで願いが叶ったり、楽して儲かるというようなことはお望みにならない方がよろしいようであります。
　その数の持つすばらしい波動と自分の出す気がきれいに共鳴すればこそ、初めて思わぬ喜びも得られるというものでありまして、内面醜くうぬぼれ強く、自ら玉し霊穢すような生き方をしておりますと、強い数ほどその反作用も大きく、激しい形にて現れてまいります。
　好みの色、心地よく感じる色も二面性がありまして、真赤を好む人は情熱的であったりエネルギーに溢れる人であったりしますが、反面怒りっぽかったり欲求不満であったりもします。緑を求めれば、穏やかであり争いを好まない人でありますが、別の見方をしますと体が弱っており神経が休息を求めているような弱々しい状態であることもあります。

それと同じで、ひとつの数にも陰があり陽がある。
　静の性質あれば動にも転じ、良きもの導く力あるならば、それに背けば災い大きし。
　創造力に比例しての破壊力ありといったところでありましょうか。
　良き数が見つかりましたならば、数の力に頼るのではなく、自身がその数になる。数の持つ大いなる存在になる。すると数霊力が生きてまいりますので。

　ずいぶんと長い前置きになってしまいました。そろそろ本文に入ることにいたしましょうか。
　数霊——その目的は、無機質でありそうな数でさえ大自然の智恵の中で育まれたものであることを知り、人々がそこから絶大なる神の意志を感じ取ることにあります。
　そして人々が喜びを持って玉し霊を活かしきっていく。
　そこへ導くためのものであります。
　大いなる手段です。
　輝くばかりの枝葉であります。
　各々が幹を太く育て、大地にしっかりと根を張り巡らさんがための。

その1 "方陣"

　まずは方陣から始めます。
　1－図を見て下さい。
　これは縦・横にそれぞれ3マスずつ、計9マスの中に1から9までの数がひとつずつ入っております。
　この配列はなかなかすぐれたものでありまして、後ほど出てまいります大きな方陣の基礎となるものであります。
　右上の2から下に2、7、6を足しますと15となります。

4	9	2
3	5	7
8	1	6

1－図

　左上の4から真横に4、9、2、これも合計しますと15であります。
　斜めでも同じでして、2＋5＋8＝15。4＋5＋6も15であります。
　縦、横、斜めをどう足しても15になりまして、15は中心の数の3倍です。
　こういった配列が成されたものを魔方陣と呼び、1－図は縦・横が3マスずつなので3方陣と呼びます。
「ちょっと、振り向いて、みただけの魔法じーんー」
　それは異邦人でしょ。
「タイガーや象印のお湯がさめない…」
　それは魔法瓶。
　もう判りましたからちゃんとやって下さい。
　ならば残念ですがそうします。
　この魔法陣は誰が考えたのでありましょうか。
　これはむかーし昔、中国は古代禹王(ウオウ)の時代に洛水の神亀の背に記されて出現したとされております。洛水とは黄河のことでありまして、治水工事の現場にこの亀がはい上がってきたのだそうです。
　亀の甲羅に点々と模様があったのでありましょうか。

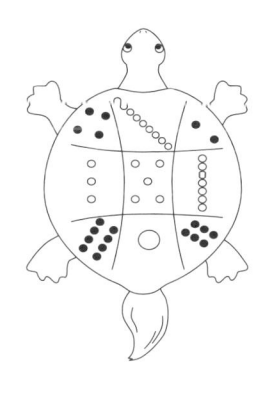

事実としますと、亀もすごいですけれども、点々を数えて足してみた人もすばらしいと思います。ちゃんと仕事をしていたのかどうかは判りませんが、これは大発見であります。別名「亀方陣」と呼んでおります、約一名が。

亀方陣を発展させたものが2－図の9方陣であります。

31	76	13	36	81	18	29	74	11
22	40	58	27	45	63	20	38	56
67	**4**	49	72	**9**	54	65	**2**	47
30	75	12	32	77	14	34	79	16
21	39	57	23	41	59	25	43	61
66	**3**	48	68	**5**	50	70	**7**	52
35	80	17	28	73	10	33	78	15
26	44	62	19	37	55	24	42	60
71	**8**	53	64	**1**	46	69	**6**	51

2－図

お判りのように縦・横に9マスずつ、計81マスの中に1から81までの数が亀方陣の法則にのっとり並んでおります。

全体を縦・横に3マスずつ区切ってあります。この9つのブロックは太字の数が代表選手でして、1があるブロックを一霊界、真ん中のブロックを五霊界というように呼びます。

〈9方陣の法則〉

○縦・横・斜めの和はそれぞれがすべて369となります。

左上31から真下に71までを足しましても、真横に11までを足しまし

ても、斜め下に51までを合計しましてもちゃんと369になるのであります。

　31の下、22から横に56までを足したものも、下段1の右、46から上のてっぺんまで足したものも369になってしまうのであります。

　ですからこれを「ミロク方陣」とも申します。
○中心は41でありまして、369は41の9倍であります。
○全体の四隅は11、51、71、31でこれらを全部足しますと164でありまして164は41の4倍であります。

　また、それぞれの辺の中心の61、1、21、81も合計しますと164であります。四隅の11、51、71、31と辺の中心の61、1、21、81、それに中心の41を全部加えますと369であります。
○中央に位置する五霊界に属する9つの数、32、77、14、23、41、59、68、5、50、この合計も369となります。
○それぞれの霊界の中央に位置する数のみを足してみますと、これも縦、横、斜めの和が等しくなり、答えは123であります。

　123は369の3分の1であります。

　123は41の3倍でもあります。

　これはヒフミであります。

「ヒフミの四十八音でこの世ができ、ヒフミの四十八音ですべてが回る」とされるヒフミのことであります。

　岡本天明のひふみ神示のヒフミでもあります。ヒフミ、岡本天明につきましては後ほどじっくりとお話しすることにいたします。
○すべての数は、それぞれをひと桁に還元しますと、属する霊界の数に等しくなるのであります。

　これはちとややこしいので説明いたします。左下の8霊界でやりましょう。

　35があります。

　これは3＋5で8となります。

　26は2＋6で8、44も4＋4で8というわけであります。

　上の3霊界でもやってみますと、

　30は3＋0で3、21は2＋1で3であります。

　75は7＋5で12となり、さらに1＋2で3というわけであります。

39も3＋9で12、1＋2で3。

7霊界でも6霊界でも同じようにこの法則は当てはまりまして、同じ性質の数同士がちゃんと同じ霊界に集まっているのであります。

類は友を呼ぶ。これが数にも当てはまっているのですね。何と美しきことでありましょう。

ここに西洋流9方陣をお見せしましょう。

3－図がそれであります。

これも縦・横・斜めの和が369であり中心も41でありまして、この点はよろしいのであります。ところが2－図において今まで述べてきましたような法則はちっとも当てはまらないのであります。

3マスずつ区切りましても何ら魅力がない。一見、規則正しく並んでいて瀟洒な洋館のような美しさを感じてしまいますが、この並び方は表面的でうすっぺらな世界なのであります。

では、おくゆかしく美しく味わいのある東洋流方陣に戻りましょう。

37	78	29	70	21	62	13	54	5
6	38	79	30	71	22	63	14	46
47	7	39	80	31	72	23	55	15
16	48	8	40	81	32	64	24	56
57	17	49	9	41	73	33	65	25
26	58	18	50	1	42	74	34	66
67	27	59	10	51	2	43	75	35
36	68	19	60	11	52	3	44	76
77	28	69	20	61	12	53	4	45

3－図

○ 1 から81 までを合計しますと、
　　1 + 2 + 3 + 4 + ・・・ + 80 + 81 は、3321 となります。
3321 は369 の 9 倍であります。
　また、中心の数である41、最終の数である81 を掛け合わせますと、
　　41 × 81 = 3321 となります。
数学的には当たり前なのですが、なかなかきれいであります。
　中心数の41は天之御中主神(アメノミナカヌシノカミ)の数霊であり、369は一般的には天照大御神(アマテラスオホミカミ)の数霊とされております。しかし…続きは後で解説しましょう。

　4 －図は上段の数がそれぞれの霊界別でみた縦・横・斜めの和であります。下段はその霊界に属する9つの数を全部足したものであります。

　上段の霊界別での縦・横・斜めの和は一霊界が111、二霊界は114と3ずつ増えていき、9霊界で135となります。

　135は日本の基準となる数のひとつであります。

　日本の標準時が明石の東経135°に同じであります。

120/360	135/405	114/342
117/351	123/369	129/387
132/396	111/333	126/378

4 －図

　135に限らずここに出てまいりました数は、重要な意味合いを持つことが判明しておりまして、そのいくつかを後ほどお話しいたします。

　9 方陣の法則についてみてまいりましたが、この方陣の配列は金剛界曼荼羅(まんだら)を元にしております。

　方陣は、天地をひっくり返しても、つまり上から下までそっくり入れ替え、81を一番下にしましても、90度傾けましても同じように法則は成り立つのですが、金剛界式で統一することにいたします。

　方陣はどんどん大きくいたしましても、3 方陣のパターンに忠実に数を当てはめてまいりますと、どれほど拡大いたしてもちゃんと秩序を保ち、立派に成長いたします。

9方陣の縦、横を3倍にしたものが右ページの5－図であります。
　はい、27方陣になりました（5－図）。
　縦・横に27マスずつ、計729マスであります。
　27方陣も同じように縦・横・斜めの和はどれもが等しく、9855となるのであります。理論的にはそうなりましても実際はどうなのかが疑わしかったので確かめてみましたが、本当でありました。
　全体の中心は365であります。
　これは1年を表す数です。
　人間の体にはたくさんのツボがございまして、その数が365であるともいわれております。
　人の体温の平均は、3分程度計測の場合、36.5°であります。ただし、10分以上計測しますと、平均は36.9°になります。神秘的ですね。
　365の27倍が9855であります。
　365のすぐ下には9方陣の中心でありました41が鎮座しております。
　27方陣におきましても、すべての数をひと桁に還元しますと、属する霊界数に等しくなります。
　365は3＋6＋5で14、14は1＋4で5といった具合に。
　9方陣で出てまいりましたミロク＝369は27方陣では9霊界の中心に位置しております。
　27方陣はマスが27×27でありまして、27とは3^3であります。
　したがって27×27
　　　　＝$3^3 × 3^3$
　　　　＝3^6
となりまして、これもやはりミロクの世を表す方陣であります。
　また27方陣では729のマスがあるのですが、言い替えますと729の陣で成り立っている訳であります。
　ですからこれを729陣＝七福神とも呼んでおります。これも約一名ですが。

　1981年、ダイアナ妃がチャールズ皇太子と結婚されましたのが7月29日でありました。イギリス国内だけでなく世界中が注目いたしました。
　やがて月日は過ぎ去り1997年。8月31日のことであります。パリに

274	679	112	319	724	157	256	661	94	279	684	117	324	729	162	261	666	99	272	677	110	317	722	155	254	659	92
193	355	517	238	400	562	175	337	499	198	360	522	243	405	567	180	342	504	191	353	515	236	398	560	173	335	497
598	31	436	643	76	481	580	13	418	603	36	441	648	81	486	585	18	423	596	29	434	641	74	479	578	11	416
265	670	103	283	688	121	301	706	139	270	675	108	288	693	126	306	711	144	263	668	101	281	686	119	299	704	137
184	346	508	202	364	526	220	382	544	189	351	513	207	369	531	225	387	549	182	344	506	200	362	524	218	380	542
589	22	427	607	40	445	625	58	463	594	27	432	612	45	450	630	63	468	587	20	425	605	38	443	623	56	461
310	715	148	247	652	85	292	697	130	315	720	153	252	657	90	297	702	135	308	713	146	245	650	83	290	695	128
229	391	553	166	328	490	211	373	535	234	396	558	171	333	495	216	378	540	227	389	551	164	326	488	209	371	533
634	67	472	571	4	409	616	49	454	639	72	477	576	9	414	621	54	459	632	65	470	569	2	407	614	47	452
273	678	111	318	723	156	255	660	93	275	680	113	320	725	158	257	662	95	277	682	115	322	727	160	259	664	97
192	354	516	237	399	561	174	336	498	194	356	518	239	401	563	176	338	500	196	358	520	241	403	565	178	340	502
597	30	435	642	75	480	579	12	417	599	32	437	644	77	482	581	14	419	601	34	439	646	79	484	583	16	421
264	669	102	282	687	120	300	705	138	266	671	104	284	689	122	302	707	140	268	673	106	286	691	124	304	709	142
183	345	507	201	363	525	219	381	543	185	347	509	203	365	527	221	383	545	187	349	511	205	367	529	223	385	547
588	21	426	606	39	444	624	57	462	590	23	428	608	41	446	626	59	464	592	25	430	610	43	448	628	61	466
309	714	147	246	651	84	291	696	129	311	716	149	248	653	86	293	698	131	313	718	151	250	655	88	295	700	133
228	390	552	165	327	489	210	372	534	230	392	554	167	329	491	212	374	536	232	394	556	169	331	493	214	376	538
633	66	471	570	3	408	615	48	453	635	68	473	572	5	410	617	50	455	637	70	475	574	7	412	619	52	457
278	683	116	323	728	161	260	665	98	271	676	109	316	721	154	253	658	91	276	681	114	321	726	159	258	663	96
197	359	521	242	404	566	179	341	503	190	352	514	235	397	559	172	334	496	195	357	519	240	402	564	177	339	501
602	35	440	647	80	485	584	17	422	595	28	433	640	73	478	577	10	415	600	33	438	645	78	483	582	15	420
269	674	107	287	692	125	305	710	143	262	667	100	280	685	118	298	703	136	267	672	105	285	690	123	303	708	141
188	350	512	206	368	530	224	386	540	101	040	505	199	301	523	217	379	541	186	348	510	204	366	528	222	384	546
593	26	431	611	44	449	629	62	467	586	19	424	604	37	442	622	55	460	591	24	429	609	42	447	627	60	465
314	719	152	251	656	89	296	701	134	307	712	145	244	649	82	289	694	127	312	717	150	249	654	87	294	699	132
233	395	557	170	332	494	215	377	539	226	388	550	163	325	487	208	370	532	231	393	555	168	330	492	213	375	537
638	71	476	575	8	413	620	53	458	631	64	469	568	1	406	613	46	451	636	69	474	573	6	411	618	51	456

5－図

てダイアナ元皇太子妃が事故死してしまいました。本当は暗殺ですが。
　この日、8月31日は奇しくも旧暦の7月29日であります。
　27方陣の縦・横・斜めの和は9855でありましたが、これを平成9年8月5日5時といたします。最後の5時というのは細かすぎますので無視することにいたし、平成9年8月5日にしましょう。
　8月5日は2回ございまして、1回目はそのまま8月5日。2回目が9月6日、これが旧暦の8月5日に当たります。
　問題は旧暦の8月5日の方であります。
　この日はイギリス国内におきまして、いまわしい事故で命を落とされましたダイアナ元皇太子妃の国民葬が執り行われた日であります。ですから27方陣は七福神であると同時にダイアナ方陣でもあります。
　ダイアナ妃の死とミロクの世の幕明けには目に見えない関わりがあるのでしょう。
　同じ日、ベネチア国際映画祭にて北野武監督の「HANA－BI」がグランプリを受賞いたしました。
　花火については"イザナギと117"で。

　9855をそのまま平べったく98年5月5日と考えてみましょう。
　数霊といたしましては実に安易な見方でありますが、まだ始まったばかりですので判りやすくいきます。
　我が国日本には98年の5月5日は3回ございました。
　この年は20世紀最後の閏月がもうけられておりましたので、
　　1998年5月5日
　　　　5月30日＝旧5月5日
　　　　6月28日＝旧閏5月5日
　以上が5月5日であります。
　5月5日といえば端午の節句でありまして、鯉のぼりの泳ぐ姿はそのまま龍が天を泳ぐ姿を表しており、それが3度もあることは実におめでたいのでありますが、子供を3回もトイザラスに連れて行くはめにもなりそうなので、こういったことは子供には言わない方がよろしいかと。
　さて、まず1回目の5月5日であります。
　前日の5月4日、石垣島の沖でマグニチュード7.7の地震が起こりま

した。
　2回目の5月5日、パキスタンが再び核実験をやらかしました。
　そして隣国アフガニスタンでマグニチュード6.9の大地震が起こり、死者2500人以上という大惨事となってしまいました。
　3回目の5月5日であります。
　今度はトルコでマグニチュード6.3の地震があり、144人の方が亡くなりました。
　1回目だけは数霊的にズレが出ましたが、七福神であるはずの27方陣なのに出てくる数がなぜこれほどに悲劇と結び付いてしまうのでありましょうか。
　序章で申しました反作用の働きなのですが、ではなぜそうなってしまうのか。
　それもじっくりと"イザナミと117"にてお話しすることにいたします。

　27方陣にも9方陣同様たくさんの法則が含まれておりますが、9方陣でのくり返しになりますので省くことにいたします。
　物事は調子に乗っておりますとどんどんエスカレートしていくのが世の常でありまして、3方陣が9方陣に、そして27方陣へと広がってまいりましたが、ついに81方陣までまいりました。
　ご安心下さい。これで最後であります。
　何しろ次は243方陣。1から59049までの数で成り立ち、縦・横・斜めの和が717万4575。
　数霊としてはあまり必要性を感じませんし、それ以前によく理解できないのであります。
　ですが、81方陣まではどうしてもお話ししておかなければいけないのであります。
　81とは何か、やがてお判りになれますので。

　81方陣は1から6561までの数で成立しておりまして、全体を一度に紹介できませんので9分割いたしましたものを388ページより396ページまでに載せておきました。これを各ページごとに3方陣の並べ方で全

体を完成いたしますと、縦・横・斜めの和はどれも265761となります。
　この数は20世紀末に一度、旬を迎えた数であります。
　どうして265761が20世紀末かと申しますと、2657年6月1日がそれであります。
　2657年というのは西暦ではございませんでして、これは日本皇紀であります。
　日本皇紀とは初代天皇とされております神武天皇が即位した年を元年とするものでありまして、西暦に660を足したものであります。
　現在歴史学上におきましては「欠史八代」と申しまして、実は第2代綏靖天皇（スイゼイ）から第9代の開化天皇までは実在しなかったのではないかとされております。
　それで第10代の崇神天皇こそが実在した最初の天皇であり、初代神武天皇と崇神天皇が同一人物ではないかと見られております。
　根拠はそれらについて書かれたものにおまかせするといたしますが、確かにおかしなところが多いのは事実でありまして、正史を鵜呑みにする訳にはいきません。
　しかし、実際に西暦に660年を加えた日本独自の暦法が戦前に使用されていた訳でして、一応数霊としては有効と判断して使います。
　余談でありますが、紀元前660年の元旦にあたるのが2月11日であることから、この日は現在もそのまま「建国記念日」として使われております。
　欠史八代の真意はともかくといたしまして、実際使用されておりました日本皇紀の2657年というのは西暦の1997年であります。
　この場合265761のうしろの部分、6月1日は当然旧暦で見るべきでありますので、この265761は西暦1997年7月5日を表しているのであります。
　抽象的なお話になってしまいますが、この日を境に地球全体の、いや少なくとも日本全土を包む波動がはっきりと変化いたしました。21世紀に向けての国造りにおいて不必要なものはどんどん淘汰されてゆくのであります。建設の前にまず破壊であります。破壊については後ほど数霊を用いてしっかりお話するといたします。
　もうこれからは誤魔化しなど通用いたさないのであります。

権力を実力と錯覚していた者たちは、必要以上に得てきたものを返却せねばならないのであります。
　立場を利用し必要もない大がかりな事業にて得たもの、出さなくともよい医薬品を押しつけ国家から取り立てた分はそのまま借金として天にカウントされております。
　これらは完全にひもとかれ、振り分けられております。もうすでに。
　今までの「正直者はバカをみる」時代がやっと終焉を迎え、「素直と誠のミロクの世」となるのであります。
　1997年7月5日、関東では気温が40.2度を記録いたしました。
　神々によりますと、
「不必要なものは全部焼き尽くすので覚悟しておけ」
とのことであります。
　ご安心下さい。不必要でないものは焼かれませんので。
　同じ日、ＮＡＳＡの打ち上げましたマーズ・パスファインダーが火星に軟着陸いたしました。バイキング1号、2号以来21年ぶりの火星着陸であります。
　日本では7月5日ですが、アメリカ合衆国では7月4日、独立記念日でありまして、記念すべき日に火星への着陸という心憎い演出でありました。
　実は火星探査機はバイキング以外にもたくさん打ち上げられておりました。
　ところがこれらが次から次へと片っ端からどこかへ消えてしまっておりまして、旧ソヴィエトが1960年、63年、65年に打ち上げた火星探査機もすべて行方不明に。
　同じくソヴィエトは88年にもフォボス1号、2号を打ち上げましたが、まず1号が打ち上げより2ヶ月後に消息不明に、その半年後には2号までもが消えてしまいました。
　92年にアメリカ合衆国が打ち上げましたマーズ・オブザーバーも火星上空でどこかへ行ってしまったのであります。
　一部では宇宙人の仕業ではなかろうかとささやかれておりまして、個人的には、そうに違いあるまいと確信しておりましたので、この日のニュースは一応おめでたいのであります。

しかし実際、探査機は太陽の反対側にある星に向かったらしく、それを隠すために消えたことにしているのだとも。うん、西側の悪の枢軸なら朝メシ前でしょう、このように世間を欺くことは。
　81方陣ですが、6－図は9霊界の一部分であります。中央最上段に6561が入っております。この6561の捉え方のひとつをお話しいたします。

2511	6156	1053	2916	**6561**	1458	2349	5994	891
1782	3240	4698	2187	3645	5103	1620	3078	4536
5427	324	3969	5832	729	4374	5265	162	3807
2430	6075	972	2592	6237	1134	2754	6399	1296
1701	3159	4617	1863	3321	4779	2025	3483	4941
5346	243	3888	5508	405	4050	5670	567	4212
2835	6480	1377	2268	5913	810	2673	6318	1215
2106	3564	5022	1539	2997	4455	1944	3402	4860
5751	648	4293	5184	**81**	3726	5589	486	4131

6－図

　世界中には約6千5百数十の言語があるとされております。言語とは文化であります。
　残念ながら不倫は文化ではありません。ああ、情けない。
　文化とは簡単に申しますと、「衣・食・住」と「まつりごと」それに「言語」などであります。
　「まつりごと」とは"わっしょいわっしょい"のお祭りのことだけでなく、信仰における神示ごとから風土に根づいた冠婚葬祭に至るまでを含んでおります。
　これらの中で、衣について、あるいは住については大きな変化により古くからのものが消えてしまいましても、それが即、文化の消滅とはなることはございません。
　日本でも普段和服を着る人はごく一部となってしまいましたが、文化が消えてしまったことにはならないようであります。
　しかし、「言語」がなくなりますと、それはひとつの文化の終焉であります。
　81方陣の6561というのは、少数民族をもひとつの文化としての全人類の方陣であります。文化の数といってもいいかもしれません。
　世界のスーパーパワーとして君臨し、好き勝手に振るまう西側の悪の枢軸も、未だ物質文明を嫌い大自然の中に溶け込んで生活している少数民族も、81方陣の中では同じひとコマなのであります。
　身勝手に他の文化を傷付け消滅させるようなことをいたしておりますと、必ずや自然の摂理によりまして自ら破滅することになるのであります

す。
　我が国も他人事ではございません。
　それにつきましては"雛型と118"にて触れることにいたします。

　一年の計は簡単にあれ。ではなかった。
　一年の計は元旦にあり、でありました。
　旧暦での2003年1月1日であります。
　スペースシャトル「コロンビア号」が空中爆発してしまいました。
　これは悲しい事故でありますと同時に、国家の行方を暗示するものでもあります。
　旧暦とは裏での出来事であります。
　天界に起こることは必ず現界に現れるのでありまして、さて、このまま悪しきたくらみを持ったまま突き進むか、それとも悔い改めて大きな災いを回避いたすか。
　それは民族の歩み方次第であります。
　1991年1月17日。湾岸戦争が開始され、
　1994年1月17日。ロサンジェルスで大地震が起きました。
　1997年1月17日。フロリダ州のケープカナベラル基地から打ち上げられましたデルタ2ロケットが空中爆発いたしました。
　2003年2月17日。シカゴのクラブで催涙ガスのようなものがまかれ、大勢の方々が亡くなりました。
　コロンビア号爆発から17日目のことであります。
　どうして2月17日のことを取り上げるのかとお思いでありましょう。
　この日は旧暦の1月17日であります。
　ガスで人が亡くなったのであります。
　なのに1ヶ月後、アメリカ合衆国はバクダッドへの攻撃を開始いたしました。
　まだ判らんようであります。
　アングロサクソンも日本民族もアイヌもアボリジニも同じひとコマであるということ、よーく肝に銘じておかなければなりません。

　これは数霊的にあてはめていいものかどうかが判断しにくいのですが、

それらしきものをひとつ。

　日食や月食は大体半年ごとに起こります。

　ですがこれは周期とは申しておりません。

　あいまいな言い方ですが"条件のいい長い日食"が起こるのが18年と11日ほどでして、"周期らしきもの"としてサロスと呼んでおります。

　これを日数にいたしますと6585日となります。

　数霊上では6561とは明らかに違いますが、81方陣は地球と太陽と月の位置関係をも表しているのかもしれません。

　81方陣につきましても、それはそれはよくできておりまして、6561も、すぐ左隣の2916もひと桁に還元しますとちゃんと9になるのであります。

　9霊界に住民税を払っている数がこのように並んでいるわけでありまして、大変気持ちいい配列であります。

　他の法則につきましては27方陣同様省くことにいたしますが、パーフェクトな配列です。

「方陣のつくり方」

　東洋的非薄平9方陣は次のようにつくることができます。

　　　　　　　3方陣の順番通りで行います。

　　　　　　　9方陣の各霊界ごとで、3方陣の1の位置に、1から9を入れていきます。

　　　　　　　それが7-図であります。

4	9	2
3	5	7
8	1	6

1-図

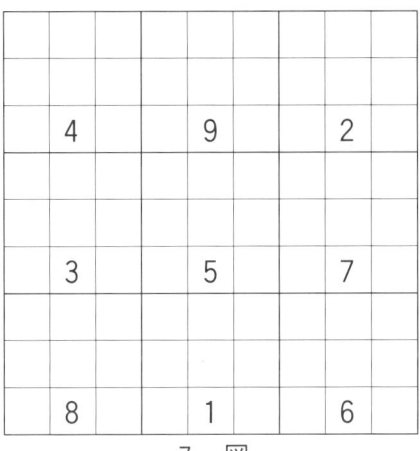

	4			9			2	
	3			5			7	
	8			1			6	

7 －図

次に 3 方陣の 2 の位置に注目。
9 方陣各霊界の右上に 10 から 18 までを入れます（8 －図）。

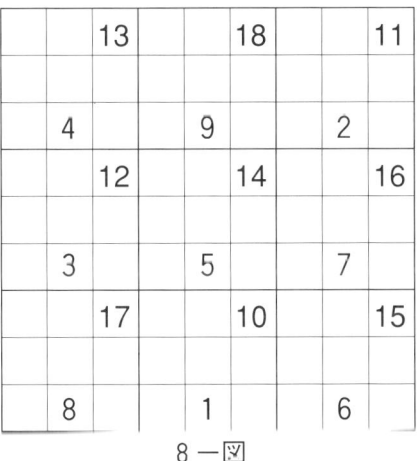

	13			18			11	
	4			9			2	
	12			14			16	
	3			5			7	
	17			10			15	
	8			1			6	

8 －図

　この要領で次は 3 方陣の 3 の位置。9 方陣各霊界に 19 から 27 を入れていきます。
　3 方陣の 3 の位置が終わりましたら次は 4 の位置に 28 から 36 を。
　このように 3 方陣の 9 の位置まで 9 方陣の各霊界を埋めますと東洋的有意義奥深 9 方陣の完成であります。

これまでの方陣は、3方陣、9方陣、27方陣、81方陣と3の乗数のものばかりでしたが、他の数でも方陣をつくることができるのであります。

16	3	2	13
5	10	11	8
9	6	7	12
4	15	14	1

9－図

　9－図は16マスから成り立つ4方陣であります。
　縦・横・斜めの和はそれぞれ34となります。
　この方陣を縦・横の中心線で区切りまして、4つのブロックに分けてみますと、各ブロックごとの4つの数の和もそれぞれ34となりまして、左上のブロックは
　　16＋3＋5＋10で34
　右下のブロックは
　　7＋12＋14＋1でこれも34。
　なかなか可愛いところがございます。
　4方陣も発展させることができまして、16方陣に成長しますと右のページのようになります。
　4方陣は西洋では火星陣と呼んだり木星の正方形と呼んでおりますが、なぜ火星や木星なのかについては専門外ですので判りません。

256	48	32	208	243	35	19	195	242	34	18	194	253	45	29	205
80	160	176	128	67	147	163	115	66	146	162	114	77	157	173	125
144	96	112	192	131	83	99	179	130	82	98	178	141	93	109	189
64	240	224	16	51	227	211	3	50	226	210	2	61	237	221	13
245	37	21	197	250	42	26	202	251	43	27	203	248	40	24	200
69	149	165	117	74	154	170	122	75	155	171	123	72	152	168	120
133	85	101	181	138	90	106	186	139	91	107	187	136	88	104	184
53	229	213	5	58	234	218	10	59	235	219	11	56	232	216	8
249	41	25	201	246	38	22	198	247	39	23	199	252	44	28	204
73	153	169	121	70	150	166	118	71	151	167	119	76	156	172	124
137	89	105	185	134	86	102	182	135	87	103	183	140	92	108	188
57	233	217	9	54	230	214	6	55	231	215	7	60	236	220	12
244	36	20	196	255	47	31	207	254	46	30	206	241	33	17	193
68	148	164	116	79	159	175	127	78	158	174	126	65	145	161	113
132	84	100	180	143	95	111	191	142	94	110	190	129	81	97	177
52	228	212	4	63	239	223	15	62	238	222	14	49	225	209	1

16方陣。縦、横、斜めの和は2056。

　次に5方陣をつくってみます。
　西洋では太陽陣とも火星の正方形とも呼ばれております。統一すればいいのに。得意なんだから。
　まず1から5を頂上から左下に向かって埋めていきます。
　次に1の右下に6を入れ、先と同じように左下に向かい7から10を入れます。
　この要領で1から25までを埋め込みましたのが10－図であります。

```
            1
         2     6
      3     7    11
   4     8    12    16
5     9    13    17    21
  10    14    18    22
    15    19    23
       20    24
          25
```

10—図

　そうしましたら矢印のように太枠外の数を太枠内に移動させます(10'—図)。

10'—図

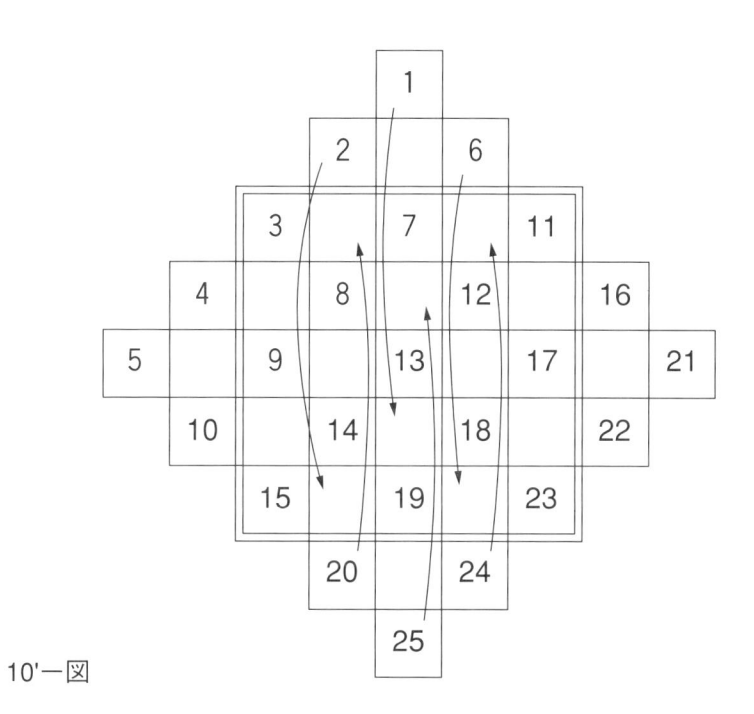

移動後の様子が11−図であります。

11—図

その1 "方陣"　47

同じように枠外を枠内に移します（11'－図）。
はい、移動開始、ピーッ。

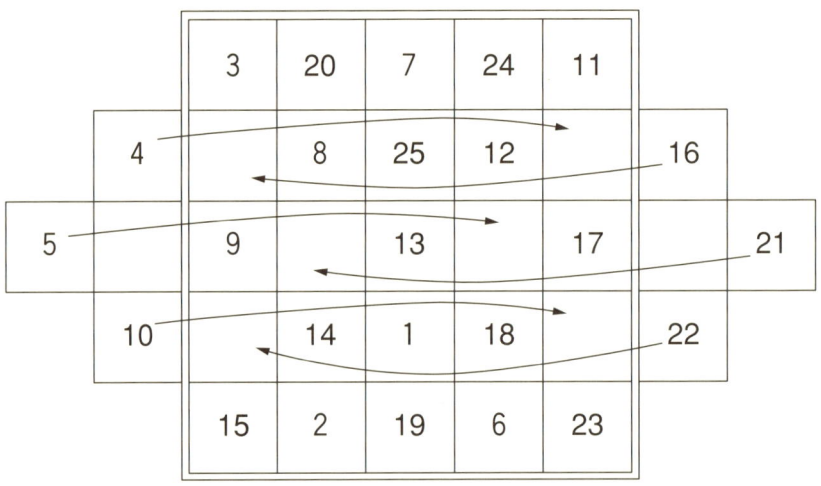

	3	20	7	24	11	
4		8	25	12		16
5		9	13	17		21
10		14	1	18		22
	15	2	19	6	23	

11'－図

それでできあがりが12－図となります。
縦・横・斜めはそれぞれが65になりまして、中心の数13の5倍であります。

3	20	7	24	11
16	8	25	12	4
9	21	13	5	17
22	14	1	18	10
15	2	19	6	23

12－図

他にも6方陣、7方陣、その他ちゃんと存在しております。

変わり種といたしましては13-図のようなものもございまして、このようなものでも縦・横・斜めの和は等しくなるのであります。

この場合はどれもが998となります(『世にも不思議な事件簿』並木伸一郎著　二見書房より)。

900	10	80	8
7	81	9	901
12	902	6	78
79	5	903	11

13-図

998をもう少し揃えた数にしようと次のようにしてみました(14-図)。

この方が縦・横・斜めの和はキリがよろしいのですが、並んでいる数があまり心地よくありませんで、もっと中途半端になってしまいました。

すべての数を5で割ってみましても縦・横・斜めの和はきれいな数で揃うのですが、やはり並んでいる数が不自然であります。

9005	105	805	85
75	815	95	9015
125	9025	65	785
795	55	9035	115

14一図

　数霊といたしましては利用法が見つかりませんでしたが、このような形でも方陣ができるというお話でした。
　方陣を色々見てまいりましたが、やはり何といっても東洋的幽玄９方陣が最も美しく華麗で、厳かでもあり、かつ凛としておりまして、方陣のワールドカップでチャンピオンに輝いただけのことはありま…。
　ありませんよ、そんなもの。気を付けて下さいね、この人には。
　えっ。

コラム「数の妙味⑦」

　9方陣では縦・横・斜めのそれぞれの和はどれもが369でした。
　ここでは3と6と9の出しものをご覧いただきましょう。
　電卓かそろばんのご用意を。
　では、ご破算で、
3×6＋9＝
33×66＋99＝
333×666＋999＝
3333×6666＋9999＝
　いかがでございましょうか。
　この程度ではご不満の方には次の出しものを。
3×9＋6＝
33×99＋66＝
333×999＋666＝
3333×9999＋6666＝
　これですときれいでしょ。
　このカラクリは大変簡単なものでして、
33×99＋66　の場合
＝33×101　でして、これは、
＝（33×100）＋（33×1）
＝3300＋33
＝3333
　というわけでして、シンプルな美人ですね。
　他の場合ももちろん同じでして、

333×999＋666　は、
＝333×1001
＝（333×1000）＋（333×1）
　ということで美しさの秘訣を保っているのであります。

その2　"神と41"

　一般的には単位や基準なき数というものは無機質で表情がなく、暖かみも感じられず、何を主張しているのかさえも判らない記号でしかありません。
　しかし、実はそこに意志が存在しているとしたら。
　「数霊」、それは一見無感動の代表格であるような数に玉し霊を吹き込んだ、言霊と共に大自然に調和した神の偉大なる智恵なのであります。
　大倭五十鈴会主幹で『古神道入門』(評言社)の著者・小林美元先生は、
「地球上の万象万物は宇宙生命の生成化育の原理から『数霊』と『言霊』として表現され、万象と化成する。それが直ち万有の生命である」
と著されておりまして、ピタゴラスも
「宇宙間一切の事物の根元は数である」
と残しております。
　そう、数学は意志を持ち得なくとも「数霊」は宇宙空間の果てから人体の隅々に至るまで生命として呼吸をしながら、天と共に地と共に、神と共に人と共に、太古の昔から生き続けているのであります。

　言霊と数霊は表と裏の関係にあります。
　したがって表から裏へ、裏から表へといった変換も自在となるわけでして、言霊から数霊へと変換したものを言霊数と呼びます。
　言葉を数に変換するのには15－表を使います。

アー1	オー2	ウー3	エー4	イー5
カー6	コー7	クー8	ケー9	キー10
サー11	ソー12	スー13	セー14	シー15
ター16	トー17	ツー18	テー19	チー20
ナー21	ノー22	ヌー23	ネー24	ニー25
ハー26	ホー27	フー28	ヘー29	ヒー30
マー31	モー32	ムー33	メー34	ミー35
ヤー36	ヨー37	ユー38	延ー39	以ー40
ラー41	ロー42	ルー43	レー44	リー45
ワー46	ヲー47	宇ー48	恵ー49	韋ー50
ガー51	ゴー52	グー53	ゲー54	ギー55
ザー56	ゾー57	ズー58	ゼー59	ジー60
ダー61	ドー62	ヅー63	デー64	ヂー65
バー66	ボー67	ブー68	ベー69	ビー70
パー71	ポー72	プー73	ペー74	ピー75
阿ー76	於ー77	宥ー78	衣　79	伊ー80
須ー81 ン┬1 　└10				

15ー表
松原皎月著『霊の御綱(ヒ ミツナ)』を元にしております。

並び方は、ア・オ・ウ・エ・イ、カ・コ・ク・ケ・キになっております。

通常はア・イ・ウ・エ・オの順ですが、15－表では母音のイとオが入れ替わっております。元来はア・オ・ウ・エ・イの方が自然でありまして、発音する際の口の開き方が大きい順になっております。

言霊と数霊を繋ぐものは15－表だけではございませんでして、他にもいくらでも手段はございますが、基本的にはこれを用いることにいたします。

76から81につきましては特別な場合のみに用いるものでありまして、後に少し出てまいりますが、通常は75までで行ってまいります。

「ン」が1と10の二つに分かれておりますが、これも後ほどお話しすることにいたしましょう。

　9方陣の中心には41が鎮座しておりました。この41とは一体何者なのでしょうか。ただ今よりその正体を明らかにしてまいります。

人の体の中心はヘソです。

地理的にも中心地をヘソと申しますように、ヘソとは真ん中のことです。

胎児が子宮内で育つのはヘソの緒を通して母体より栄養を送ってもらう訳でして、ヘソは絶対に必要なところであります。

このヘソを言霊数にしてみます。

15－表により、

　ヘ＝29　ソ＝12

29と12を足しまして41であります。

ヘソの言霊数は41になるわけです。

ですから9方陣の中心の41、これはヘソでして、9方陣自体が人体を表しているのであります。

15－表はいちいち戻って探すのが面倒ですので、おもて表紙の裏面にも同じ表を載せておきましたのでそちらをご覧下さい。

日本のヘソは岐阜県のどこかにあったように思いますが、名古屋から岐阜県を縦断し、高山を経て富山へ至る道がございます。

日本の中央を走り国土を東と西に分断する境目がこの道、国道41号線

でありまして、やはりここにも真ん中に 41 の存在があります。

41 号線を高山市からさらに北上しますと神岡という町がございます。

2002 年 10 月に小柴昌俊東大名誉教授がノーベル物理学賞を受賞されてからは一躍脚光を浴びるようになりましたが、宇宙からやってくるニュートリノを検出するスーパーカミオカンデの高さも 41 m であります。

41 号線を境にしてそば文化とうどん文化が分かれておるぞ、と信州のそば屋で聞いたことがございます。41 号線の西側にもそば処がいくつかはありますが、なるほど確かに東側がそば、西側はうどんに分かれております。

そばやうどんもよろしいのですが、我が国日本の主食と申せば、それは米であります。

「米」の数霊は字のごとく八十八ですが、88 については "富士と 88" で触れることにしまして、15 −表を使い言霊数にしてみます。

　　コ = 7　メ = 34

7 + 34 で合計 41 です。

五穀豊饒の五穀とは、米・麦・あわ・きび・豆のことでして、現代では米が主となっております。41 は物理的な中心地を表すだけではなく「主なるもの」を表す数霊でもあるわけです。日本語とは実によくできておりますね。

ヘソ = 41 から栄養を受けて子宮内で育てられ、米 = 41 を主食として生命を維持しておりますこの体には誰しも玉し霊というものが宿っております。別に米を主食としておらずとも玉し霊は宿りますが。

この玉し霊というものは目で見ることはできません。しかし手で観ることはできます。肌で触れることができるのであります。

その証しとなるものが体温です。

体温は心臓より送り出される血液により維持されており、血液の流れが止まりますと人は死にます。生きておりましても血液の流れが悪いところは触ると冷たくなっております。触ることのできない体内でも病いとなっている部分は血液の流れが悪くなっております。ですから血液が流れていることは生きている証しであり、体温こそが玉し霊なのであり

ます。
　血液の言霊数。
　　ケ＝9　ツ＝18　エ＝4　キ＝10
　9＋18＋4＋10で、これも同じく41になるのであります。
　先祖、両親から受け継いだ血液こそが人の体内においての中心になっているということです。
　やむを得ず手術をされた場合でも、お腹側は切ってもきれいにくっつきます。ところが背中側、特に背骨に近いところほどくっついてはおりますが触ると非常に冷たくなっております。筋肉の中の毛細血管に血液が流れておらず、筋肉も何だかビーフジャーキーのようになってしまっております。肌も血の気が引いたように青白くなってしまいます。色白美人なのではございませんよ。死んでいるのです。したがって、できる限り背骨のまわりにはメスを入れられないようにした方がよろしいかと。何しろ体温こそが玉し霊なのですから。

　ストレスを受け続けますとだんだん血液が汚れてまいります。しかし、ストレスというものは、その環境自体に問題があるのではなく、それをストレスとして感じてしまうのか否かが第一の問題であります。なぜなら、同じ環境、同じ境遇でもそれをストレスとしない人もいるのですから。
　ですから、ストレスの原因は外的要素にあるのではなく、内側でストレスに変換してしまう自分自身の呼吸の浅さや首の張りなどにあるわけです。
　花粉症にかかっていない人も同じように花粉を吸い込んでおりますが、何ともありません。症状が出るのは花粉自体に問題があるのではなく、花粉に反応してしまう体に問題があるのと同じです。
　ただし、反応が出てしまう体でありましても、排気ガスの中を通過していない花粉ならば、おそらくは大丈夫でありましょう。
　花粉症があまりにもひどく、春の訪れがちっともうれしくないようでしたら、一度お正月から食べ過ぎ飲み過ぎを一切改め、胃に負担をかけずに生活してみてはいかがでしょう。そして肩に力が入らないよう心掛ける。

胃に負担なく、肩に力が入っておりませんと、ひょっとしたら楽しい春を迎えることができるかもしれません。
　血液でした。血液を汚すのは何も精神的なところからのものばかりではございませんでして、肉食が過ぎてもよろしくありません。必ずしも肉を食されることがいけないのではございませんでして、人間の永久歯32本のうち4本は犬歯です。ですから、約分しまして8分の1、全体の12.5％程度なら肉食もよろしいのではないでしょうか。
　もちろん残りの8分の7がインスタント食品でよろしいはずもなく、ちゃんと旬のものやお米を食された場合のお話であります。
　ともかく、精神的にも食生活におきましても、血液をドロドロにさせない。何しろ体内の41なのですから。
　血液がサラサラしていることが健康な状態ですが、健康とは何も肉体のみを指してのことではございません。
　「健体康心」。健やかなる体と康らかなる心、これ総じての健康なのであり、どれほど健体康心かを計るバロメーターが血液なのであります。

　人は「霊・心・体」で成り立っております。エーテル体、アストラル体などといった分け方もございますが和風でいきます。
　人の成り立ちの要素である「霊・心・体」にはそれぞれに神が宿っております。
　「体」における神は先ほどから申しておりました血液であります。この場合は血液と言うよりも血と言った方が相応しいかもしれません。血には神が宿っております。
　医学的に申しますと細胞の中の染色体ですとか、さらにはそこに含まれます遺伝子ということになりましょうか。遺伝子とはＤＮＡのことでして、デオキシリボ核酸とも呼びます。ここにも神は宿っております。
　遺伝子には過去からの記憶が、血には先人たちの智恵が神宿りしているのであります。
　「心」における神はと申しますれば、これは思いやりであったり心遣いであったり、あるいは許す心でありまして、これを愛と呼びます。愛こそが「心」に宿る神です。
　最近は心と肉体を繋ぐ成り立ちが解明されつつあるようでして、脳の

奥深くにある脳幹と呼ばれる部分、ここが心と密接に繋がっているのではなかろうかとされております。

　脳幹と申しましてもいくつかの部分に分けられておりまして、脳下垂体ですとか松果体、延髄と呼ばれる部分も脳幹に含まれております。その中で一番上方に位置しております間脳、ここは視床とも呼ばれますが、この間脳こそが心の発動の根元ではなかろうかとのことです。

　心に宿る神＝愛は、間脳に宿る神なのでしょうか。15－表にありますように、ン＝10を用いますと、脳幹、間脳共に、

　　　ノ＝22　ウ＝3　カ＝6　ン＝10
　　　カ＝6　ン＝10　ノ＝22　ウ＝3

はい、41であります。

「ン」で1を使うか10にするのかの説明はもう少しだけ先にします。
　では「霊」における神は。
　これはもう霊そのままが神であります。
　親神様からの分け御霊（ワケミタマ）、これが霊です。
　霊とは一般的にいう魂（タマシヒ）のことでありまして、玉し霊（タマシヒ）とも書きます。
　仏教的にはこの霊を仏性と呼びます。
　真我といってもよろしいでしょう。
　海外からの精神世界でいうハイアーセルフです。「自らの高きところ」あるいは「高次元の我」とでも申せばよろしいでしょうか。捉え方の違いあれど、指しているところは同じでありますので、何と呼ぼうが本質に変化がある訳ではないので、どれで呼んでもかまいません。
　これを神道では「直霊（ナオヒ）」と申しております。親神様より直接分かれた玉し霊、これが直霊であります。
　直霊自体が神ですので、人の中心は神そのものなのであります。
　言霊数にしてみます。神です。

　　　カ＝6　ミ＝35

やはり41になります。
　霊・心・体にそれぞれ宿る神も41なのです。
　9方陣の中心が41なのは、そこにちゃんと神がおるぞ、とのことなのであります。
　すべての中心が神であるようにです。

先ほど9方陣は人体だと申しました。人体を表す9方陣の中心に神＝41が鎮座しているのでありますから、人体の中心に宿る玉し霊こそが神であるということの数霊的証明であり、人間神の子たるゆえんなのであります。

　方陣は、ただ数字が羅列されているだけではありませんでして、これは曼荼羅です。
　曼荼羅にも簡素なものから複雑なものまで、金剛界曼荼羅から胎蔵界曼荼羅などそれぞれございますが、日本に初めて曼荼羅を持ち込んだのが空海とされております。お大師様のことですね。その曼荼羅が9方陣と同じく八十一尊曼荼羅というものでした。
　数霊は日本や神道の中だけではなく、天の気感ずるところ、どこにでも存在しているのであります。
　一神教では中心41の神は創造主のみでありましょうが、神道、仏教共に多神教の中で育ちました日本人にとりましては、曼荼羅でもある9方陣の中心41は自分自身を示すものでもあります。
　これは一体何を意味するのでしょうか。
　実は、誰であっても曼荼羅の中心は自分自身であり、"世の中は自分を中心に存在している"ということであります。
　はい、ここで誤解が生じましたので正します。
　一般的にいう、
「あの人は自分中心に世の中が回っていると思っているから…」
というのとは全く別次元のお話です。
　この自分中心は、自分勝手のことであり、人の気持ち、まわりへの配慮など一切思うことないわがままで身勝手な者のことを指しております。
　そうではなく、すべては自分を育ててくれるためにある、すべての縁という要素は自身の因を育むためのものである、ということです。自分が接するもの、その全てが自らの玉し霊を成長させるための要因となりうるのであります。
　ここに一冊の本があります。どこにじゃなくて、ちゃんとここにあるんです。
　この本には自分が調べたいことがたくさん書いてあったとしましょう。

その2　"神と41"　59

著者はこれを書くためにどれほどの時間、労力、資金を要したことでしょう。研究するのに30年の月日を費やしたとします。
　本の価格は3000円です。いいの、3000円で。高いと思うなかれ。
　自分が調べてもおそらく30年はかかるであろうその答えが、30年の月日を使わずに、わずか3000円で得られてしまう。
　これは著者が自分のために1年わずか100円で働いてくれたことになります。
　3000円を得るためには、わずか数時間の労働で済みますでしょ。
　国道41号線を名古屋から高山に向かい北上しておりますと、道路ができあがるのにいかほどの費用がかかろうが、自分が走っているその瞬間、その場所は自分のためだけに存在してくれております。自分のためにあるのです。
　その瞬間、その場所には自分の車以外誰もおりません。自分が通る時間以外は誰が通ろうが全く問題は起こりません。通る時間以外は必要としていないのですから。
　間接的にいくつかの税金を払ってはおりますが、その分だけでは高山までの150kmの道路はできないでしょう。
　本にしましても道路でも、必要なものはすべて自分が育つための手段として存在してくれているのです。
　9方陣の中心の41が自分自身であるというのは、このようなことであります。
　すると、同時に目の前の人にとりましてはその人が中心の41なのですから、今度は自分も41を取りまく1コマになります。
　41に座る人を育てるための存在になるわけです。ですから、人を育てるための存在になることが自身を生かすことであり、それが自分も育つための役割になってくるということであります。
　では、目の前の人に対しどうあるべきか。何をすればよいのか。それを神返るのが意乗りをすることであり、そのつど答えを出せばよろしい。
　まわりのひとコマであることを認識したとき、自分はその人を育てるために存在しているのですから。
　互いが尊重し、敬い合うことができますと、すべての人の曼荼羅が、曼荼羅として機能し始めまして、それこそが神の願いであります。願いに

叶った生き方は意乗った生き方です。それができておりますと、こちらが神仏を好きか嫌いかに関わらず、勝手に神様が、仏様が人を護る力をお出しになります。

なぜならば、神仏にとって必要な人なのですから。

「心だに誠の道にかないなば、
　　祈らずとても神や護らん」

菅原道真はこのように申されました。

誠の道に適った生き方をしておりませんと、たとえどれほど祈ろうとも、なかなか叶うものではございません。

しかし、祈ることなど一切せず、神仏の存在さえも否定しておりましても、人類の発展のため、あるいは国造りのための一端を担って玉し霊生かしておりますと、神様の方からちゃんと守護して下さいます。仏様は一部始終を「見てござりまして」必要な縁は与えて下さるのであります。

そして、手を合わせずとも、こちらの思いにピタリと感応して下さるのであります。

間脳に同じく感応も41であります。

それでもまあ祈ることも大切ですが。

祈るときは両手を合わせます。

左手と右手を合わせるのですが、左手というのは「火、足りて」でして、右手は「水、極まりて」のことであります。「水、極まりて」で「水(ミギ)極りて」です。

左手の火、右手の水、これが合わさり火水(カミ)となる。

これが手を合わせる理由であります。

左はヒダリと読みますので、本来右はミギリでないとおかしい。どうしても右をミギとしたいのならば、左はヒダとすべきでありますが、こうなりますと実に困ったことになってしまいます。その説明は"火と水と"でいたすことにしましょう。

左右というように、左が先に来るのもこれが火水(カミ)だからであります。

また、ヒダリがミギリよりも先に来るのには他にも大切な理由がございまして、それは、

「火、足りて、水、極まりて
　火、足りずして、水、極まらず」
ということであります。
　これも"火と水と"にまわしましょう。

　さて、左右の手を合わせて祈っておりますと、突然フッと名案がひらめいてまいります。祈っておらずとも、何かを成すために集中しておりますと、それも意乗りですので名案は浮かんでまいります。
　これぞまさしく神様の智恵であり、守護者や大自然からのメッセージであります。
　　　メ＝34　イ＝5　ア＝1　ン＝1
　41です。
　守護者からのメッセージ、大自然からの通知を受け取った分、玉し霊の活かしどころが増えてまいります。
　　　ツ＝18　ウ＝3　チ＝20

　通知を受け取り、名案がどんどん浮かんでまいりますと、人はそれを才能と呼びます。才能とは、何らかの分野で神様の智恵に感応するすべを身に付けた状態のことです。
　　　サ＝11　イ＝5　ノ＝22　ウ＝3
　やはり41になります。
　神様より智恵を授かり、才能を開花させるためには、あとは信念を持って我が玉し霊活かす道を歩むことです。
　疑うということは、神様からの分け御霊(ミタマ)である我が玉し霊だけでなく、神様の智恵まで見下すことになってしまいます。
　ですから信念を持つ。
　信念こそが運気を呼び込む法なのであります。
　　　シ＝15　ン＝1　ネ＝24　ン＝1
　41です。
　あちこちでいろんな才能が開花しますと、色とりどりの花が咲き乱れるように色彩豊かな社会になってまいります。
　個人の偏りはときとして必要でありましても、社会全体の偏りはいけ

ません。
　豊かな色彩の社会がよろしい。
　　シ＝15　キ＝10　サ＝11　イ＝5

　信念が41ですので新年も当然41になります。新年度というのは４月１日でして、やはり数霊として41が現れております。
　新年、新年度は、共に新たな気持ちで９方陣の中心で玉し霊活かすことを神返る節目ということです。
　日本人は節目節目に神社へ出かけて行き、お祓いをしていただいたり、祝詞(ノリト)を献上していただくわけですが、このお役をされる方を神官または神職(カンヌシ)と呼びます。最近は神主も同様の意味で使われるようになっております。
　ですが、神官と呼ぶのは実は伊勢神宮の職員だけでして、その他の神社はみな神職になるのだそうであります。
　　シ＝15　ン＝10　カ＝6　ン＝10
　うーん、感心、感心。

　神官や神職のお役というのは、神様と人との橋わたしの役であります。行事を執り行うことで神様と人とのあいだに橋を架けるのです。
　　ハ＝26　シ＝15
　橋を架けていただきましたら、次はその橋に立ってみる。すると神様の視点で世の中が見えてまいります。この橋こそが天之浮橋(アメノウキハシ)でありまして、真ん中に立ってながめてみますれば、玉し霊光りし者、穢す者、玉し霊活かす者、封印してしまった者が一目瞭然であります。そうしますと我が玉し霊の活かし方、人の玉し霊の育て方も見えてまいります。
　神々はこのようにして天之浮橋よりながめ、人を生かしておられるのですから。
　話はそれますが、水の都のベニス。街中を流れる運河に架かる橋の数は410です。
　日本では四万十川などで見られます沈下橋の数が全国では同じく410残っているそうであります。
　だからどうということはないのですが、橋と41のお話でした。

その２　"神と41"　63

ではここで疑問をお持ちの「ン」での1と10の使い方についてお話しいたします。

今までは1と10を都合のいいように使ってまいりました。何しろ体系化されておりませんし、あいまいさこそが魅力なのですから。ただし、それも程度の問題でありまして、あまりにもいい加減ですとすべてを否定されそうですので、このような使い方をした方がいいぞという傾向のようなものをお話しします。

強いて申しますと、目に見えるものは基本的に1を使います。

そして、目に見えないものの場合は10を使った方が適切な場合が多いことは多い。

ですが、決して10でないといけないというわけではございませんので、まあ目に見えないものの場合は 10＞1 ということでよろしいと思います。どちらを使った結果でありましても気付くことはございますし、学ぶべきところへ意味付けできますので。

ですから、先ほど出てまいりました「脳幹」ですとか「間脳」は、外側からは見えませんが、頭を割ってみますとちゃんと目に見える物質なので「ン」には1を使い、

　　ノ＝22　ウ＝3　カ＝6　ン＝1
　　カ＝6　ン＝1　ノ＝22　ウ＝3

ということで、32とした方が自然です。

別に、41に比べて32が劣るといったことはございませんでして、32にも尊い意味合いはございます。

出雲大社は創建当初32丈の高さがあったとされております。史実に反した記述だとしましても、32という数を使ったということは、おそらく「これ以上はない」という意味合いのことでありましょうから。

ンに戻ります。

間脳に対して「感応」というのは目に見えませんので、ンに10を使い、

　　カ＝6　ン＝10　ノ＝22　ウ＝3

で41としてもよろしいのであります。

「名案」も目に見えませんので、ンに10を使い、

　　メ＝34　イ＝5　ア＝1　ン＝10

で、50の方が適切です。

　50というのは日本語の言霊の基本「五十鈴(イスズ)」の50でもありまして、大いなる数です。

　そして、もうひとつ。

　神官は確かに神様という目には見えない対象に向かいお仕事をされてはおりますが、神官自体は目に見えますので、本来はンに1を使用しております。

　　　シ＝15　ン＝1　カ＝6　ン＝1

　合計23。

　23は23で、人間の染色体は23対ですし、大きなひとつの骨のように見えます頭蓋骨は15種類23枚の部分から成り立っておりまして、別に41より劣ってはおりません。

　はじめから素直に1と10を使い分ければよかったのですが、疑問を持っていただくことが目的でしたのでどうかお許し下さい。

　なぜこのような意地悪をしたかと申しますと、次に述べることが日本語を、あるいは言霊を知るうえで大変重要なことだからであります。

　なぜ目に見えるものに1を使い、見えないものには10時々1を使うのでしょうか。

　1は元々アの言霊数です。アは始まりですので言霊数が1であるのは納得できますがンにも1を使いますのは、アからンまでをグルリと繋げ、ひとつの輪にするためであります。仮にンに76や81、82などを使いますと、アで始まりンで終わるのはよろしいのですが、輪になりません。ですからアとンは同じ出発点なのであります。大きく口を開けて「ア」、口を閉じて「ン」、これが同じというのは、人は生まれる前にいたところと、死んだ後に帰るところは同じ一点であり、その一点からすべては始まり、そしてすべてが終わる一点という意味なのです。

　したがってアとン、共に1なのであります。

　では10は。

　「ン」という音は言霊として主体性を持っておりません。無意味なのではありませんよ。存在は必要です、絶対に。しかし単独ではその用途が見えません。

そこで10の登場となるわけです。
　15－表で、10の言霊数を持つ言霊は「キ」です。
　キとは「気」のことであります。
　「気」というのは見えないものの代表格でして、あるにはあるのだが見えないもの。それを表した言霊がキであります。
　最近は気功が市民権を得ましたが、気功は見えません。
　手のひらから出るエネルギー、これが気でして、科学的に分析しますと9.56ミクロンの遠赤外線と同様のものですが、ジーッと凝視しておりましても感ずることはできますが見えないのであります。
　また、感ずるには感ずるが見えない状態を「気配がする」と申しますが、これも同じことです。気持ち、気分、それに気合い、これらも感じはしますので観ることができますが、目には見ることはできないものであります。
　「穢れ」は「気枯れ」でして、気が枯れてしまったことですし、「怪我す」も「気枯す」であり、気が枯れたときに起こることです。
　逆に「清い」というのは「気良い」ことでして、これも感ずるものであります。
　「絆(キズナ)」は「気綱」のことで、気でできた綱でお互いが繋がっておりますが、やはり目には見えません。
　「腐る」というのは「気去る」です。
　気がなくなってしまう。精気が失われて死んでしまったことです。
　このように見えないものを表す「キ」の言霊数10を、同じように捉えどころの見えないンにも使っているのであります。

　数霊に戻ります。
　日本の伝統の中には作法を重んじるものがたくさんございます。
　これは、作法自体が大切というよりも、それにいどむ厳かなる精神が重要でして、その精神をカタチに表したのが作法であります。
　ですから、カタチになる前の思い判って初めて作法が生きてまいります。
　神官、神職も神様の前で失礼のないよう作法には厳しいのであります。
　　　サ＝11　ホ＝27　ウ＝3

41です。
　作法というのは神様の智恵によるしつけでして、神職ならずともしつけは日本の美点だったのですが…。

　神様のお話ばかりでしたので他についても少々。
　仏像の背後には後光がさしたものがあります。仏様の背中からパーッと光がさしたあれです。あの光のことを光背（こうはい）と申します。
　　　コ＝7　ウ＝3　ハ＝26　イ＝5
41でございます。
　どんな道を歩んでおりましても完成の域に入りますと、仏様のように後光がさしてまいります。体から出るオーラが強くなるために、そのように見えるのでしょう。誰しも達観しますとそうなります。
　　　タ＝16　ツ＝18　カ＝6　ン＝1
ンに1を使いまして41です。
　実際にはどうなのでしょうか、判断できませんが、中国の奥地には百数十歳、二百歳の人が山に暮らしているそうであります。
　達観すると本当にカスミで生きていけるのでしょうか。カラスミなら酒の肴によろしいのですが。
　はい、仙人です。
　　　セ＝14　ン＝1　ニ＝25　ン＝1

　腰とお尻の中間あたりに仙骨という骨がございます。心臓をハート型で表しますが、仙骨も同じような形をしております。ただし、場所が場所だけにあまりロマンティックな描写がされることはありませんが。
　この仙骨が実に不可思議と申しましょうか、偉大といえばいいのでしょうか、神秘的なところであります。
　どうも仙骨というところは生命エネルギーが湧き出る泉のようであります。
　まずは性エネルギーとして噴出し、それが生きるためのあらゆるエネルギーに変換されてまいります。仕事で使うエネルギーも、遊びやスポーツ、恋愛、食欲、すべてまずは性エネルギーとして仙骨から噴出します。もちろんそのまま性エネルギーとしても使います。

ですから無気力の人は仙骨に元気がありません。精神的病いの人や拒食症の人などは、頸椎1番2番、胸椎5番11番がおかしくなっていると同時に仙骨もおかしな表情をしております。いや、表情がないといった方が正しいでしょう。
　頸椎とは首の骨のことでして1番から7番まであります。頭蓋骨のすぐ下が1番で、精神的病いの人はまず間違いなく1番2番が狂っているか動かない状態です。
　胸椎とは肋骨と繋がっている胸の部分の背骨でして、12番まであります。その下は腰椎と申しまして5番が仙骨と繋がっております。胸椎5番は汗の出や水分の吸収に関係している骨。11番はホルモンに関係している骨です。若い女性で生理が止まってしまうような場合は11番を正してやれば正常になってまいります。その前に大脳の緊張を取り、頭蓋骨をゆるめることが先ですが。
　それで、先ほどの精神的病い及び拒食症の続きですが、仙骨も全く無表情で歪(いびつ)になっておりますので、おそらくは泉が枯れた状態でエネルギーが湧いてこないのでしょう。仙骨が死んだ状態なのです。
　ご懐妊されますと仙骨が急にやわらかくなったり、火傷をした際には仙骨の2番、正確には第2仙椎と呼ばれる部分を強く刺激することでケロイド状になりにくいといった、いろいろな技を持った骨でもあります。
　このような骨が仙人と同じ「仙」という名が付けられたことは必然的なことでありましょう。おそらく仙人は天の気を体内に取り入れ、背骨を通過させて仙骨、尾骨から地へ流しているのではないでしょうか。
　そのためには仙骨につまりがあっては気が通りません。仙人はきっとしなやかな仙骨をしていることだと思います。

　生命の誕生というのは人の成しうることの中でも最も神秘的なことのひとつですが、生まれたての赤ん坊の産声が441Hzなのだそうであります。
　ピアノの調律も441Hzで音を合わせますし、ギターなどのチューニングでも441Hzを使って合わせたりします。CDの製造に使うサンプリング周波数は44.1kHzです。
　441Hzというのは「ラ」の音階です。

15−表で「ラ」の言霊数を見ますと41でありまして、ここにも繋がりがございます。

441と41とでは似て異なるものですが、共に「ラ」であり、表面に41が出ておりまして、このようなことを「神仕組み(カミシクミ)」と申します。

数霊には「縦の理（コトワリ）」と「横の理（コトワリ）」というものがございます。

また「縦のコトワケ」「横のコトワケ」とも申しますが、理（コトワリ）で統一いたします。

41を例にしてお話ししますと…

えー、41は素数でして、例題としましてはあまり相応しくないですので、近いところで36にします。

縦の理(コトワリ)とは、16−図のように表面的には別の数のように見えましても、約数であったり倍数であったりといった数同士のことでして、片方がもう一方を内包している間柄といってもよろしいと思います。72は36を内包しておりますし、36は4や9を内包しています。

ですから、見た目には似ておらずとも一本の線上に並べることができる数同士であり、この集まりを縦の理と申します。

これは「火の働き」を表しております。

```
・
・
・
144
・
・
・
108
・
・
・
72
・
・
・
36
・
・
・
18
・
・
・
9
・
・
・
4
16−図
```

横の理はと申しますと、17−図のように今度は表面上の類似の数同士のことです。

3・・・3.6・・・6・・・36・・・136・・・363・・・1036・・・

17−図

横の理は「水の働き」を表しております。
　ただし、この場合は3、3.6、6、360などは双方に属しまして、親密な数ということになります。また、縦・横共に繋がりのある数をすべて記しているわけではございませんでして、他にもまだたくさん存在しております。
　縦の理、横の理の関係のある数を、128を中心にして表しましたのが18－図です。
　あまり細かなことは追求されないように。
　これは公式などではなく、性質を判りやすく表しただけのものでありますから。

```
               ⋮
              512　（=128×4）
               ⋮
              384　（=128×3）
               ⋮
              256　（=128×2）
               ⋮
 ･･･12･･･28･･･128･･･228･･･280･･･828･･･1128
               ⋮
               64　（=128÷2）
               ⋮
               32　（=128÷4）
               ⋮
               16　（=128÷8）
               ⋮
                8　（=128÷16）
               ⋮
                4　（=128÷32）
```

18－図

　以上のことから、441と41は数霊横の理として同じ意味合いも共有しているということであります。
　また、14と41のような横の理でありそうでなさそうな関係の数とか、135と513や351のような間柄のものはどうなるのでしょうか。
　時と場合にもよりますが、ある程度共通した意味を持つこともござい

ます。
　ある程度とはどの程度かと申しますと、ある程度であります。
　それで、14と41の関係を「数霊反転返し(カズタマハンテンガエシ)」と呼びます。何だか伊賀の忍者が使う忍法のような名前ですが。
　ウムー、忍法反転返しって。
　135と513、351のような関係は「数霊組み換え返し」と申します。
　ただし、あまり用いる機会はございません。
　その他、9方陣での21と61の関係や38と44の関係などは「方陣返し」と呼び、これら全部をひっくるめまして「数霊返し(カズタマガエシ)」と申しております。あっ、アンダーラインなんか引かなくてよろしいですよ、流していただければ。ここは大したことございませんので。
　出口王仁三郎の「言霊ガエシ」の数霊版と思っていただければよろしいかと。
　9方陣はいちいち前の方のページを探すのが面倒でしょうから、裏表紙の裏側に載せてありますのでそちらをご覧下さい。
　世の中のほとんどの方が「裏の裏は表」だと思っていらっしゃるようですが、残念でした。この場合、裏の裏でも表にはなりません。
　さて、ここでまた疑問が湧いているはずです。
「縦の理や数霊返しについては、まあ判ったことにしよう。しかし、横の理というのは41に対して7841はどうなるんだ。19418も仲間なのか」と。
　そのことについてですが、確かに横の理の仲間としては拒否することはできません。
　が、しかし、41にとってみますと7841は、"おじいちゃんの姉さんの嫁ぎ先のお父さん"ぐらいの関係ですし、19418に至りましては、"5代前のおばあちゃんの実家に嫁いで来なさったお嫁さんの一番下の弟さん"ぐらいになってしまいまして、今ではもうご子孫の方々を法要に呼ぶようなこともございませんので、考えなくてもよろしいのではないでしょうか。
　このあたりもある程度にしておいて下さい。
　その点441と41はいとこぐらいの間柄です。41のお母さんと441のお父さんが兄妹でして、子供のころ41は夏休みになりますと田舎のおば

あちゃんの家に泊まりに行っておりました。そこにいたのが中学生のお兄ちゃん441で、毎日川で魚をつかまえ、山へクワガタを獲りに行って遊んでいたのであります。

ラについてでした。
古代文字の文献を調べてみますと、大昔は「億」が最大の単位になっていた時代がありました。この「億」をラと読みます。
　　一二三四五六七八九十百千万億
　　ヒフミヨイムナヤコトモチロラ
のラです。
当時はラ以上に大きなものはなかったのであります。どれほど時代を遡ったころのことかは判りませんが、「いろは歌」や「アオウエイの七十五声」と違い、この「ヒフミヨ…」は神代のものではないかとされておりますので、かなり大昔の数の概念だと思われます。
エジプトや中東の国々ではかつて、太陽神が最高の神とされておりました。
その最高権威である太陽神を「ラー」と呼んだのであります。
日本だけでなく「ラ」の持つ言霊の波動の偉大さは万国共通なのであります。
太陽神や北極星などを神として崇拝する信仰は世界中どこにでもありますが、太陽や北極星に宿る神様の肉体こそが天体であります。
　　　テ＝19　ン＝1　タ＝16　イ＝5

イスラムの「アッラー」というのも、始まりの言霊「ア」と中心の言霊「ラ」が組み合わさった名前でして、このようになるのも神仕組みであります。
約1万2千年前に突如として海底に消えてしまったムー大陸。そろそろ謎が解明されそうな時期になってまいりましたが、まだ海底に沈んでないころは、ムー大陸の王様を「ラ・ムー」または「ラー・ムー」と呼んでいたのだそうです。
どうしてそんなことまで判ってしまうのかが不思議ですが、ラの持つ言霊力は不変なのでしょう。そして古人たちはそれを感じ取っていたの

であります。

　音霊としてのラも大変力を持っております。水に対してラの音階を聞かせますと、他のどの音を聞かせたときよりも安定した波動になることは証明されております。
　水自身もラの音を聞くことで最もストレスが溜まりにくくなるのだそうです。
　竹もラの音に反応しまして、やはり他のどの音よりもラの音を聞くことで、きれいな波動が出ます。
　後から何ども剣(ツルギ)のお話が出てまいりますが、竹で作った刀、竹刀(シナイ)といいます。
　　　シ＝15　ナ＝21　イ＝5
　竹は月と同じオーラを持っております。
　月は水を司っておりますので、水と竹が同じ反応をするのは当然といえば当然ですが。

　水が言葉や言葉の持つ波動、つまりそれは言霊ですが、ちゃんと理解している様子が『水は答えを知っている』(江本勝著　サンマーク出版)に写真として多数出ております。
　美しい言霊に触れた水は、それはそれは美しい結晶として姿を見せてくれました。
　その写真をよく見ておりますと、六方向に伸びた結晶の枝の中に仏様の姿が見られます。どんなところにも神仏は現れるのであります。
　逆に、悪しき波動の言霊に触れた水の結晶は醜い姿になってしまいました。
　ですから、水にストレスが溜まるような環境というのは水を気枯れさせてしまい、気の枯れた水を飲む動植物もやがては気が枯れた状態になってしまいます。
　水が元気でいられる環境を護り抜かないといけません、人類は。
　水が元気ですと地球上のすべてが元気になれるのですから。

　川を三面コンクリートで固めてしまいますと、それはもう川ではあり

ません。溝と呼びます。大きな溝です。

　私が子供のころ、夏になりますと毎日のように小鮒釣りし野添川も、最近ついに野添溝に生まれ変わってしまいました。ちっともうれしくないわい、そんな生まれ変わりは。

　水は縦に渦を巻きたがる性質を持っております。そして、横には曲がりたがる性質があります。渦を巻きたがるのも曲がりたがるのも水の意志です。

　水自身がそのように望んでいるのであります。その意に反したことをするということは、水の神の意に逆らうことです。

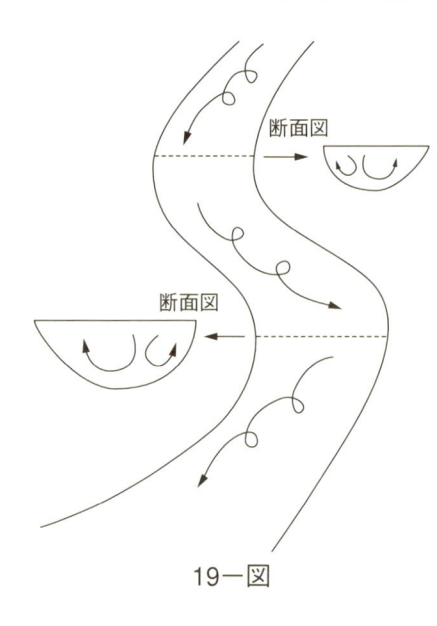

　水は渦を巻き、蛇行することにより自らを浄化しております。これを自浄能力と申します（19－図）。

　三面をコンクリートで固めると水の持つ浄化作用を妨げることになります。

　するとどうなるか。

　水がストレスを持ちます。

　そして、ストレスを持ったままの水が海に流れ込みますと、酸素不足のためにプランクトンバランスが崩れ出します。

　それはやがて、多くの生き物たちの生態系にも悪影響が出てまいります。人の生活に及んでくることもあるでしょう。

19－図

　国は絶対に認めませんが。川を溝にしたこととの因果関係が認められないとして。

　全く好き勝手なことを言っておりますね。龍神界も月神界も本気で怒っておられることも知らずに。

　2003年9月、国会議事堂に落雷がありました。

　国民の代表である議員たちに大自然が"カミナリ"を落とされたので

あります。

　いい加減にせえよ、バカ者どもめが、と。

　水という字が`氺`このような形であるのは渦を巻き、そして曲がるのが自然だからであります。底がコンクリートでは渦を巻けず、両岸もコンクリートですので曲がることもできません。不自然の極みです。

　そして、流れを止められた水は腐ります。

　気去る(クサ)からです。それは水の死を意味しており、ダムがその状態です。大自然の中での水の循環はすべて流れがあり、どこにも止まったところはありません。

　空気も流れがない状態ですと淀んでまいりまして、息苦しくなります。

　ですが、そこに風が吹くと生き返ります。

　空気は風によって流れることで生き続けるのであります。惟神(カンナガラ)の道では風までもが神様として崇められましたのは、空気に生命を吹き込む役割の神様だからなのであります。

　ヒフミヨイムナヤコト…の2番目、フは「風(フウ)」のことです。ヒはもちろん火、ミは水です。

　火が起きますと上空に風が発生します。やがて雨雲を呼び天の恵みの雨を降らす。「火→風→水」といった具合に。

　これを「大自然のヒフミの原理」と申します。

　9方陣にもヒフミは出てまいりました。

　5霊界の縦・横・斜めの和が123でしたし、各霊界の中心の数の縦・横・斜めの和もヒフミでした。

　9方陣5霊界は別名ヒフミ霊界とも呼ばれております。

　神＝火水です。

　これを分解し、

　　ヒ＝30

　　ミ＝35　ズ＝58　　合計93

　30＋93＝123になりまして、火水からもヒフミが出てまいります。

　神は41でした。

　　ヒフミ＝（火の神）＋（風の神）＋（水の神）

のことでして、神＝41が3神おりますので、

　　41×3で123

その2　"神と41"

このあたりのつじつまは完璧であります。
続きは"火と水と"にすることにいたしましょう。

起こりもしない水害に備えるとの名目で巻けず曲がれず、保水力もない状態にまで追い込まれてしまった日本の川はもはや瀕死の状態です。
無知で無謀な建設省、現在の国土交通省です。節操と品位のない政治家、群がる業者、そして無関心で無責任な国民により、約3万本あるとされます世界でも有数の美しさを誇った日本の川は破壊し尽くされました。
まもなく日本の自然は崩壊します。
　ホ＝27　ウ＝3　カ＝6　イ＝5
これも41です。
神の意に反した人類の生きざまに現れる数霊的反作用です。
2005年の万博が決選投票でカルガリーを敗り瀬戸に決定しましたのは、いよいよ瀬戸際であるぞよ、との神ハカライであります。ついに人類は瀬戸際に立たされたのです。
瀬戸際ということは、もうほとんど駄目だということです。が、しかし、まだほんのわずかに可能性が残っているということでもあります。
大自然に対し本気で思い改める時期になりました。不便さが残っても、あるいは負担が増えても、一度大自然に対しどうあるべきかを考えてみようではありませんか。
川は我等が愛する母星、我等を育む愛しき母体、我等の偉大なる生命体"地球"にとっての血管です。
川を流れる水は地球の血液です。
人類は母なる生命体の血液を汚し、血液を運ぶ血管を、健康体であるにもかかわらず伸縮不能にしてしまいました。この罪は重い。
これは人体でいう動脈硬化であります。
健康体の人に対し、医師がお金儲けのため意図的に動脈硬化を起こさせたとしたら、それは許されざることでありましょう。
同じことを人類は地球にやってしまいました。人の定めた法に触れずとも、天の法を犯してしまいました。これを天つ罪と申します。
やがてむくいを受けることでしょう。

大体、母の体を傷付けて我が欲満たすために金儲けをしようとは何事ぞ。
　これは大自然へのテロリズムです。
　大自然。
　　ダ＝61　イ＝5　シ＝15　ゼ＝59　ン＝1
　計141。
　4を中心に前にも後にも神の姿が現れた数霊です。
　北アメリカに発生する破壊のリーディングヒッターのトルネード竜巻は、驚くことに最大風速が秒速141ｍを記録いたしました。1999年5月3日のことです。
　この竜巻によりオクラホマとカンザスで45人の方が亡くなりました。
　このような自然災害の規模は、人が自然の摂理に反した生き方をし、国全体の波動が濁るほど大きくなります。
　我が国でも人ごとではありません。

　破壊をくり返した者も、そしらぬふりで傍観した者も、本日より自然の崩壊をくい止めてまいりましょう。瀬戸際にすべきことを神返えて。そして、何が何でも崩壊を回避すべきであります。
　　カ＝6　イ＝5　ヒ＝30
＝41。
　悪しきことを回避するよう生きる。これは神の意乗りに適ったことです。
　すると、回避＝41という神ハタラキが作用するのであります。
　何十年後かにまた、世界に誇れる美しき川が日本の国のあちこちで見られるように意乗って。
　破壊を許可した役人と政治家を、水曜日の早朝に、川岸にズラリと一列に並ばせ、流れに向かって大きな声で"ラ———"と叫ばせるのはいかがでしょうか。
　かえって水が気の毒かな。
　「気の毒」というのは気を毒してしまうことですからやめましょう。
　そんなことをするのでしたら、無邪気な子供たちに川原で歌ってもらったり、大きなスピーカーを持ち込んでモーツァルトやショパンを聞

いてもらった方が喜んでもらえますからね、水に。
　それはともかく、これからは川の流れに、雨に、池や水たまりの水に、水道水にも"ありがとう"の言霊を発するのが一番よろしいのかもしれません。
　日本で記録されました最低気温は旭川での氷点下41度です。
　このまま温暖化が進みますと、夏の真昼間は41度を越すことになるでしょう。2003年8月、あのスイスでさえもついに41.5度を記録してしまいました。
　人の心がやさしくなってまいりますと、大自然も人にやさしくなってまいります。
　どうかこれ以上乱れませんように。人の心も大自然の気候も。
　そうそう。自然の摂理に適った生き方をしておりますと、見合い話もちゃんと神様から御神縁がいただけますよ。
　なぜなら、
　　ミ＝35　ア＝1　イ＝5
　見合いも41なのですから。

　神社でいただいてまいりますお札(フダ)には「大麻」と書かれているものがございます。
　これは「幣（ぬさ）」のことです。
　同じ大麻でも植物のお話。
　最近大麻が注目を集めております。
　いえ覚醒剤のことではありませんよ。素材のことです。
　この大麻を利用することも神様の智恵であります。
　読み方変えて、
　　オ＝2　ホ＝27　ア＝1　サ＝11
　合計41。ね。

　ということで、41についてのお話をしてまいりました。
　最近はもっぱら言葉も乱れておりまして、"ラ抜き言葉"が平気で使われております。「ラ」が抜けているということは、言霊から41が抜けているということでして、中心がカラになってしまっております。

せっかくの美しい日本語が、これでは台無しですし、言霊の威力も低下してしまいます。
「食べれるよ」は「食べられるよ」
「答えれます」は「答えられます」
です。
　歯抜けも困りますが、ラ抜けはもっと困ります。気を付けることにいたしましょう。
「ウルトラマン、ウルトラセブン、ウルトラマンエース、ウルトラ……
　仮面ライダー１号・２号、仮面ライダーＶ３、仮面……
　ゴジラ、モスラ、キングギドラ、ガメラ、ラドン……
　ドラえもん、アラレちゃん……
　みーんなラが付くこと知ってる？」と子供が教えてくれました。
　本当だなぁ。
　絶大なる人気を誇るウルトラシリーズや仮面ライダーシリーズ、世代を越えたファンを有する怪獣映画、そして世界で愛されるドラえもんも「ラ」が付いておりました。
　というようなお話をしますと運命学的に捉えられてしまうかもしれませんが、個人名ではあまりこだわらない方がよろしいかと。喜んでおられるところをごめんなさい。中村さん、木村さん、村瀬さん、原田さんに三浦さん、荒川さんに倉田さん。
　けど、寅さんは関係あるかもしれませんね、ラの言霊力に。
　それはともかく、言霊と数霊の美しき関係は、ア・イ・ウ・エ・オでは成り立ちません。
　奥ゆかしき日本語を復活させるためにも、来年度より幼稚園、保育園並びに小学校は、ア・オ・ウ・エ・イにして下され。
　お願いします。

コラム「数の妙味 ふ」

　また電卓かそろばんを用います。
　次の計算をして下さい。
　できた人から帰ってもよろしい。
　それと、武内先生からの連絡で明日の美術ははさみとカッターナイフを用意して下さいとのことです。忘れないように。
　はい、では始めて下さい。

$1^2 =$
$11^2 =$
$111^2 =$
$1111^2 =$
　・
　・
　・

　まあ、これは分解して考えますと当たり前のことでして、あまり喜んでいただけなかったようですね。
　では第2問目はどうでしょう。

$1 \times 8 + 1 =$
$12 \times 8 + 2 =$
$123 \times 8 + 3 =$
$1234 \times 8 + 4 =$
　・
　・
　・
$12345678 \times 8 + 8 =$
$123456789 \times 8 + 9 =$
　ね。まあまあでしょ。

その3　"光と81"

　素直と誠の世がやってまいりました。
　正直者が馬鹿をみない世であります。
　どなたでしたでしょうか、
「心に思うこれをやったらあかんということ、それさえやらなんだらそれでええ」
とおっしゃったのは。
　シンプルですけれど深いです。
　難しいことは判らずともこれひとつを心掛けておりますと、一事が万事、すべてのことがうまく運びます。
　勝手に付け足しまして、
「心に思うこれをせねばあかんということ、それを今からやる」
　この2つができますと、すでに神様の意乗りの生活になっております。

　大自然からの意思を感ずることができる人は普段自分自身の言うことをよく聞いております。人の言うことにちゃんと耳を傾けることができる人も、いつも自身の心の声に耳を傾けております。
　赤信号であることを知りながら、流されて自分も渡ってしまう人は、心の声、玉し霊の叫びを無視しておりますので素直でもなく誠でもありません。
　ネクタイを締め、上等なスーツを着たおじさま方も、煙草を道に捨て、赤信号を渡って行きます。
　私は性格が悪いので、そのうちおじさまをつかまえて、「お孫さんがご一緒でもそのようなことをなさるのですか」と言ってやろうと思っております。なるべく地位や名誉のありそうな人を選んで。
　OLさんには、「あっ、あのビルの陰から彼氏のお母さんが見てるぞ」でまいります。
　赤信号を渡り家に帰ってビールの栓を抜きますと、ちょうどニュースステーションでスポーツニュースをやっております。
　隣では奥様が何やら話したがっているのを察しましてもおじさまは、

おいおい疲れてるんだから明日にしてくれよと六つかしい顔をして、本当はやったー、勝ったぞと喜びたいのを隠してつまらなさそうにニュースに見入っております。ちゃんと聞いてあげなさい、奥様のお話を。

赤信号は、心に思うこれをやっちゃいかんぞと思うことを無視し、奥様には、心に思う今これをせねばあかんぞということに知らん顔をしているのであります。

しちゃあかんとせにゃあかんは同時のものでもありますので、赤信号も奥様へも両方に反しておりますが。

これが素直でない心であります。

素直とは「素のままの直霊(ナオヒ)」のことです。

素のままの直霊が心に思うこととして現れますので、心に思うことに背くこと、これは体主霊従であります。

誠というのは言った通りに成すことです。誰が言うのか。それは直霊であり自身の心であります。それを無視し、言ったように成しておりませんのはこれ誠ではありません。

素直と誠、どちらも心の声に耳を傾け快く「はい」と答える。

答えたらあとは、やってはあかんぞと思うことはやらず、やらなあかんぞと思うことをやる。

これが素直と誠の世の人となる第一歩であります。そして、できた分だけ霊主体従となってくるのです。

「はい」は数言霊(カズコトダマ)であります。

そのまま81で表せます。

言霊のままで数に置き換えることができるものを数言霊と申しております。

81は9方陣の終わりの数でした。

終わり、ということで「しめくくり」です。

81は九×九ですので「しめ九九り」とも書きます。これが「九九の理」であります。

菊理姫(ククリヒメ)の神ハタラキのひとつです。

菊理姫につきましてはまた後ほどにお話しすることにいたしましょう。

さて、自らの玉し霊の叫びに素直な人、人の言葉に対しいつでも素直な人はイキイキとしており、オーラの輝きが違います。

光り輝いているのであります。
　太陽の光、希望の光、闇を打ち消す光と同じ光であります。
　　ヒ＝30　カ＝6　リ＝45
　これで81。光の言霊数は81であります。
　人それぞれの玉し霊というものは、丸い光の玉のことであります。
　光り輝く神からの分け御霊(ワミタマ)ですから玉し霊が光っているのは当然であります。
　その光り輝く玉し霊を持つのですから人間も本来の姿は光そのものであります。
　　ニ＝25　ン＝1　ゲ＝54　ン＝1
　光と同じく人間も81であります。

　生まれたてのころは誰しもが光り輝き、その場にいるだけでまわりを和(なご)ませていた人間も、やがては輝きを失うようになってまいります。光った玉し霊のまわりを欲望という鉛の殻で覆ってしまい、輝く光を封印してしまうからであります。
　性善説としては、人間生まれつき善である。美しきものである。愛があふれ、光に満ちているとしております。
　中国の孟子様の唱えたものであります。
　一方、同じく中国の荀子(じゅんし)様の唱えた性悪説では、人間生まれつき悪である。醜いものであるとしております。
　どちらが正しいのでしょうか。
　神道的、かつ古来からの先人の智恵では、悲しいかな、性悪説というものは、人間の根本まで到達せずに答えを出してしまったものであると言わざるを得ないのであります。
　性悪説では、人間の持つ神からの分け御霊(ワミタマ)、これは直霊(ナオヒ)のことでありますが、直霊の回りにドロリとからまってしまっている過去生からの業の集積を指して、人間の根本としているものであります。
　確かにそれは醜いものであり、仮にここが根本であるとするならば、性悪説に異を唱えずともよろしいのであります。
　自らのこの部分をひとつひとつ暴いておりますと、悲しさなんぞは通り越し、あきれるほどにドロドロとした汚臭を放つものが出てまいりま

す。それを避けてきれいごとを並べてはなぜ性悪説が生まれたかを理解することはできません。逃げずにどんどん暴いていくことが必要であります。

　このドロドロとした部分を本性と呼んでおります。
　本来の本性というものは光り輝く部分を指し、仏教的に申します仏性のことでありますが、ここではごく一般的に使っております。
「お主、とうとう本性を現しおったな。
　よかろう、ならば打ち倒してやろうぞ。
　覚悟せい、この化け物めが」
の本性について申しております。
　この醜き本性のもうひとつ奥、汚臭放つ過去生の業のその奥にまで到達いたしますと、そこにはまばゆいばかりの光り輝く神のまごころが存在しておりまして、ですから性善説より他はないのであります。

　では人の肉体がやがて死を迎え、今度は子孫を守護する側にまわりますとどうなるかと申しますと、
　　セ＝14　ン＝10　ゾ＝57
で、これまた光と同じに81であります。
　先祖さんは見えませんのでン＝10を使えばよろしいです。
　伊勢神宮、熱田神宮、それに出雲大社といったところにまいりますと、位の高い神々が鎮座ましましております。
　しかし、そういったところの神々は、人として玉し霊を活かすために何かを行おうとしている場合を除きましては、個人を四六時中守護しているわけではございません。
　何か特別なとき、気迫を持ってのぞめば当然お力を貸して下さります。縁というものを与えて下さります。
　必要ならば御眷属(けんぞく)もつけて下さるのであります。
　ところが、どれほどお願いしようとも、その者の成長とならぬようなことにつきましてはいちいち相手をされません。
　欲得ばかりのお願いを持ち込みますと、聖域が穢されることになりますので、そういったものに対しては霊的バリヤーで遮るようにされております。

しかし、どんなときにもあれこれ気をもみ、何とか望みを叶えてやろう、何とかして災いを回避できるようにしてやろうとされているのが先祖さん方であります。
　いかにして、悪しきことが起こらぬうちに悟らせようかと必死になっているのは位の高い神々ではないのであります。
　伊勢や熱田の大神様よりもずっと位が低かろうが、自分のことをあきらめずに守護し続けて下さるのが先祖さんであります。
　大神様たちはあきらめますよ、駄目であると判断した者に対しては。いくらでも替わりがいるのですから。
　ところが先祖さんにとっての子孫は、替わりが効かない。あきらめないのであります。ですから、先祖＝81は、そのまま＝光であるという訳であります。

　それでは、今後生まれてくる赤ん坊はどのようになるのでしょうか。
　二人が結婚し、やがて身籠る。
　これぞまさしく神秘であり、これ以上にない喜びであります。
　日に日に成長し続けます胎児こそが、親を、さらにその親をも希望と喜びで包みこんでくれます。
　　タ＝16　イ＝5　ジ＝60
　よろしいでしょうか。胎児も81であります。
　母のお腹の中に神の光宿るのであります。
　人はなぜ子を産むのでありましょうか。
　種族の保存のためだけならば、同じ人種の者が子を産めばそれは保たれるのであります。隣の家に赤ん坊が誕生すればそれですむ。
　ところがそれではすまぬのが玉し霊の持つ"本願"であります。
　高級な車や別荘が欲しいと思うのは欲望でありまして、本願ではございません。
　しかし、我が子を望むのは欲望とは違います。これは本願であります。
　人はなぜ子を求めるのか。
　それは己の生きてきた証しをこの世に残したいからであります。自分自身ではそのようなことを意識せずとも、玉し霊は意識しております。それが感じられないのは、遮断する壁を自らが築きあげてしまったから

であり、なぜそんなものをこしらえたのかと申しますと、恐怖心の他ありません。恐怖心が形を変え、あらゆる自己弁護へと発展していったからであります。

男が女を求め、女が男を求むるは、己の生きた証しを残すことを達成するがための相手探しであることまでは、なかなか見つめられないことであります。

理屈はともかくといたしまして、子供は人類の宝であります。

我が子はもちろんですが、パレスチナの子もイスラエルの子も全ての大人たちの宝であります。ヨーロッパの子供たちもアフリカの子供たちも自分の宝であります。

何が何でも守りきらねばなりません。

21世紀、人類に課せられた大きな課題のひとつであり、かつ最低限の義務であります。

　

胎児がやがてこの世に誕生し、そして成長していく。最近ではあまり使わない呼び方でありますが、幼くしてずば抜けた能力、特殊な才能を持っております子供のことを神童と呼んでおりました。

神の童（わらべ）ということであります。

　シ＝15　ン＝1　ド＝62　ウ＝3

合計しますと81。

やはり光であります。

桃太郎が神童であったのかどうかは判断しかねますが、村人のことを思い行った鬼退治。胎児＝81ですので、退治も＝81であります。言霊として同じですので当然であります。ですから退治するという行為も光った行為ということであります。

桃太郎の偉いところは、鬼に対してトマホークミサイルやバンカーバスターなどを使って殺害したのではなく、言い聞かせることにより改心させた点です。「鬼」に「言う」と書き「魂」となるのは、どのような者も元は光っているということでして、ここからも性善説が正しいことが伺い知れます。

神童と呼ばれる子のような突出した能力は特別なものでありまして、

誰しもが持つものではございませんが、特性といったものはどの子でも持っております。

それが先ほどの才能＝41です。

この才能を開花させることができますと、人に感動を与えることができるのであります。

芸術でありましても、スポーツでありましても、あるいは日常生活の中におきましても人に感動を与えるということは、光の道すじを指し示すということであります。

　　カ＝6　ン＝10　ド＝62　ウ＝3

やはり81でありまして、光そのものであります。感動とは心情的なことでありますのでン＝10でよろしい。

感動する、ということは玉し霊がバイブレーションを起こすことであります。震えることであります。震動するのです。

ですから玉し霊の「振動」は「神童」と同じ言霊であり、81なのであります。

最近はずいぶんと波動力学が面白くなってまいりました。いろいろなことが解明されていくのが楽しみであります。

神道を「しんどう」と読みますと、同じく81でありまして、このあたりは絶妙な神ハカライが働いているのであります。

胎児も光、人間も光、先祖も光となりますと、もうこれは今の自分が光り輝いていなければおかしい。光っていることが当然ということが言霊と数霊により証明されました。

それでも人は光を失ってしまうことがございます。なぜ先行きを案じ、闇を見出してしまうのでありましょうか。

自分自身が光であるのですから、見えない先も進むことによって自らの光で照らすことができるはずであります。

すると未来に不安など感じる必要などなくなってしまうのであります。

　　ミ＝35　ラ＝41　イ＝5

未来は光り輝いておりますぞ。

誰にとっても未来というのは81でありますぞ。光っておるのですぞ。

時が21世紀を迎えはや数年、いよいよ光り輝く玉し霊を活かすために自ら旅立つ時期がやってまいりました。
　船出であります。
　光り輝く未来に向けて大海原へ出航することが光を光として活かす最高の術であります。
　神々は、
　"動かぬ者は守護のしようがないではないか"とおっしゃっております。
　"縁を与えようにも動かねば与えようがないぞ"と。
　ですからそれぞれ方向を定め、出航するのであります。
　　シ＝15　ユ＝38　ツ＝18　コ＝7　ウ＝3
81であります。
　自らの玉し霊を活かすための出航であり、そのために肉体を使う。
　これが霊主体従であります。
　霊主心従体属とも申しております。
　1993年に宇宙の彼方、M81に超新星が出現いたしました。
　M81のMはメシエのイニシャルであります。フランスの天文学者が夜空の星雲・星団に番号をつけました。それがメシエカタログと呼ばれるものでして、オリオン座の大星雲はM42と付けられております。
　人類の大転換期に現れた超新星がM81内であることも地球人類にとりましては神ハカライなのであります。
　現れたその日は旧暦3月6日、ミロクの日でありました。
　ミロクの世となるには一人一人が玉し霊を活かすために出航し、自らが世の超新星になっていくことが大切であります。
　それがやがては大きな力となり、世をよく治め民の苦しみを救うことになりましょう。
　こういったことを経国済民と申します。
　経世済民とも申しまして、これは経済のことであります。
　経済というとお金の流れのことについてのみを指し示しているような使われ方をしておりますが、実は「世をよく治め民の苦しみを救う」ということなのであります。
　　ケ＝9　イ＝5　コ＝7　ク＝8　サ＝11　イ＝5　ミ＝35　ン＝1
81になります。

経国済民をなすことは光なのであります。
　ですから、光り輝いていない政治家は政治家ではないのであります。頭の表面のことではないですよ。中身のことですよ。

　先ほど出航も81となるお話をいたしました。シュッコウのュもッも同じように15－表の数をそのまま使っておりますが、そのことについてご説明いたします。
　小さな「ャ」「ュ」「ョ」「ッ」は小さいんだから数を半分にしなくてもいいんですかと尋ねられたことがございました。
　「ヤ」は36ですから「ャ」は18というように。
　なるほど、もっともなお話であります。
　ところが、これはあくまで表記方法でありまして、音そのものは変わらずに存在しております。小さな「ッ」にしても、発せられずともちゃんと存在を固持しておりまして、発音しないのだから無視してもいいかと申しますと、それでは「シュコウ」になってしまいます。「シュコウ」では困るではないですか。
　表記方法が今のような「カイシャ」ですとか「キョウト」といった形なので半分にしたくなるのはよく判りますが、もし表記方法が「カイシヤ」で「カイシャ」と読んだり、「キ○ヨウト」で「キョウト」と読むような方法を用いておれば、おそらくは半分にしたいという概念は起こらないことでありましょう。
　それに、半分にしたとしましても、必ずそれに異を唱える者が出てまいりまして、3分の2の方がいいとか、いや7分の3だとかということになりますと、「ョ」＝24.67ですとか、15.86では数霊にならないのであります。
　ですから、そのへんはあいまいさを残しつつ、そのままの数を使っているのであります。
　納得のいかぬ方は新たな捉え方を神返てみていただければよろしいかと。

　話を戻します。
　光り輝く出航とするためには、その前にまず穢(けが)した玉し霊を清める必

要がございます。

　穢したままですと、言霊では「怪我したまま」であり、「気枯れたまま」の状態ですので、気を張って出航いたしましても、ちっとも光り輝くことができず撃沈してしまうことにもなりかねないのであります。

　手段としましては十人十色、千差万別でありまして、ですから神道なのですが、ご自分でこれは少しだけ厳しいかなと思うことを自らに課せればよろしいのであります。

　そして行う前に、まず「スマン」から入る。両親に対し、先祖に対し、妻や子にスマンと心から詫びる。

　自分のできがよければ、こんな苦労をさせんですんだのに申し訳ないと。

　火に対し、水に対し、食べ物に対し、万物にスマンと詫びる。

　こんな自分にも恵みを与えてもらっていたことに対し申し訳なかったと。

　すると、それが清めの第一歩となり、汚れが落ち始めるのであります。

　鉛の殻に裂け目ができ、封印されておりました光が中からあふれ出てくるのであります。自分自身に対し、神からの分け御霊（ミタマ）を曇らせてしまってスマンかった。もっともっと輝くことができる自分であったのに申し訳ないと詫びる。それが玉し霊に振動＝81として伝わりますと、あふれた光は鉛の殻を木端微塵（こっぱみじん）に吹き飛ばし、光そのものになることができるのであります。

　そのための清めであります。

　　　キ＝10　ヨ＝37　メ＝34

　まじりけのない純心なお嫁さんのことを"生嫁"（キヨメ）と申し、やはり81であります。

　清めというのは絶対的な内面の変化が必要でありますが、そのきっかけとして神社でお祓いをしていただくのもよろしいでしょう。神殿に通していただき神様の前で頭を下げる。頭というのは「阿の玉」と申しまして、一番先に出てまいります玉のことであります。

　「亜玉」と書く場合もございます。

　逆子で産まれましても阿の玉でありまして、これは親の問題でありま

す。
　親が何か順序を間違えていることの表れであります。
　優先順位が逆さまなことをしていることに対し、光である胎児が命を懸けて親に教えてくれているのであります。
　自分の都合ばかりを優先し、本来真っ先に神返ることをほったらかしにしておりますと、胎児が逆子となるのであります。
　　　サ＝11　カ＝6　ゴ＝52
　69であります。
　頭が下のはずの胎児＝6が逆さまになり、頭が上になっている様子を表す形霊であります。正しい状態は子宮の言霊数に現れますように、
　　　シ＝15　キ＝10　ユ＝38　ウ＝3
で、66。
　はじめの6は子宮の形霊で次の6は頭を下にした胎児であります。
　阿の玉を深く下げ、玉し霊、心、肉体を祓い清めていただくところが神殿であります。すると、神様が光となって神殿に降りられ、人の穢れを祓って下さる。
　そういう場所であります。
　　　シ＝15　ン＝1　デ＝64　ン＝1

　神殿の屋根には千木(チギ)と堅魚木(カツオギ)なるものが置かれております。八幡造り、日吉造りなどこれらのないものもございますが、多くの社に見ることができます。
　千木とは屋根の両端から天に向かいＸ字に伸びる板のことでありまして、先端の切り口が垂直の社は男神、水平のものは女神がお祀りされているというのが一般的であります。
　堅魚木といいますのは両端の千木の間に等間隔に並ぶ丸い材のことでありまして、これも男神と女神とでは数が違っており、男神は奇数、女神は偶数ということなのだそうであります。
　千木にしましても堅魚木にしましても神社のシンボルとなるものであります。
　　　チ＝20　ギ＝55
で75であります。

75 はまた後ほどに。

　　カ＝6　ツ＝18　オ＝2　ギ＝55
で81となります。

　伊勢神宮の堅魚木は内宮が10本、外宮は9本であります。

　熱田神宮も数えてみましたら10本でありました。ただし、堅魚木に関しましては、住吉造りの社は5本であったり、春日造りは2本であったりとばらばらで定められた基準はございません。

　神社にはたいてい手水舎(ちょうずや)が設けられております。手、口をお清めするところでありまして、龍の口から水が流れ出ております。

　これは龍が水を司る神であるからであります。中国では龍の名は霊力を表しておりまして、鱗は81枚であるとされております。

　実際はもっと多いのですが、最高神の象徴として81といたしたのでありましょう。

　さて、神殿でのお祓いがすみましたら、いよいよ自らの玉し霊を活かしてまいります。生き生きとしていることが、生きている第一条件でありまして、ですから生き生きとしておりませんと、それは生きていないのであります。

　天台宗の開祖最澄(サイチョウ)でありましたか、
「一隅(いちぐう)を照らす」と申されましたのは。

　桜の花びらは、生命を生かし気持ちよく咲ききった後は、風に吹かれるままに身をまかせ散っていきます。あそこがいい、ここはいやだなどと申さずただあるがままに散っていく。やがて落ちるべくところにおのおのが落ち、美しい花びらの絨毯となりますように、人それぞれもほんの一隅、わずかひとすみでもしっかりと照らすことにより、補い合える社会が形成されていくのであります。

　玉し霊を活かし光となるべきところが見つかりますれば、これさいわいであります。

　あふれんばかりのエネルギーが強い人は、勢いよく回る独楽(コマ)のように、非常に高回転で玉し霊が回転しております。

　エネルギーの弱い人は今にも止まりそうな独楽のように弱々しくしか玉し霊が回転しておりません。

　今にも止まりそうな独楽よりも、勢いよく回っている独楽、でなく、玉

し霊の方がいいのですが、ただ高回転であればいいのかと申しますと必ずしもそうではありません。

　若いうちはまあそれもやむを得ないのですが、いつまでもそれだけではやかましいのであります。高回転で回る独楽は、勢いあまってあっちへ行ったりこっちへ来たり、ときとしては予想のつかぬ方へまで飛び出してしまい落ち着きがございません。これでは玉し霊を活かすどころか、まわりが多大なる被害を被ることにもなりかねないのであります。

　ところが、小さなくぼみにピタリとはまりますと、そこから動かず一点で回り続けるのであります。

　人それぞれの照らすところがくぼみでありまして、くぼみこそがその人の照らす一隅となるのであります。

　高回転の人も止まりそうな人もこのくぼみにはまりますと、美しく回る。静かに回る。いつまでも回るのであります。そこが自分の舞台です。

　あとは必要な人が必要なときに寄ってまいります。同じように自分自身も自らが照らすところ以外は人の照らすところで世話になる。その手間代というのが貨幣であります。

　照らしておりますと、持って来てくれるのであります、人が、貨幣を。
　照らすところがないから寄って来ないのであります。人も、貨幣も。
　観るべく舞台がないのですから。

　くぼみを見つけるまでが苦しいのですが、見つかれば光となり照らし示す一隅ができるのであります。

　　イ＝5　チ＝20　グ＝53　ウ＝3

　一隅の光であります。
　求めよ、さらば与えられん。

　整体には教職員の方々がずいぶんとお越しになります。体を触りますと、そのストレスや相当なものがございまして、原因となる大きな要因のひとつが生徒の保護者の教養の無さと身勝手さであります。子供は学校が育ててくれると思っている。

　親が子供なので、子供には子供は育てられないという理屈が成り立ち、致命的な状態になってきております、今の学校は。

　学校は先人たちの技術を学ぶところであり、智恵は親から学ぶもので

あります。
　子供が自ら照らす一隅を求める生きざまは家庭で教えていただかないと困るのであります。それには一家の大黒柱がくぼみを見つけ、世の一隅を照らしているか否かが問題であります。
　　ダ＝61　イ＝5　コ＝7　ク＝8
　柱も人も大黒とは中心となるもののことであります。ここが光っておりませんと、まわりも生きてこないのであります。

　大黒柱の大黒とは七福神の大黒天様の大黒でありまして、梵名をマハーカーラと申します。音写しますと摩訶迦羅(マカカラ)になります。
　古代インドでは最高神であるシヴァ神と同体の大自在天が変化(ヘンゲ)したのが大黒天様とされておったようであります。
　シヴァ神とは破壊の神であります。
　破壊といいましても、物を破壊したり人を傷付けたりといった反社会的行為のことではございません。
　愚かしき己を破壊するのであります。
　まとわりついた執着を破壊し、これでよしと思っているうぬぼれを破壊し、立派であると錯覚しているその傲慢さを破壊しつくすのであります。そうしませんと、澄んだ光になれないのであります。
　破壊の後は必ず創造が生まれてまいります。その創造こそが、破壊の神の願いでもありますので、醜き己の破壊は神の意乗りなのであります。
　"ヴァ"というのがございませんのでシバ神といたします。
　　シ＝15　バ＝66
　やはり81であります。
　シヴァ神の働きである破壊も光の働きということなのであります。

　日本では大黒天様と大国主命(オホクニヌシノミコト)を同一視する趣(おもむ)きがございまして、確かに共にダイコクであります。
　大国主命、または大国主大神とも申しますが、出雲の国の大社(オホヤシロ)、出雲大社(タイシャ)の御祭神であります。国造りの神様であります。
　しかし、縁結びの神様としての方が先に立ってしまいました。
　縁結びをお願いするのも結構なことではありますが、これもシヴァ神

と同じでありまして、本気で良き縁が欲しいのでしたら、身辺整理をしてからでないと、そうそう与えていただけるものではございません。

　自分にとって、悪しき流れに引っ張るようなよからぬ縁とは決別してからでありませんと、泥水に清水（せいすい）をそそぐのと同じで、清水が生きないのであります。

　平たく申しますと、よからぬ波動の者とは縁を切ってからでないと良縁はいただけませんよということであります。

　それと、御縁がありますようにと、賽銭箱に５円しか入れないのはおよしなさい。

　"どうか息子にいい嫁さん見つかりますように"で５円。

　参拝終わってお昼ごはんに平気で千円、二千円。すると、お宅の息子の縁談は昼ごはん以下ですか。

　神様もお嫁さんをも小馬鹿にしております。もう少し考えていただきたい。

　もし本気ならば、ほんの少し財布の中身にひびくかな、というぐらいを出さないことには、自分の背後の守護者も恥ずかしがります。

　千円札に５円玉を添えるですとか、ちゃんと思いの伝え方はございます。

　余裕がなければ105円でもよろしい。

　105円を入れたからといっても神様は

"ああ、この者は消費税まで入れよったか"

とは思わず、ちゃんとご縁が欲しいということは判っておられますから。

　ですが、御縁で５円というのは、言霊的だけでなく、数霊的にも

　　エ＝４　　ン＝１

５となりまして、このあたりが乙（おつ）なところであります。

　さて、大黒天様と大国主命を同一視してもよいか否かは判断しかねますが、大国主命の言霊数を調べてみます。

　　オ＝２　　ホ＝27　　ク＝８　　ニ＝25　　ヌ＝23　　シ＝15

　はい、ちょうどですね。

　この数については"御中主、満ち足りて"でたっぷり触れることにいたしまして、大国主命そのままで数霊にします。

　　オホクニヌシ

ノ＝22　ミ＝35　コ＝7　ト＝17
で、181となります。
　これも8を中心に左右に光っているのであります。数霊横の理であります。
　言霊数の算出法が一定ではありませんが、
　　大国主命＝181　ダイコク＝81
ということで同じ働きを持っている神仏といえるのではないでしょうか。
　また、これはどんな意図があったのかは判りませんが、大国主命には御子が181神おります。
　大国主命が七福神の大黒様ならば、エビス様とされておりますのは蛭子神（ヒルコノカミ）であります。
　三歳まで足が立たず海に流されました蛭子神が西宮の浦に漂着した際に乗ってまいりましたのが、「天磐樟船（アメノイワクスフネ）」であります。
　　ア＝1　メ＝34　ノ＝22　イ＝5　ワ＝46　ク＝8　ス＝13　フ＝28　ネ＝24
　出雲大社は中国地方を代表する大社でありますが、中国地方の最高峰は伯耆富士（ほうき）とも呼ばれます標高1729mの大山であります。修験道の山でもありますこの峰は、米子市の東に秀麗（しゅうれい）な容姿でそびえております。
　　ダ＝61　イ＝5　セ＝14　ン＝1
　これで出雲はきれいにまとまりました。

　神話上は神秘的であるがゆえに人気のある、しかし謎だらけでもあります月読尊（ツキヨミノミコト）。
　　ツ＝18　キ＝10　ヨ＝37　ミ＝35　ノ＝22　ミ＝35　コ＝7
　　ト＝17
　同じく181であります。
　人間にとりましても農作物にとりましても、そしてあらゆる生命体にとりまして、月の光というものは、太陽の光と同じぐらいに大切なものであります。
　太陽がなくなってしまいますと人類は滅びますが、月がなくなってもおそらく同じことになるでしょう。
　修験道のメッカであります出羽三山。

この中に月山はございまして、標高1984mのこの山は、その名の通り月読尊をお祀りいたしております。
　　　ガ＝51　ツ＝18　サ＝11　ン＝1

　白山神界の菊理姫(ククリヒメ)は仏界における働きをされる場合、十一面観音様のお姿として現れるとされておりますが、大国主命もやはり大黒天様として現れるとしますと、それも仏界の役目を果たされるということなのでしょうか。
　仏様のお話を少々。
　仏教の開祖はお釈迦様でありますが、実はお釈迦様という呼び方はあまり好ましくないのであります。釈迦というのは仏様になられた人の呼び名ではなく釈迦族のことでありまして、ですから仏陀ですとか釈尊とお呼びした方がよろしいのであります。
　少々無理をします。
　釈尊は生きながらにして仏陀になられたのですから、当然目には見えますが、ンに10を使いますと、
　　　シ＝15　ヤ＝36　ク＝8　ソ＝12　ン＝10
　光であります。
　この場合はやはりン＝1の方が自然ですが、81についての章ですので、無理をして合わせてみました。
　釈尊の滅後56億7千万年にこの世に出現を約束された仏様がおられます。
　弥勒菩薩(ミロクボサツ)であります。
　弥勒ですので数言霊でして、３６(ミロク)ですとか３６９(ミロク)となります。また、６が３つで６６６(ミロク)など弥勒を表す数は複数存在しておりますが、15－表により言霊数にしてみますと、
　　　ミ＝35　ロ＝42　ク＝8　ボ＝67　サ＝11　ツ＝18
でこれも181であります。
　弥勒菩薩とは、釈尊滅後56億7千万年を経て如来となりこの世に出現し、衆生を救うとされている仏様であります。
　56億7千万というのはそのまま人間時間に当てはめるのではなく、他に何か意味するところがあるのでしょう。

出口王仁三郎が567でミロクとしたのも関わりがあってのことと思われます。
　仮に、56億7千万年を56億7千万人に置き換えてみますと、それこそ今を指していることになります。中国には無戸籍の人だけでも5千万人から1億人いるとされておりますので正確な人口を把握することは不可能ですが、約56億7千万人とは今現在のことであります。
　今こそ弥勒如来出現のときであるのかもしれません。
　あるいは、一人一人が弥勒如来の思いを判ることにより、ミロクの世となることを指しているのでありましょうか。
　霊体主従で造るミロクの世、であります。
　浩宮皇太子と雅子皇太子妃の御成婚は1993年6月9日でありました。ミロクの日であります。
　また、平成3年6月9日にはフィリピン・ルソン島のピナツボ火山が大噴火いたしました。
　　ピ＝75　ナ＝21　ツ＝18　ボ＝67
　合計181。
　これも弥勒菩薩からの合図なのでありましょうか。
　しかし、たとえ神仏の発動の合図でありましても、できる限りは犠牲者を出さないでいただきたいと思います。
　それとも大きな天災でも起こらぬことには人類は気付けないほどに欲望にまみれ、気を枯らし、愚かで傲慢になってしまったのでしょうか。
　日本でもピナツボ噴火の6日前、6月3日に雲仙の普賢岳にて大火砕流が発生し、40人以上の方が亡くなられております。
　人の心が荒ぶるほどに、大自然の猛威も荒ぶるのであります。
　この年、1991年は湾岸戦争に始まりソヴィエト崩壊の大変革の年でありまして、年号が示すように、1（ヒト）の9（苦）るしみが合わさった年でありました。国内では台風19号により全国に被害がもたらされ、広島では橋げたが落下し、信楽高原鉄道での列車同士の正面衝突事故が起こった年であります。人為的な事故はともかくといたしまして、大自然が数霊にて示す警告は、ミロクの世となるその前の大掃除であります。
　乱れた気の浄化であります。
　これ以上の苦しみが出ぬよう、すぐに霊・心・体を清めないといけな

いということなのであります。

20－図は81方陣1霊界の中の一部分であります。9方陣と違いましてずいぶんと大きいので388ページの81方陣1霊界は全体で大一霊界と呼ぶことにいたしましょう。

そして、大一霊界をさらに9つに区切ったものを1霊界、37霊界、55霊界、といった具合に分けることにいたします。20－図は1霊界です。

先ほどの567ミロクも、369と同じく大九霊界に属しております。

20－図の1霊界は81方陣を81に分けた一番始まりの部分というわけであります。この始まり霊界の中心を見ていただきますと、3241となっております。

この3241を32と41に分けてみますと、41は神であります。では32は。

32を言霊数に持つ言霊を15－表で見ますと、「モ」であります。

ですから3241は「モ・神」ということになります。一体何のことでありましょうか。

2431	6076	973	2836	6481	1378	2269	5914	811
1702	3160	4618	2107	3565	5023	1540	2998	4456
5347	244	3889	5752	649	4294	5185	82	3727
2350	5995	892	2512	6157	1054	2674	6319	1216
1621	3079	4537	1783	**3241**	4699	1945	3403	4861
5266	163	3808	5428	325	3970	5590	487	4132
2755	6400	1297	2188	5833	730	2593	6238	1135
2026	3484	4942	1459	2917	4375	1864	3322	4780
5671	568	4213	5104	1	3646	5509	406	4051

20－図

この場合の「モ」は「藻」であります。

約46億年前に地球は誕生いたしました。

その後永い永い時を経て、次第に地球の体が安定してまいりまして、そこに初めて誕生いたしました生命体こそが藻であります。

始まりの始まり、1霊界の中心は「藻・神」なのであります。

まずは神の藻ありき、でしょうか。それともはじめに藻の神ありき、でありましょうか。いずれにしましても神の意図されたことのうちであります。

通常細胞分裂というのは2倍、4倍、8倍へと増えていくものでありますが、藻はいきなり8倍、16倍と増えるのだそうであります。そして、いくら藻でもいきなり16倍よりも多くに分裂するものはないであろうとされておりましたところ、見つかったそうであります。一度に32個に分

裂する細胞が。

　だから「モ」の言霊数が32というのも神ハタラキです。

　人には先祖がおり、さらにその先には祖先がおります。

　どこで区切るかを明確にすることは難しいのですが、どうやって表すかは誰しもが知っております。気が付かずとも行っております。それが神棚と仏壇の違いであります。神棚には祖先をお祀りし、仏壇には先祖をお祀りしているのであります。

　生命体の始まりは藻でありますが、藻は祖先というよりも天祖と呼ぶべきでありまして、

　　テ＝19　ン＝1　ソ＝12

32であります。

　3241は「天祖・神」であります。

　しかし、天祖は見えませんのでン＝10としますと、

　　テ＝19　ン＝10　ソ＝12

　これで41であり、やはり天祖であります藻は神の意志による発生なのであります。

　では右ページの21－図を見ていただきましょう。

　これも81方陣の一部でありまして、中心にある大五霊界のさらなる中心41霊界であります。41霊界の真ん中には3281が入っております。81方陣全体のまんまん中であります。

　ど真ん中は「天祖・光」なのであります。

　脳は神返るところであります。

　神＝41に返るところの中心は脳幹であり、脳幹の中心が間脳でありました。

　素直にン＝1で、

　　ノ＝22　ウ＝3　カ＝6　ン＝1

32であります。

　間脳も32であります。

　神返るところの中心が41霊界の中心に光とともに現れているのでありまして、絶妙な神ハカライであります。

　こういったことを神技と申すのであります。

　天からやってまいりました生命の祖先は藻でありました。では人が天

に帰るとどうするか。玉し霊は天に帰るのでありますが、肉体は墓に入るのであります。

　　ハ＝26　　カ＝6

32であります。

　墓という文字を分解しますと、

　　艸＋一＋一＋人＋土となります。

　これを逆さまから読みますと、

　"土に眠る人が一人、お日様照って草はえる"

ということでして、なかなか趣きがありまして喜ばしい文字であります。草がはえるのですから、コンクリートで固めたりはしない方がよろしいのでしょう。

　生命は32（天祖）から発生し、32（墓）へ帰る。

　ではその中間はどうかと申しますと、中間は育つ過程であります。

　育成。

　　イ＝5　　ク＝8　　セ＝14　　イ＝5

成育でもよろしい。

　どちらも32であります。

2471	6116	1013	2876	6521	1418	2309	5954	851
1742	3200	4658	2147	3605	5063	1580	3038	4496
5387	284	3929	5792	689	4334	5225	122	3767
2390	6035	932	2552	6197	1094	2714	6359	1256
1661	3119	4577	1823	**3281**	4739	1985	3443	4901
5306	203	3848	5468	365	4010	5630	527	4172
2795	6440	1337	2228	5873	770	2633	6278	1175
2066	3524	4982	1499	2957	4415	1904	3362	4820
5711	608	4253	5144	**41**	3686	5549	446	4091

21—図

　最後は終わりの終わり、81霊界であります。

　中心の3321は9方陣でも出てまいりました。

　1から81までのすべての数の合計でありまして、

　　369×9

でもあり、さらに

　　41×81

でもありました。神×光が3321なのであります。

2511	6156	1053	2916	6561	1458	2349	5994	891
1782	3240	4698	2187	3645	5103	1620	3078	4536
5427	324	3969	5832	729	4374	5265	162	3807
2430	6075	972	2592	6237	1134	2754	6399	1296
1701	3159	4617	1863	**3321**	4779	2025	3483	4941
5346	243	3888	5508	405	4050	<u>5670</u>	<u>567</u>	4212
2835	6480	1377	2268	5913	810	2673	6318	1215
2106	3564	5022	1539	2997	4455	1944	3402	4860
5751	648	4293	5184	**81**	3726	5589	486	4131

22—図

そして3321は「報恩・神威」ということであります。共にン＝1ですが。
　アインシュタインでさえも最後は、これは神の意志が働いているに違いないと結論付けております。
　西洋人の科学者でさえそうなるのでありまして、ましてや風土に根付いた信仰生活の中で育まれた血を代々受け継ぐ日本人であるならなおのこと、神の威光に報い、意に乗ることで恩を返すということに気付くことが必要であります。
　では、神の意とは。
　一人一人が玉し霊活かして光り輝き、新たなる国造りをするためのくぼみを見つけることに他ならないのであります。

　国際電話をかける際には国別に番号が決められておりまして、日本の国番号は81番であります。人為的でしょうか、それとも偶然的必然なのでありましょうか。
　いずれにしましても、まずは日本が全世界の指標となるよう光り輝かなければならないということであります。
　これは、天之浮橋（アメノウキハシ）に立ち神の目で世界を見つめるということでありまして、決して世界の王様になるというようなことではございません。相手の王様をやっつけるのは将棋盤の上でやればよろしいのであります。
　将棋盤のマス目も81マスでありますし。
　太平洋戦争が日本の無条件降伏により終結しましたのは8月15日のことでして、この日は現在でも終戦記念日であります。
　ところが日本政府がポツダム宣言を受け入れ、すぐに世界に向け日本降伏のニュースをラジオで流したのは、終戦よりも5日早い8月の10日のことでありました。
　闇の奥深くに向かっていたそれまでの行動が、810の日をもって、光の射す方向へと向きを変えたのであります。

　老子様が唯一残されました「道徳経」は、81の章から成り立っております。
　エジプトのピラミッドも見つかっているのは81だそうであります。

これは今後増えるかもしれませんが。

ピラミッドというのは必ずしもギザのピラミッドに代表されるような先の尖ったものばかりではございませんでして、広島県の葦嶽山（アシダケヤマ）ですとか長野県の皆神山などもピラミッドではないかとされております。

はたしてどこまでの部分を人工的だとしているのかは判りませんが、これらを日本神宮と書いて「ヒラミット」と呼んでおります。

　　ヒ＝30　ラ＝41　ミ＝35　ツ＝18　ト＝17
141であります。

"神と41"で触れました大自然＝141と同じようにヒラミットも、中央より前後に神が現れますのは、なかなかやってくれるのであります。

出口王仁三郎（でぐちおにさぶろう）が口述いたしました霊界物語でありますが、これも81巻から成っております。

王仁三郎の義母、大本開祖出口ナオは81歳にて帰幽いたしておりますが、「艮の金神」（うしとらこんじん）がナオに神憑（かみがか）り、こう申されました。

「三千世界一度に開く梅の花…」

三千世界が何を表しているのかは専門の著書におまかせするといたしまして、では梅の花は何色でありましょうか。

できればこの場合は白梅よりも紅梅の方が都合がよろしいのであります。

なぜなら、
　　コ＝7　ウ＝3　バ＝66　イ＝5
おめでとうございます。

15－表の最後にあります「須－81」についてお話いたします。

この「須」というのは確かに「ス」ではありますが、サソスセシのスのことではございません。

ヨーガでは「ア　　ウ　　・ムー」または「オー・ウー・ムー」と言霊（コトダマ）を発し、その振動を体内に響かせることにより、肉体を清め細胞を活性化させておりますが、日本にも同じようなものがございます。

「スー・ウー・アー」がそれであります。

この「ス」が81の須でありまして、音としましては、はっきりとした発音のスではなく、呼吸の音とでも申しましょうか。

老子様の申される
「道は一を生じ、一は二を生じ、
　二は三を生じ、三は万物を生ず」
の「一」に当たるものとしてもよろしいのではないかと思われます。
　また、宇宙ができあがるきっかけとなりました最初の渦が巻く音と表現してみるのはいかがでしょう。
　サソスセシのスと混同しませんように、81のスを「ス㊱」と表記することにいたします。発音は声に出さず「スー」です。
　ス㊱を言霊的に申しますと、ス㊱からアオウエイが生まれ、七十五声に広がっていったのであります。
　七十五声というのは大自然の中で発せられます鳥のさえずり、小川のせせらぎ、風が葉を揺らす音などすべてを網羅いたしております。
　したがって、逆に申しますと、自然界のあらゆる音は七十五声ですべてを表すことができ、七十五声はアオウエイに還元され、その元となりましたのがス㊱なのであります。
　ス㊱を言霊として使うことはごくまれでありますが「主神（スシン）」のスはス㊱であるとされております。
　主神とはいわば宇宙発生の神でありまして、天之御中主（アメノミナカヌシ）が天之御中主となる以前とでも申しましょうか、はじめの"息吹"であります。創造主の"意志の始まり"であり、ス㊱なのです。
　しかし、それではよく判らないのでありまして、ですから判りやすく申しますと、
「誰かがスーッと入って来た」のスーであります。つまり「無い音」を表現したのがス㊱なのであります。
　ス㊱を判りやすく説明するにはどうすればよろしかろうと15－表をジーッと見ていて気付いたのでありますが、「ジーッ」も音が無いのであります。
　では「スーッと入って来た」の「スー」と「ジー」はどう違うか。
　これは簡単であります。
「ジー」は静止した状態であります。「ジッとしてなさい」の「ジ」です。
「静かにしなさい。シーッ」の「シー」も動きを止めることであります。
ですから人の寿命が尽きることを「死」と発音しているのであります。

「止」でもあります。

　ところが「スー」は動いております。

「はい、スーと息を吸って」というように動きを表しております。

　動いておりますので渦が起こり、新たな誕生があるということであります。

　それがス⑳であり、光の81の音無き音なのであります。

　それではス⑳がスとは無関係かと申しますと、これまたそうではありません。

　ア行からワ行までを半分に分けまして、ア行からナ行までを仮に陽といたしましょう。すると陰はハ行からワ行までであります。

　陽と陰は逆でもかまいません。どちらであってもそれぞれに意味を持つのでありますが、何となく前半の方が陽気であり、太平洋側という感じなので陽としたまでであります。

　「ス」は陽の中心に位置しているのでありまして、陰と陽、裏と表に分けた場合の一方の中心の役割を持った言霊であります。

十	九	八	七	六	五	四	三	二	一
ワ	ラ	ヤ	マ	ハ	ナ	タ	サ	カ	ア
ヲ	ロ	ヨ	モ	ホ	ノ	ト	ソ	コ	オ
ウ	ル	ユ	ム	フ	ヌ	ツ	ス	ク	ウ
ヱ	レ	エ	メ	ヘ	ネ	テ	セ	ケ	エ
ヰ	リ	イ	ミ	ヒ	ニ	チ	シ	キ	イ

23—図

　ですから中心点ということに関しましては、スとス⑳は全く無関係で

はないということになります。先ほども申しましたが、姿というのは「素の型」であり、素直というのは「素のままの直霊」であるように、スもまた素（もと）となるものを表すのですから。
　スの言霊数は13であります。
　人間があるひとつの物事を多面的に捉える場合、大まかには13の側面に分けて神返ることができます。
　その代表としましては、日本の仏教は大まかには13宗派に分かれておりますし、同じく教派神道も13派とされております。
　もちろんそれぞれの派の中でも細分化されておりますが、大きく分けたところが共に13ということであります。
　13という数は、これだけで一冊の本になっておりまして、『13の暗号』（高橋徹著　VOICE刊）には、
　「13の数字を解読する二つのキーワードを見つけた。船と風だ」
と記されております。
　内容につきましては省かせていただきますが、言霊数にしますと、
　　フ＝28　ネ＝24
　合計52
　　カ＝6　ゼ＝59
　合計65でありまして、52は13の4倍、65は13の5倍であります。数霊縦の理（コトワリ）でして、このあたりも繋がっているのであります。
　出雲大社にまいりますと、巨大な注連縄（しめなわ）が拝殿に下げられておりまして、重さは約3トンもございます。この注連縄が長さ13mであります。
　また奈良県桜井市の談山神社には見事な13重の塔がございます。
　現存する唯一の木造十三重塔でありますこの鎌足廟を建立した長子（ちょうし）定慧（じょうえ）は、最高の数として十三重にしたのでありましょう。

　23－図ではアからワまで順番に一、二、三、…十と番号がついておりますが、始まりの一と終わりの十、これを合わせてヒ（一）ト（十）であります。ヒトの中には一から十まで、ア行からワ行までの働きがすべて含まれているのであります。
　これは、神様からの分け御霊にはあらゆる可能性が秘められておるのだぞ、ということを表しております。

ですから自らの能力を低きところで限定せぬことであります。
　それは神様に対し、守護者に対し、そして光り輝く玉し霊である自分自身に対し、ものすごく失礼なことなのですから。
　23－図のもうひとつ、陰の中心を見てみますと「ユ」となっております。
　ユとは、ただそれのみの意を表す唯のユであり、湯でもあります。また唯とは意味が重なりますが惟のユであります。
　惟とは、「惟神、霊幸倍坐世（カムナガラ、タマチハエマセ）」の惟であります。
　言霊数といたしましては38でして、これがまた喜ばしい数でありますが、気が付きましたら、ずいぶんと余も老けてまいりました。いや失礼、夜も更けてまいりましたので38は"御中主、満ち足りて"にまわすことにいたしまして本日はこのへんで。

その4 "イザナミと117"

　日本人にとって117という数字は、アメリカ人にとっての911と同様に、忘れることのできないものとなってしまいました。
　おそらく戦前は、死者・不明者が13万人という関東大震災の91（9月1日）が、あるいは昭和34年からしばらくは死者5100人、被害家屋57万戸というすさまじい威力を持ってやってきた伊勢湾台風の926がそうであったように。
　関東大震災、伊勢湾台風、そして阪神淡路大震災。これらは36年周期で、どれも亥（イノシシ）年の出来事であります。
　亥年は十二支のしめくくりの年であります。
　やがて数十年のときが過ぎ去り、教訓までもが風化されたころ、また歴史に刻み込まれるであろう忘れがたき日がやってくるのでありましょうか。

　この章にて題材としておりますことを数霊としてお話しするのは心苦しい限りでありまして、被災者の方々の思いをかきむしるものであるとのご批判を受けることもありましょう。よっぽど省いてしまおうかと思い悩んでおりました。しかし、次の36年周期に、いや、周期などはどうでもよろしいのでありますが、起こらぬとは限らぬ大惨事を少しでもくい止めることができるようにと願っての本章でありますので、ご理解いただけますようお願い申し上げます。

　以前から兆しがございました。
1994年1月17日
　ロサンジェルスでハイウェイなどが崩壊するマグニチュード6.6の大地震があり、66名の方が亡くなりました。
　遡ること3年。
　クウェートに侵攻したイラクのサダム・フセインを封じるための湾岸戦争が多国籍軍により開始されましたのが、
1991年1月17日

のことであります。
　やがて地上戦に突入するのですが、それが、
1991年2月24日
でありました。この日は旧暦の1月17日であります。

1989年1月7日
　昭和天皇崩御。
　陛下がお亡くなりになったのは1月7日ですので、この日までは昭和であります。
　ですから平成は1月8日からでありますが、時間的に申しますと、陛下が崩御された後の時間はすでに平成であります。
　数霊上、都合よく考えますと、平成が始まりましたのは平成1年1月7日ということになります。
　実は昭和49年に裕仁天皇が三種の神器を内宮に納められたという記事がございました。三種の神器と申しますのは、八咫鏡（ヤタノカガミ）、草薙剣（クサナギノツルギ）、八尺瓊勾玉（ヤサカニノマガタマ）のことでありまして、皇位継承の際に代々受け継がれてきたものであります。
　このうち八咫鏡は伊勢神宮内宮（ないくう）に、草薙剣は熱田神宮に納められており、八尺瓊勾玉が皇居に、ということになっておりました。
　三種の神器を内宮に納められたということは、八尺瓊勾玉を皇居から内宮に移されたということなのでありましょうか。
　一体なぜ。
　理由はともかく、それが
1974年11月7日
のことでありました。

1996年3月6日
　河口湖周辺で震度4、震度5の地震が続けて起こりました。大きな被害が出ず幸いでありました。
　この日は旧暦11月7日であります。
1996年11月7日
　ＮＡＳＡが火星探査機を打ち上げました。これは別に問題ないのです

が後ほどまた火星探査機が出てまいりますので一応記しておきます。
　この日はナイジェリアで旅客機が墜落し、141名の方が犠牲となりました。
1996年12月17日
　南米ペルーの日本人大使公邸をトゥパク・アマル革命運動の武装グループにより占拠された事件の日であります。
　結局人質になった方々は127日間の軟禁状態に耐え4月22日、72人中71人が無事救出されました。
　残念なことにペルー人の判事が1人と、突入した特殊部隊員2人が亡くなることになりました。
　事件が起きました12月17日こそ旧暦での11月7日でありました。
　この117は一体何を意味するのでありましょうか。

1997年1月17日
　フロリダのケープカナベラル基地から打ち上げられたデルタⅡロケット衛星が空中爆発してしまいました。
　湾岸戦争開始より3年後の同じ日、ロサンジェルスで大地震が起こり、さらに3年後の同じ日にロケットが爆発する。
　いかなる原因により戦争が開始されたとしましても、民間人への誤爆が続くことを正当化できる理由などひとつもございません。
　それにたとえ誤爆であったとしても、どこまで誤爆を起こさないよう本気になっているかが問題であり、仮にできうる限り最大限の努力をしたとしましても、連続してそれを起こせばもうそれは誤爆ではありませんでして、市民への攻撃です。
　なのに我が国は正義なり、としておりますとそれに対する報いは避けられようはずもなく、大自然の摂理として数霊で警告が現れているのであります。
　しかし、まだ気付いておらんようであります、かの国は。
1997年12月6日
　ロシアのイルクーツクで空軍機が住宅地へ墜落し66名が亡くなる惨事発生。
　インドでは列車テロが3件続けざまに起こりました。

日本は穏やかな日でして、安房トンネルが開通いたしました。
　これで岐阜県の平湯(ひらゆ)温泉側から上高地の入口までの道のりが大変便利になったのであります。上高地とは"神降地"でありまして、天孫降臨の地とされます高天原と同じく神の降りたる地であります。
　この12月6日こそが旧暦での11月7日なのであります。

1999年1月17日
　旧ユーゴスラビアのコソボ自治州にて新たな戦闘が激化し、先日までは仲良く暮らしていたであろう隣人同士が、互いに殺戮し合うという悪魔の仕業としか思えぬ状況に陥ってしまいました。これらの戦闘は、そういった状態を欲する者たちが仕掛けているのでありまして、由由しきことであります。
　今に我が身にはね返ることでありましょう。
1999年11月7日
　敦賀で震度4、マグニチュード5.0の地震が起き、さらに宮城県南部で震度3、マグニチュード5.0の揺れが観測されました。
　年が明け、
2000年1月17日
　昨今の世界情勢では特別めずらしくもなくなってしまいましたこと自体恐ろしいことでありますが、パキスタンのカラチで時限爆弾が爆発し、イスラエル北部でもパイプ爆弾が爆発。共に多数の死傷者が出たのであります。
　こんな事件・事故ばかりを羅列しておりますと、気が滅入ってまいりまして、ですから次はホッといたします。
2000年2月21日
　旧暦1月17日であります。
　名古屋市内を流れます堀川にシャチが迷い込んでまいりました。シャチは名古屋のシンボルでもあり、名古屋のプロサッカーチームのユニフォームにもシャチが描かれております。この迷い込んだシャチと金のしゃちほこを型取った遊覧船とが並んでのランデブーはほほえましいものでありました。
　2日後、脱出作戦が成功しまして、シャチは無事大海原へと帰って

行ったのであります。さらに3日後、伊勢湾の神島付近を二頭並んで泳ぐシャチが目撃されまして、おそらくは迷い込んだシャチであろうということでひと安心でありました。

これが何を意味するかもやがて判ってくることでありましょう。

おそらく日本時間では11月7日のことであります。またナイジェリアであります。

タンクローリーが停車中の車に衝突炎上、死者100人以上とも200人以上とものとの報道がございました。

2000年12月2日

インド北部で列車事故がありまして、36名以上の死者とのこと。

旧暦11月7日の出来事であります。

21世紀となりました。

2001年2月9日

旧暦1月17日であります。

京都南部で震度3の地震あり。

そして、ハワイのオアフ島沖で宇和島水産高校の生徒を乗せました遠洋実習船「えひめ丸」と米海軍の原子力潜水艦「グリーンビル」が衝突し、えひめ丸が沈没してしまうという悲しい事故が起こりました。

えひめ丸に乗り込んだ35人のうち、生徒4人、教官2人を含む計9人が不明のままであります。

えひめ丸は499トン。一方グリーンビルは6080トンであります。

体重4990グラムの赤ん坊が、体重60.8kgの大人に蹴っ飛ばされたのであります。体重49.9kgの女性が車重608kgの車にはね飛ばされてしまったのであります。

2001年11月7日

中部電力浜岡原子力発電所の1号機で蒸気配管破断事故。

こういった事故は、起こる以前に「絶対に事故は起こらない」と言い切られている分よけいに腹立たしいことでありますが、起こってしまった後の責任のがれの嘘のうわ塗りには怒りを通り越し、毎回あきれるば

かりであります。あれで恥ずかしくないのでありましょうか。たとえ指示されたことだとしましても独裁主義国家に暮らしている訳ではないのですから、自らの玉し霊の誇りにかけ拒否できないものでしょうかねえ。悪魔に玉し霊を売り渡すようなことばかりしおって。

　神様は保身が大嫌いであります。八百万（やおよろず）の神々すべてが保身を嫌っております。保身というのは身を守り保つことではございませんでして、ただ責任を放棄しているだけであります。

2001年12月21日（旧暦1月17日）
　アフガニスタン東部で米軍が走行中の車の列を攻撃、暫定行政機構発足式典に向かう地元の司令官や聖職者ら65人が死亡してしまいました。65人であります。車両14台が破壊されたのであります。

　少し変則ですが、
2001年1月7日
　これも一応117の日であります。
　高知県室戸岬沖の太平洋でパナマ船籍の貨物船が沈没、9人死亡。

2002年1月17日
　イスラエルであります。
　北部ハデラで宴会場に侵入した男が銃を乱射し、40人が死傷してしまいました。
　翌月2月28日
　旧暦1月17日であります。
　今度はパレスチナです。
　イスラエル軍がパレスチナ自治区に侵攻、パレスチナ側だけでも13人が死亡。
　イスラエルとパレスチナの問題につきましては頻繁に破壊行為が起こっておりますので、わざわざ数霊として取り上げる必要はないかもしれません。
　しかし次は日常的とするには規模が大きすぎるのであります。
　同じ日のインドです。
　ヒンズー教徒が多数乗る列車がイスラム教徒に放火されたことでヒンズー教徒が暴動。

列車放火での被害者及び暴動での死者合わせ580人以上。

イスラエルとパレスチナにしましてもインドとパキスタンにしましても、この憎しみ合い、殺し合いは一向に終わる気配がありません。ユダヤ教徒とイスラム教徒が、ヒンズー教徒とイスラム教徒が、互いの存在を認めないように、我が国でも神道と仏教がこのような関係になっていたとしても決して不思議ではありません。それが今のように平穏であるということは、平和ボケを除けば実にすばらしいことであります。

日本人のメンタリティーの中に二本を両立させるあいまいさがなければ、このような奇蹟は生まれなかったことでありましょう。

2002年12月10日
旧暦11月7日

スーパーカミオカンデでのニュートリノ観測の成果が認められ、東大名誉教授の小柴昌俊さんがノーベル物理学賞を、同時に島津製作所研究員の田中耕一さんがノーベル化学賞をストックホルムにて受賞されました。

島津製作所は⊕のマークを使用しております。これは神様とのご挨拶に使う印であります。縦が先か、横が先か、丸を上から書くか下からか、それは時計回りか反時計回りかですべて意味するものが違ってまいりますが、非常に力のあるしるしなのであります。

旧藩でもこれを旗印に使用しているところがございました。知っていたのでしょう、⊕の力を。

ただし、神界が整いつつある今となりましては、平和的な目的で使用しませんとおそらく効果はないことでありましょう。

おめでたい話題であります。

2003年1月17日

長野県の諏訪湖で御神渡(オミワタ)りがございました。湖に張った氷の上を龍神様が渡られたのであります。諏訪大社前宮には龍神界の頂点に君臨される龍神様がお立ち寄りになります。

その龍神様でしょうか、それとも諏訪の地に鎮座されます龍神様であ

りましょうか。

ともかく久しぶりのことでありました。

前回の御神渡りは1998年のことであります。ちょうど長野オリンピックが開催されておりました。

長野オリンピックは世界中から神々が長野の地に集っておられまして、ですから御神渡りが現れたのでありますが、それ以来ということでやはりこれも神界での動きが示されたのであります。

2003年2月17日

アメリカ合衆国のシカゴ市内のクラブで催涙ガスがまかれ、多数の客がパニックに。出口に人が殺到し、圧死・窒息死で21人が命を落としました。

旧暦1月17日のことであります。

湾岸戦争で地上戦を開始してから丸12年目の出来事でありました。

個人に対しては大変気の毒としかいいようがありませんが、このような数霊での警告が続きますと国家としては起こるべくして起こったということの他ないのであります。

事故前日、イラク攻撃に反対する大がかりなデモが全米各地で起こったにも関わらずであります。国民がまともであっても政府の行いが国民に災いを与えているという典型的な例であります。

くり返しになりますが、イラクの子供もアメリカの子供も我が子と同じく人類の宝物であります。

　　タ＝16　カ＝6　ラ＝41　モ＝32　ノ＝22

やはり117。

幼児虐待、子供の誘拐、子供たちへの武力攻撃、これらは人類の犯す罪の中で最も重い部類のものであります。時すでに21世紀というのに未だこれらすべてが起こっております。いい加減にせよ、恥知らずの愚か者めが。

117の正体を明かそうかと思いましたが、より数霊の力の現れを知っていただくためにもう少し先にいたします。

"神と41"にて数霊横の理(コトワリ)についてはお話しいたしました。

117の歳の離れた兄だと思います。

1117 であります。
重要なところだけをかいつまんでお話ししましょう。

1990 年 11 月 17 日
　雲仙普賢岳が噴火いたしました。
　1792 年以来約 200 年ぶりのことであります。
　この噴火がやがて大火砕流を発生させ惨事を招くことに繋がっていったのであります。

1992 年 12 月 10 日
　島根県美保関に隕石が落下し、民家を直撃いたしました。
　これが旧暦 11 月 17 日のことであります。
　今後他の章でも天文現象と「世の立て替え立て直し」を数霊で結び付けてお話ししてまいりますが、一連の流れの中で天文現象といたしましてはことの発端がこの美保関隕石であります。

1996 年 1 月 7 日
　関東一円に日曜日の夕方、空が光り爆発音が轟(とどろ)きました。
　空から隕石が降って来たのであります。
　これがわりと大きなものであったらしく、愛知、岐阜、長野からも目撃されております。隕石が落下しましたのは千葉県北西部から茨城県南西部あたりでして、その後いくつかのかけらが見つかりました。
　旧暦 11 月 17 日のことであります。

1996 年 11 月 17 日
　また空から降ってまいりました。
　今度は隕石ではありません。アンゴルモアの大王でありましょうか。
　ロシアが打ち上げました火星探査機マルス 96 がチリ沖の海上に落下したのでありますが、やっかいなことにプルトニウムを 200 g 積んでおりました。

1997年11月17日
　楽しみにしておりましたしし座の大流星群は空が曇っていたために見ることができませんでした。これは仕方のないことでありますが仕方なくないことがありまして、エジプト南東部の観光地ルクソールで観光客らが武装グループに無差別銃撃され、死者70人以上という大惨事が発生いたしました。
　犠牲者の中には邦人10人が含まれておりました。テロとしましては最大級のものであります。

1997年12月16日
　人気アニメ番組ポケットモンスターを見ていた子供たちが画面から発せられた激しい光の刺激で気分を害し、全国で550人が病院へ搬送されました。
　このポケモン事件も旧暦の11月17日であります。
　この事件で症状が重かった子供は呼吸困難に陥っておりまして、目からの刺激が即呼吸器に悪影響を与えた訳であります。
　ということはテレビゲームのやりすぎでの目の疲れも当然呼吸器の働きを悪くするのでありまして、ぜんそくの子供たちの何割かはそれです。またゲームをやる際の姿勢もあぐらをかき背中丸めてやっておりますので、胸椎3番4番が飛び出してしまい、よけい呼吸器に負担がかかります。
　蒸しタオルで目をあたためること。
　椅子に座ってやること。
　咳を薬で押さえ込まないこと。
　押さえますと、咳をすることで少しずつゆるもうとする体の回復力を削ぐことになってしまいますので。
　お薬を信仰されているお医者様は異を唱えるでしょうが。
　クスリは逆さまから読みますとリスクになりまして、それだけ裏では体にリスクを負わせているんですね。
　あまり長期間服用されますと確実に肝臓腎臓に負担がかかり、自己治癒力を低下させまして、それは人体へのテロリズムとなります。
　テレビゲームや薬が悪いのではないですよ。使う人の使い方に問題が

あるんですよ。
　ともかく、テレビゲームを病気製造機にするか否かは親の智恵の有無にかかっておりますぞ。

1999年1月4日
　旧暦11月17日でありますが、インドネシアで失業率が22%に達し、各地で暴動が発生いたしました。死者・負傷者の数は一体どれほどなのか判っておりません。
　またパキスタン東部パンシャブ州ではモスクにいたシーア派に武装集団が銃を乱射、大勢の死傷者が出ました。

1999年12月24日
　クリスマスイブですが旧暦では11月17日であります。
　インディアン航空機がハイジャックされ、乗客4人が射殺されるという事件が起きました。
　また、大阪摂津市の新幹線車両基地でごみ袋が爆発。幸い怪我人などはありませんでした。

　こんな調子で21世紀に入ってからも続いてはおりますが、このへんでやめておきます。
　歴史をずっと遡りますと、
　1月17日は、
　1966年に、ふざけた話でありますが、米空軍機が空中で衝突したためスペイン沖で水爆を紛失しております。いいのか、そんなことで。
　1979年には第2次オイルショックが始まりました。
　11月7日につきましては、
　1336年に室町幕府が成立し、
　1917年にはロシア革命により、ソヴィエト連邦が樹立いたしております。世界初の社会主義革命の成功でありました。
　ですが、歴史上は毎日何かが起こっておりますので、このあたりは数霊にて結び付ける必要はないかもしれません。
　それよりもむしろ、数霊横の理で縁のある、1017についての方が意味

深いものがございます。理由につきましては"天明と木星"にてお話しすることにいたします。

1017は117の2つ歳上の姉といったところでしょうか。
1989年10月17日
サンフランシスコでマグニチュード7.1の大地震があり、65名が死亡。
途中省略しまして、
1995年10月17日
パリで爆弾テロがあり、28人が重軽傷。
ソウル北部の軍事休戦ラインを越えた北朝鮮兵士を韓国側が射殺。
1995年12月9日
旧暦10月17日であります。
高速増殖炉原型炉「もんじゅ」でナトリウム漏れ事故発生。
次にこのようなことが起きましたときは、どんな嘘をつくのでしょうか。
気分悪いので再び途中省略しまして、もうこれで最後にいたします。
これは最高の話題であります。

2001年12月1日
敬宮愛子様誕生。
これ旧暦の10月17日のことでありました。

それでは本題に入ることにいたします。
本章のタイトルは"イザナミと117"でありまして、イザナミとは神話の中で最初に夫婦神として登場してまいります伊弉諾尊と伊弉冉尊のイザナミのことであります。
伊邪那美とも書きます。
「伊弉冉尊と117のいまわしい事件とどう関係があるんだ。伊弉冉尊が実は悪魔だなんて言い出すんじゃないだろうなあ。えー、おい、ちゃんと答えろ」
はい、では順番にお話しいたします。

確か9方陣のところでありましたが、41は天之御中主神の数霊である

と申しました。

　これはこれでよろしいのでありますが、今はそれについてではございませんでして、天之御中主神と同神とされております一柱の神についてであります。
　天之常立神であります。
　天之常立神は、天之御中主神、高御産巣日神、神産巣日神、宇麻志阿斯訶備比古遅神と共に別天神と呼ばれております。
　別天神は今申しました通り五神とされてはおりますが、
　「先代古事本紀では天之御中主神と天之常立神を同神であるとしている」（『日本の神話読み解き事典』川口謙二〔編著〕　柏書房）
ともされております。
　また、天之常立神を宇宙全体を司るので最高神であるとしましたり、太陽神こそ実は天之常立神であるとし、最も高きところに位置づける場合もございまして、それらの理由から天之御中主神と天之常立神が同一神としましてもおかしくないのであります。
　天之常立神の言霊数は、
　　ア＝1　メ＝34　ノ＝22　ト＝17　コ＝7　タ＝16　チ＝20
合計しますと117であります。

　天之御中主神が天之常立神と同神であるならば、117は天之常立神の働きと同時に天之御中主神の現れでもあるということになってまいります。
　天之御中主神は高天原の主宰神でありまして、宇宙の根元神と位置付けられております。
　いわば創造主であります。
　創造主の働きである117が、なぜこれほどに不幸な出来事をもたらすのでありましょうか。

　そしてもうひとつ。
　イザナミであります。
　本章のはじめにすでにイザナミの言霊数を計算してしまわれた方は、イザナミが117になることはご存知でありましょうから、ここまでがじ

れったかったに違いありません。
　別に意地悪でじらしているのではありませんでして、走りすぎない方に合わせてゆっくりとお話ししていただけであります。
　えー…はい。
　んー…そうですね…あー…。
　何をしているのかと申しますと、じらしていたのであります。失礼。
　伊弉冉尊は伊弉諾尊と共に次々と子神を生んでおりまして、この二神は日本の国の祖神であります。
　ですから伊弉冉尊は日本の母なのであります。
　　イ＝5　ザ＝56　ナ＝21　ミ＝35
　はい、117ですね。
　では、一体なぜ創造主や日本の母たる神の言霊数が災いを招いているのでありましょうか。

　創造主が地球に人間を誕生させたときに、主はいったいどんな思いでそれをされたのでありましょうか。
　母が子を宿したとき、やがて生まれ出づる子に対してどんな思いを抱いたでしょうか。
　創造主は玉し霊を磨く場として人間にこの美しい地球を与え、母は思いやりのある子に育って欲しいとの思いでこの世に子を誕生させました。
　ところが今の人類のありさまときたらどうでしょう。
　与えられた美しき地球を破壊し尽くし、足るを知らずどこまでも欲深き生きざま。口を開けば不足がこぼれ、目を開けば儲かるのか否かで判断し、都合の悪いことには耳を傾けようとはせず。
　耳が目や口とは違い閉じることができないのは、まず耳からだぞ、耳を傾けよということだからであります。
　俗人はまず目から入り、次に口を開く。
　覚者はまず耳から入り、次に内側をのぞくのであります。
　創造主にとっても、母にとっても今の人類のあり方は、「こういった人間になってはいけない」のそのままをやっております。
　ですから反作用としまして二神の霊数である117が悲劇を招いているのであります。

はっきり申しますと創造主も母も怒っておられます。そして早く気付いて欲しいと願っておられます。その結果、起こるべくして起こる事件・事故を数霊的に一本の流れになるよう時間的タイミングを合わせて警告としているのであります。

　母が子を宿しますと、お腹に手をあて、まずは「ありがとう」から始まります。こんな私に宿ってくれてありがとう、これが始まりであります。
　時が来て、やがてこの世に誕生しますと、愛しい我が子を抱きしめ、ありがとう。
　母の子に対しての波動は"ありがとう"からすべてが始まり広がっていくのであります。
　　　ア＝1　　リ＝45　　ガ＝51　　ト＝17　　ウ＝3
　イザナミの波動の117は"ありがとう"なのであります。
　そして子は"ありがとう"の波動に包まれ誕生するのであります。
　　　タ＝16　　ン＝1　　ジ＝60　　ヨ＝37　　ウ＝3
合計117。
　誕生する前に、大事なハタラキがございました。これがないと子が産まれないのであります。受精したことにありがとう。これがスタートでありました。
　　　ジ＝60　　ユ＝38　　セ＝14　　イ＝5
合計117。
　母は我が子の誕生に喜びの涙を流し、子はこの世へ誕生できたことに喜び涙を流すのであります。
　今までの生き方を振り返り、こんな自分にも子が誕生してくれたと流す涙は、恩(おん)を知っての涙でありますので、それは罪穢(つみけが)れを洗い流す禊(みそぎ)となる涙であります。
　この涙が玉し霊を清めるのであります。
　そして子は、この世に肉体を持って誕生できたことで最高のチャンスを得た喜びに玉し霊が震え涙を流す。自ら選んで宿った母から生まれ出でたことに感激し涙を流すのであります。
　肉体を持ち人間として産まれたがっている霊体は、実際産まれ出るこ

とができた者の何倍も何十倍も存在しております。受験よりもよっぽど厳しい状況を見事ものにしたからこそ、この世に誕生できたのであります。

　ですから感極まって流す涙も母神伊弉冉尊の働きであります。
　　ナ＝21　ミ＝35　ダ＝61
　117であります。

　ところが"ありがとう"の思いを忘れ、誕生の喜びも忘れ、身を清める涙さえ流すことを忘れ、身勝手に生き、地球も我が玉し霊も穢しっぱなしのその姿。
　それを何というか。
　それを恩知らずというのであります。
　　オ＝2　ン＝1　シ＝15　ラ＝41　ズ＝58
　同じく117。
　これが反作用の働きであります。
　マレーシア語では"ありがとう"を"トゥリマ・カシ"と言うそうです。トゥリマ＝受ける。カシ＝愛。
　つまり"ありがとう"は"愛を受ける"の意でして、何とすばらしい言葉なのでしょうか。

　神社に参拝されたとき、一度神殿に置かれた鏡に我が素型を写してみるがよろしい。
　素型とは素の型でありますから本来は光っております。本来光っているはずの素型が濁っておりますれば、自我が玉し霊を封印してしまっているのであります。もし、鏡の真ん中に写し出された素型が光った素の型でありますればカガミの真ん中のガが取れて、残るはカミの素型なのであります。
　人は育つのもお宮であります。子供の宮でありまして、それが子宮であります。
　子宮でありがとうの波動を受けて育ち、産道を通って産まれてまいります。
　ですから人はありがとうの波動を持って参道を通ってお宮にお参りに

行くのであります。

これが玉し霊の里帰りであります。

入口にある鳥居は資格門と申します。

資格あるもののみが通れる門であります。

何の資格か。

創造主が、父が、このような人間になるんだぞと望んだ通りの自分になれているかどうか。

伊弉冉尊が、母が、こういった人間に育ってほしいと望んだ通りの自分であるかどうか。

それを問う門なのであります。

子宮も産道も母の体内にありますように、お宮も参道も神の体内であります。

望まれた通りの自分でなくとも神様は来るなとは申されません。

しかし、少なくともありがとうの波動が体からにじみ出るぐらいになるようにしなければ、それは恩知らずということになってしまいます。

一人一人がスマンで涙を流し、ありがとうを忘れねば、伊弉冉尊の光の御柱が立ち、数霊の中でもおめでたいことばかりが現れてくることでありましょう。

恩知らずのままでいれば光の御柱立たずして、相も変わらず災いふりかかることでしょう。

　　ミ＝35　ハ＝26　シ＝15　ラ＝41

117であります。

神社の中でも大きなものを神宮と呼んでおります。

伊勢神宮、熱田神宮、明治神宮のように。

　　ジ＝60　ン＝1　グ＝53　ウ＝3

これで、117であります。

チベットにあります巨大な宮殿、ポタラ宮殿は、高さが117ｍであります。何か意図されてのことなのでしょうか。

創造主が父を通して精神を、母を通して肉体を人に与えましたので、父の働きは火の働きであります。縦の働きであります。対して母の働きは水の働きであり横の働きであります。玉し霊の勢いをろうそくの火で

表すのは的を射ていることであり、肉体は三分の二以上が水であるのも、縦＝火、横＝水の働きであるからであります。そして縦も横も117で結ばれているのであります。

　それが9方陣の3霊界に現れております。

　3霊界は縦・横・斜めの和がどれも117であります。ですからここに集まりました数は同じような性質や働きを持ったものばかりであります。他の数に関しましては、またどこかでお話しすることにいたしましょう。

　3霊界の3は、親を表す数でもあります。

　肉体の親である母、精神の親である父、そして玉し霊の親である神を。

　ところが人は親の思いなどちっとも判らないのであります。これが判らないままですと御柱が立たず反作用の世のままとなります。

　人は、おそらくそのほとんどが「親に感謝している」と口では申します。

　ところが、その後に「けど…」が付くのであります。けどの先はと申しますと不平、不満、不足であります。親という字は木の上に立って見ると書くんだから、そうなれという要求であります。まあ最後のは一理ある。しかし、モンクを言うのも資格というものがございまして、資格を持たずしてモンクを言っておりますと玉し霊が濁る一方であります。不平・不満・不足といったものは、してもらったたくさんのことの隙間をつついているのであります。隙間をつつくには、隙間でないところにスマンを思い続けないことには資格が取れません。

　ですが、本気で隙間でないところに目を向けておりますと、申し訳ないが先に立ち、けどの後に続くものがどうでもよくなってまいります。若かりしころ楽しい家庭を築くことを夢見ていた二人の間に誕生したところまではよろしいのですが、やがては夢見ていた家庭を破壊したのは肉体だけが一人前に成長した自分なのでありますから。

　若かりし二人とはもちろん父と母であります。

　自分が夢見て結婚し、育った子供が今の自分であるならば、二人の夢は露と消え。そしてむなしさだけが残った。

　ですから思いを判り、恩を知らぬうちはいくら言葉で立派なことを申しておりましても「感謝しているつもり」なのであります。

　私は親不孝の第一人者ですからよく判るのであります。

そんなことで威張らないでよね。

　働きもせず頭の中はギャンブルのことばかりの者でさえも口では「感謝しとるよ」とおぬかしになる。感謝するということは思いを判るということであります。思いが判れば働くに決まっております。思いが判ればギャンブルはやらないのであります。
　働くというのは「ハタを楽させる」ということであります。それが「ハタに楽させてもらう」になってしまっているのであります。
　それなのに、自分はできがいいと錯覚し、感謝しているつもりでいるのには困ります。
　つもりというのは、できてない、ということであります。
　普段はそれで通ってしまう。
　ところがイザとなったときに初めて実はできていなかったと気付くのであります。
　事故をした人は言います。
「前を見ていたつもりだった」と。
　火事を出した人は言います。
「火を消したつもりだったのに」と。
　食事をしたつもりだけでは空腹は満たせません。トイレへ行ったつもりだけではちっともスッキリしないのであります。
　預金したつもりではいつまでたっても貯まらないのでありまして、やっているようでできていない。これが「つもり」の正体であります。
　にも関わらずできたつもりでいますので117が反作用として現れるのであります。
　117を正しく作用させるには本気になって思いを判り、恩を知ることであります。
　親の恩、人の恩、先人たちの恩、大地の恩、そして神仏の恩であります。
　そして恩を知ったならば返す。ここまでしないと、まだ「つもり」であります。
　女性にですと300円の義理チョコでも翌月何かをお返しする。
　ところが親にはどれほどのことをしてもらっていても「お返し」せず

に「仕返し」をする。「子供の幸せが親の幸せ」と勝手な自己弁護をうち立て、いい気になっているのを仕返しという。それは親のことを思った者が言うことでありまして、やるべきことやらずして、聞くべきこと聞かずの身勝手は「自分勝手が自分の幸せ」といっているにすぎないのであります。

　思い判ったのでしたらちゃんと返す。正しい玉し霊の活かし方であります。

　玉し霊が活かされてまいりますと「足りる」と「足りぬ」が逆転し、正常に戻るのであります。

　体主霊従の者は必ず、
　　物質的にはまだ足りない。
　　あれが欲しい、これも欲しいであり、
　　精神的にはもう充分だ。
　　自分はできがいい、何でも知っている、完璧だ、もうこれ以上学ぶことはない。
であります。

　これですと光であるはずの未来は闇となり、あとは堕ちていく一方であります。

　それが恩を知り霊主体従になってまいりますと、
　　物質的には、ああもう充分だ、であり、
　　精神的には、まだまだだ、
となってまいります。

　なぜまだまだか。覚者ほど比べる相手が高いのであります。神仏と比べるのでいつまでたってもまだまだだ、であり、だからこそいつまでたっても向上し続けられるのであります。

　俗人は自分に可哀想な思いをさせないために自分より低きところと比較して、これでよしとしているのであります。

　こういうのが国の何割かを越えますと、いよいよその国は崩壊に向かい始めるのであり、ありがとうがない分、117、1117などが反作用として現れるのであります。

　太平洋の向こうの大国にも気付いて欲しいものであります。

その4　"イザナミと117"

2000年のミレニアムイヤーを迎える直前は、約450年ほど前に予言されました終末論が騒がれておりました。
　ところが限定された期間を過ぎましたら、すっかり忘れ去られてしまいました。
　しかし、終末論はともかく、立て替え立て直しはまだ続いております。
　すでに死語になってしまった感のありますハルマゲドンという言葉は、ヘブライ語の"メギトの丘"を音訳したギリシア語だそうでして、その意味するところは、
　「悪魔が神に敵対して最後の決戦をいどむために全世界の王たちを集める場所」
なのだそうであります。
　これとミロクの世となるための立て替え立て直しとを同じように捉えるわけにはいきませんが、全くの別問題というわけでもございません。先のハルマゲドンの解釈で、悪魔を「恩知らずな思い」に置き替え、神を「ありがとうとの感謝の気持ち」に入れ替えてみますと、一人一人が脱皮しようとしている姿であり、117のハタラキに適った思いになろうとするための内側での戦いであるとも言えます。
　「（恩知らずな思い）が（ありがとうの感謝の気持ち）に敵対して最後の決戦をいどむため……」
　そして"ありがとう"が勝つ。でないとご自身に起こってしまうのであります、ハルマゲドンが。
　終末論は1999年7の月ということでありました。1999年は平成11年であります。よろしいですか。
　平成11年の7の月。ここに現れました数霊こそが117であります。
　そして1999年7の月を表す117は、限定された時期を指しているのではございません。大自然の中に遍満する波動であります。ですから今後も117の作用は良し悪しに関わらずやってくるのであります。
　現代の世の中は"ありがとう"だけでなく、もうひとつ忘れていることがございまして、それが"ごめんない"であります。
　　ゴ＝52　メ＝34　ン＝1　ナ＝21　サ＝11　イ＝5
　合計124。
　実際、阪神淡路大震災と同じ年の1995年12月4日には択捉島沖でマ

グニチュード7.2の地震があり、伊豆や富山でも同じ日に地震が起こっております。

　1月24日、12月4日が良き日となるよう必要なときは素直に"ごめんなさい"を言いましょう。

　でないとまた大きな争いが生まれ、発生するといけませんので、きのこ雲が。

　　　キ＝10　ノ＝22　コ＝7　グ＝53　モ＝32。

　平成11年の7の月は2通りございまして、ひとつはそのまま7月1日から31日まで。もうひとつが太陰暦での7月。

　後者は太陽暦ですと8月11日から9月9日までの期間であります。

　トルコではまさにハルマゲドンでありましてイズミットが震源地の大地震が起こりました。マグニチュードは7.4から7.5とされており、阪神淡路大震災の8倍のエネルギーが人々を襲い1万7000人以上の方が亡くなっております。他にもいろいろと起こっておりますが、問題は旧暦7月の1日にあたる8月11日であります。

　この日はヨーロッパなどで皆既日食が観測されました。が、ただの皆既日食ではございませんでして、この日こそが太陽系の惑星が十字に並ぶグランドクロスの日であります。

　グランドクロスを迎えるにあたり、惑星同士の引力により地球にも何らかの影響があるのではと懸念されましたので、ある天文台に電話でお聞きしましたところ、全く影響ないとのことでした。

　ですから物理的な現象についての変化は見られませんでしたが、十字のカタチができましたことは、神界劇によるカタであります。

　何のカタか。

　それは縦と横の組みたる形、つまり神であります。十は足りると読みまして、立て替え立て直しの準備は整ったことを意味しております。いよいよ玉し霊光らせよの合図であり、不必要なものみな破壊する時来たりたぞということであります。

　ついに天の時がやってまいりました。

　電話の時報が117なのも神ハタラキであります。

　よろしいですね。

　大騒ぎしておりました1999年7の月とは数霊で117のことでもあり、

そのハタラキは現在も進行中であるのだということであります。
　けれどもそれは、霊主体従になれば何ら恐れることでもないのであります。
　最近よく、自然体でいきましょう。自然のままに流されればいいのです。と、実に心地よい言葉を耳にいたしますが、どうか間違えないでいただきたいのであります。
　体主霊従のままでの自然体でおりましても、ひとつもよくなりませんよ。
　あなたはそのままで、ただありのままでいいのですよ、と言われて喜ばれましても、悪しきところ改めず、恩知らずな体主霊従のままでのそのままですと、おそらくそのまま苦しみからはのがれられず、ありのままで苦しみの中に生きることになるのでありまして、伝える方も相手に元気を出させるとき以外は無責任なことは慎んだ方がよろしい。
　自然のままも、ありのままも霊主体従で行って初めて大自然と呼吸がピタリと一致するのであります。

　せっかく伊弉冉尊についてのお話ですので、白山神界について少々。
　今までのこととダブるところもございますが、あまりこまかいことは気にしないように。
　まずはこちらを。
　「元来日本という国は天照大御神が主護する国ではなく、日本神話で語られるイザナミ、つまり加賀の白山を中心とする白山王朝の主護下にある国なのである」（『日本の神々』佐田靖治著　光泉堂）
　ここでの天照大御神がどなたを指しているのかは触れないことにしますが、最近の白山神界はすごい人気であります。
　もちろんそうなる理由がございますが、それにしても菊理姫、白山比咩の追っかけが多い。そこそこ若い世代の方で八幡様に夢中になっているとか、神明社が好きで好きでたまらないというお話はあまり聞かれませんが、富士神界、白山神界にはファンが多いのであります。ファンで信仰していいものかどうかはここでは追及しないことにいたしましょう。
　特に平成となりましてからの白山フィーバーには著しいものがございます。

「平成」の文字を分解いたしますと、
　平は一八十となりまして、これでイワトであります。
　成はそのままで「なる、できあがる、みのる、しあげる」の意でありまして、
　つなぎますと、「イワトなり」「イワトのしあげ」といったところであります。
　これは「岩戸開き」のことであります。
　このたびの岩戸開きは七度目じゃ。
　これが最後の最後じゃぞ。
　次はもうないのだぞ。
　ということで、ミロクの世成りのための岩戸開きの時報、これが平成であります。
　このたびの岩戸開きと白山神界がどうも密接にからんでいるようであります。
　それを何とか証明できぬものか、いや証明できぬとも何か根拠となるものを見つけることによって納得できぬものであろうか。そう考えておりましたころのお話であります。

　神の戸、神戸の大地震のありました年の秋のことであります。
　10月7日。加賀の白山に見事な太陽の火柱が立ちました。
　神は天より降臨される際、火柱を使われるのであります。
　白山に火柱が立ったと申しましても、どの方角から見てもそうなるとは限らないのでありますが、新聞に大きく掲載されるということはカタであります。
　白山神界の発動を象徴しているのでありましょう。
　太陽の光の柱ですので「日柱」かと思っておりましたが「火柱」なのだそうです。
　最近の新聞では「太陽柱」ですとか「サン・ピラー」としておりますが、ストレートすぎるのと風情がないのとでよろしくない。

　1ヶ月後の11月7日。
　すごい嵐がやってまいりました。少なくとも我が家の周辺には。

雨と風で穢れを祓っていただいたのでありますが、白山神界とは結びつかぬものでありました。

12月7日のことであります。
　加賀を中心に広い範囲で地震が起こりました。揺れは小さいものでしたが名古屋から神戸までが揺れました。
　この揺れはマグニチュード4.6でありまして、シロであります。
　シロは白山を代表する色であります。
　言霊や数霊と同じように色にも玉し霊が宿っておりまして、それを「色霊（シキダマ）」と申します。イロダマでもよろしいかと。
　　シ＝15　キ＝10　ダ＝61　マ＝31

　また、今回の地震が白山神界の神の御発動の合図だとしますと、
　　カミ＝41
　　ジ＝60　シ＝15　ン＝1
　　合計76。41＋76＝117であります。

年が明けまして1996年であります。
ねずみ年であります。
　　ネ＝24　ズ＝58　ミ＝35
ただし、ねずみと白山神界は別に結び付けるつもりはございません。
お正月に玄関に飾ります門松。あれがありますと家を包む気がグッと締まってよろしいものであります。
　　カ＝6　ド＝62　マ＝31　ツ＝18
　さて1月の7日であります。
　先にも触れましたが、日曜日の午後、空から火の球が降ってまいりました。
　ミサイルでなくてよかった。
　イラクにとっては見えない爆撃機も117の反作用でありまして、91年の湾岸戦争時も2003年の攻撃もステルス戦闘機にやられております。この見えないステルス戦闘機はＦ－117とネーミングされております。
　さて、火の球の正体は隕石でして、大気圏突入の際に砕け散った結果、

つくばの8ヶ所と牛久市の3ヶ所で発見されました。
　物理的現象も神界劇のカタでありまして、これは一体何を意味しているのでありましょうか。

　2月7日であります。
　またまた加賀であります。
　　毎月7日はお祭りじゃ。
　　白山の神のお祭りじゃ。
　加賀を震源とする地震発生。
　加賀は震度4を記録、マグニチュードは5.0でありました。

　翌月、3月6日。
　ミロクではありますが7日ではございません。
　　23時12分　河口湖で震度4の地震。
　　23時35分　同じく河口湖で震度5の地震が発生。
　まだ6日でして、7日までには少しばかり時間が残っておりました。
　ところが、今回はこれでよろしかったのであります。
　なぜなら、この日、3月6日は旧暦の1月17日だったのであります。
　では白山神界と河口湖はどう関係があるのでしょうか。

　「白山と富士は裏表の関係にあるんだ。
　　今まで、富士神界が表に出ていたが、これからは裏に回り、裏にいた白山神界が表に出てくる。ということは、今まで裏に隠れたものがすべて表に現れるということなんだ」
　（『次元の旅人　誕生篇』白山大地著　四海書房）
ということでありまして、河口湖は富士山麓。おそらく富士神界の龍神様が表側の役目を終えられ、裏側へ隠れ身となられたための地震でありましょう。

　河口湖地震より1ヶ月。
　4月6日のことであります。
　セントセトラ島火山が活発化し始めました。

その4　"イザナミと117"　133

同じ日、日本国内では福岡徳ノ場の海底火山に動きがありました。
「人間にしてみれば、火山が噴火することは天災とか災害の意味合いが強くて、神の怒りだと受けとりやすい。しかし、神界から見ると、火山の噴火は神界の発動の意味があってめでたいことなのである」
（『子神たち』佐田靖治著　光泉堂）

神界のことですのでセントセトラ島や福岡徳ノ場の海底火山と白山神界がどう繋がっているのかは判りませんが、4月6日に起こったというのは数霊として白山神界の出来事であるということを端的に表しているのであります。

この後も気になることはございましたが、日にちのズレが出ておりまして、それを結び付けるには少々無理があります。ですから4月6日で一旦区切りと考えた方がよろしいと思われます。

46をそのまま読みますと「シロ」であります。では白山の言霊数はどうなるか。
　　ハ＝26　ク＝8　サ＝11　ン＝1
やはり46なのであります。

日本百名山の41番目の山は草津白根山でありまして、この山も白山神界の山であります。
　言霊数は、
　　ク＝8　サ＝11　ツ＝18　シ＝15　ラ＝41　ネ＝24
で、これが117になるのであります。
　お見事。

これらの出来事で白山神界と岩戸開きについての関連性が証明できたなどとは思いませんが、これはきっと何かあるぞよ、と納得はできたのであります。
　これは偶然でありましょうか。それとも必然なのでありましょうか。
　　ヒ＝30　ツ＝18　ゼ＝59　ン＝10

46という数は、「新たに始まる」「新しく生まれる」といった意味がございます。まっさらな状態にすることを白紙に戻すと申しますのも同じことであります。素の状態にするのですから。

素人というのもシロの人であります。

　よくそんなことが判るものだと思うのですが、地球は今から約46億年前に誕生いたしました。
　そして、人間の祖先ともなりますが、背骨を持った脊椎動物の始まりであるアランタスピスという魚は４億６千万年前に誕生したのであります。どうしてそんなことまで判ってしまうのでしょうかねえ。
　約450〜460万年前にアフリカ東部の大地溝帯に人類が発生したとされております。
　ただし、これについてはどんどん新説が登場することでしょう。

　ヒトの持つ染色体の数は46本であります。特殊な場合を除きましては。
　ＤＮＡとはこの染色体の中にあるデオキシリボ核酸という化学物質のことであります。
　いくら技術があるからといっても不用意にいじりますと、やがては不測の事態を招くことになり、将来大きなツケを払わされることになります。
　不自然なことはおよしなさい。

　天地万物は必ず陰と陽とで成り立っております。
　人間も同じであり、男女が結ばれますのは陰が陽を求め陽が陰を必要としているからであります。そして一対の夫婦ができあがる。
　　　イ＝５　ツ＝18　ツ＝18　イ＝５
　46であります。
　結ばれましたとき、あるいは死による別れの際に行われますのが冠婚葬祭であります。
　　　カ＝６　ン＝１　コ＝７　ン＝１　ソ＝12　ウ＝３　サ＝11　イ＝５
　これも46であります。
　「新たな始まり」でありますね、この世で、そしてあの世でと。
　先ほどの陰と陽ですが、

イ＝5　　ン＝1
ヨ＝37　　ウ＝3

　これを全部合わせまして、陰陽で46。
　大人になりますと、肉体の持つ陰陽は男女によってはっきりと分かれてしまいますが、赤ん坊から幼児にかけては男の子であろうと女の子であろうと陰陽双方の波動を持っております。
　これは、老子様のおっしゃる
「一から二が生じ」の二が生じる前の状態であります。
　通常、大人の場合は同性ばかりがひとところに集まりますと、その場が偏ったエネルギーとなりまして、ちっとも心地よくないのでありますが、そこに一人異性が入ってまいりますと、容姿の良し悪しに関係なく気が和んでまいります。気が調和されるのであります。男ばかりの合宿所に女性が一人でも入ってまいりますと、ホッとするのはそれであります。女性はイザナミの気であり、月のエネルギーも強く持ち合わせておりまして、これが男くささを消してくれるのであります。
　ところが赤ん坊の場合は性別に関係なく偏ったエネルギーを調和してくれるのであります。大体4歳ごろから陰陽の気が分かれ始め、小学校の2、3年生でかなりはっきりと区別されるようになります。
　陰陽の原理がもっと判ってまいりますと、世の乱れもかなり正すことができるのではないかと思われます。

　今後は栄養学もカロリー計算などさっさと卒業して、陰陽におけるバランスを重要視することが絶対に必要であります。
　現在の栄養学は、人の生命の偉大さと大自然の摂理に対し不自然さが随所に見られまして、学主人従の典型であります。
　人の生命力や治癒力は電卓で計算できませんですよ。工業製品ではないのですから。
　東洋には東洋人に必要な智恵がちゃんと伝わっております。
　学校で牛乳を子供たちに無理矢理飲ませるのは、本年度までとしましょう。

　「大和」と書いてヤマトと読みますが、日本がヤマトと呼ばれていた以

前の「倭」もまたヤマトと読みます。
　ヤマトタケルは日本書紀では「日本　武　尊」となっておりますが、古事記では「倭　建　命」であります。ヤマトタケルにつきましては"名古屋と52"にてお話しすることにいたしまして、今は倭であります。
　『逆説の日本史』(井沢元彦著　小学館)によりますと、「倭」の元となっておりますのが「環」であり「輪」なのだそうであります。
　和、倭、環、輪、どれも「ワ」であります。15－表でワを見ますと言霊数は46になっております。
　聖徳太子の十七条憲法の「和を以って貴しとなす」の和に代表されますように、ワとはまるくおさめるということであります。
　したがって46は「新たに始まる」などの他に「まるくおさめる」の意味を持っております。
「和を以って…」の和に、他のワを当てはめてみますと、
「倭を以って貴しとなす」は神国日本の尊さを表しているのであり、
「話を以って貴しとなす」ですと、ひとつは説法の大切さを表し、もうひとつは、話し合いの大切さをうたっているものになります。
「46を以って貴しとなす」
　…これは何でしょう。
　白山神界のことでありましょうか。
　日本に仏教を広めたとされております聖徳太子自身が十七条憲法で「篤く三宝を敬え、三宝とは仏法僧なり」
の前に「和を以って…」を定めております。三宝とは仏様と仏様の教え、それに仏様の教えを伝える僧りょのことでありますが、それよりも和のほうが大切であることを太子自身が知っていたためでありましょう。
「和」とは調和の和であり、平和の和であり、和やかの和であります。
「調和」とは足し算の答えを和といいますように、足して調整することであります。
　何で調整するか。
　話し合いであります。「話を以って…」とはこのことを指しているのであります。
　つまり、一方のみを優先し、他方を無視するのではなく、双方の思いを組み入れた上で調整するということであります。別の言い方をすれば、

お互い譲り合うところは譲り合わねば調和などできませんよということであります。ゆずるんですよ、いいですか。ゆするのではないですからね。
　お互いゆすり合いをしてどうするんですか。

　ところが理屈では簡単でありますけれども実際に行うとなりますと、実に難しいことであります、調和するということは。
　けっして自分が儲かるためのことでなくとも、それぞれが、これが正しい、これこそが世のためぞと信じたうえで対峙いたしますのでちっとも譲れないのであります。
　譲れるのはどうでもいいと思っていることだけでして、これはと思っているものは譲らない。すると調和の必要性をうったえる者同士が調和できなくなってしまうのであります。
「調和するためにはこうせねば」
「いや、それでは調和できない。だからこのようにして調和を図らねば」
「それはおかしい。調和のためには…」
といった具合に、調和のための話し合いで争いが生まれるのは何とも皮肉なことでありまして…
　皮肉でしょ。まじめに聞いているんだから、やめて下さい。そうゆうの。
　1976年に就航以来、無事故をほこっておりましたコンコルドが、2000年7月25日にパリで墜落してしまいました。「コンコルド」とは「調和」の意であります。
　調和が地に堕ちた。悪しきことの暗示でないとよろしいのですが。

　調和のきっかけとなるための大きなチャンスが21世紀に入ってから一度ございました。2002年日韓共同開催のワールドカップであります。このときは日本と韓国の間に絆をつくる最大のチャンスであったのであります。
　平成14年6月。146のときでした。
　白山菊理姫(ククリヒメ)は謎の多い神様でありまして、だから魅力多き神様でもあるのですが、どうも韓国から渡って来られた神様ではなかろうかとされ

ております。
　藤原鎌足にしろ、実は兄弟であろうはずがない天智・天武両天皇にしろ海を渡ってやって来ているのでしょうから、それ以前の神様でも韓国（カラクニ）よりおいでになっておってもおかしくはないのであります。
　ですから菊理姫の神（カム）ハタラキとしましては、
　日本と韓国くくるぞよ。
であります。共同開催となりましたのも神ハカライであり、ワールドカップは菊理姫のお祭りだったのであります。
　ですが、一方の排他的国民性により期待されたほどの結果とはなりませんでした。試合の結果ではありません。調和のお話であります。
　そこで次のチャンスが愛知万博であります。これは日韓二国間だけのことではなく世界規模のことでありまして、ひょっとすると最後のチャンスになるかもしれないのであります。名前からして愛を知る万博であり、命名されましたものが「愛・地球博」であります。愛こそが調和をもたらすのであります。
　調和のとれた生きざまは「真・善・美」の生活であります。
　　シ＝15　　ン＝1
　　ゼ＝59　　ン＝1
　　ビ＝70
　真・善・美、これを全部和しませば146になります。
　もし、愛知万博にて世界の調和が図れませんと、人類はもうしばらく不必要な血を流し続けることになるかもしれません。
　そして分断され、愛する者たちとも会えぬ社会になっていくことにもなりかねません。
　愛別離苦。仏教でいう四苦八苦の苦しみの中のひとつであります。
　　ア＝1　イ＝5　ベ＝69　ツ－18　リ＝45　ク＝8
　真・善・美の反作用がこれであります。
　したがって愛知万博を、大きなフェスティバル程度に思っていてはいけないのであります。
　来場者に「何かを感じ取ってもらえれば」などと中途半端なことを思っておりますと、結局は何も変わらないことになる。
　はっきりと「これを感じ取ってもらう」と。そして「こう変わっても

らう」との強いコンセプトでなければ社会が変わろうはずがないのであります。

　瀬戸際まで追い込まれております。
　本当にこのままでは地球も人類も危ない。
　ですからここぞ正念場であります。
　正念とは、一に止める今の心であります。
　これは初心に戻るということであります。
　原点に帰ることであります。
　人はどう生くべきか、という。
　　シ＝15　ヨ＝37　ウ＝3　ネ＝24　ン＝1　バ＝66
146であります。
　そして、人類の未来のために愛知万博がいかに必要かということをよーく理解することであります。
　霊主体従とはいかなる生き方か、を理解する力を身に付けることであります。
　　リ＝45　カ＝6　イ＝5　リ＝45　ヨ＝37　ク＝8

　新たな地球の始まりであります。
　新たな国産みが始まるのであります。
　いよいよ一厘(イチリン)の仕組みを解き明かすときであります。
　　チ＝20　キ＝10　ユ＝38　ウ＝3
　これで71であります。
　これに「新たな始まり」の意の46を足しますと、71＋46で117であります。
　　ク＝8　ニ＝25　ウ＝3　ミ＝35
　これも71であります。
「まるくおさまる」＝46、「国産み」＝71は
46＋71で117であります。
　一厘の仕組みの一厘とは一人一人のことでもあります。
　　イ＝5　チ＝20　リ＝45　ン＝1
　合計71。
　一人一人が新たに始まりまるくおさまるのであります。71＋46。

これらは天之常立神の御働きであります。
　そして新たな世界、霊主体従の社会が誕生していくのであります。
　誕生も117でありました。
　そのために今は全体で一点に向かい集中していかなければなりません。
　集中しておりますと、そこに神の智恵が名案となり浮かんでまいります。
　　　シ＝15　ユ＝38　ウ＝3　チ＝20　ユ＝38　ウ＝3
　はい、117。
　そして、調和のとれた霊主体従の新たなる国造りで調和を深め、全世界にお祝いの花火を打ち上げようではありませんか。
　　　ハ＝26　ナ＝21　ビ＝70

　大阪万博が大成功したのは日本人がまだ博覧会なれしていなかったからだけではございませんよ。
　なぜなら大阪万博に参加したパビリオンの数は117だったのですから。
　117は36＋81でも表せまして、これは$6^2＋9^2$であります。
　9方陣を見てみますと、9霊界てっぺんの中央に81があり、すぐおとなりに36が並んでおりまして、親密な仲のようですね。
　ミロク＋光、そんな数なのであります、117は。

　　　　恩知らず　　ねずみ
　　　117　117にかじられ　気が付いて
　　　ありがとう　　花　火
　　　117の　117上げ

　　　　　　　　　　　涙　　　イザナミ
　　　恩を知り　流した117に　117の
　　　　御柱　　　　　神宮
　　　117立らし　母なる117

　　　弥仙山（みせんやま）　誕　生　　　　宝　物
　　　117　117したりと117
　　　天之常立　（時報）
　　　117　117打ち

　お粗末さまでした。

コラム「数の妙味㋯」

　今度は少しだけ複雑であります。

　黄金率というものがございまして、図のような比率のことであります。

　この比率を持った長方形は、誰の感性かは知りませんが、最も美しい長方形とされております。そうでしょうかねぇ。

　また、黄金率は正五角形にも出てまいります。ですから人は☆型や☆マークに魅力を感じるのでしょうか。確かに☆は「形霊(カタダマ)」としては非常にエネルギーの高いカタチです。

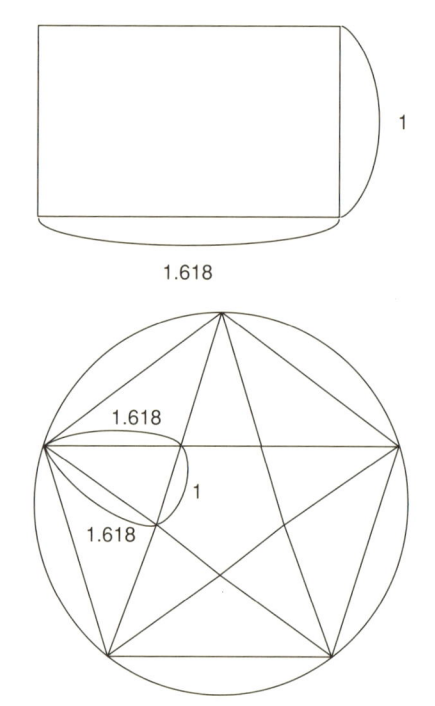

1

1.618

1.618

1

1.618

　黄金率の1：1.618というのをもう少し正確に表しますと、

$$1 : \frac{\sqrt{5}+1}{2}$$

になります。

ですが、このような $\frac{\sqrt{5}+1}{2}$ なんてものを持ち出しますと、絶対に女性からはもてませんのでもうやめまして、数の妙味を味わっていただきましょう。

$\frac{\sqrt{5}+1}{2}$

は

$= 1.6180339887\cdots$

と続きますので、

$\fallingdotseq 1.618034$

とします。

　次の計算をお楽しみ下され。

$(1.618034)^2 =$

$1.618034 \times 0.618034 =$

$1 \div 1.618034 =$

$1 \div 0.618034 =$

$1.618034 \div 2.618034 =$

$2.618034 \times 0.618034 =$

$2.618034 \div 1.618034 =$

　どうですか。

　血が濃いでしょう。これほどに濃い血はそうありませんよ。

　この発見はあまりに暇でしたので…そうではなく、研究熱心だからこそなのであります。

　しかし、魚釣りに興味なき人に新しいサオを見せてもちっとも関心を示してくれなかったり、マニアが探し求めていた古いマンガ冊子をやっとのことで手に入れても家族は誰一人喜んでくれないのと同じで、この発見も「フン、すごいね」で終わってしまいそうなので今まで隠しておりました。

　発表できてすっきりいたしました。

その5 "火と水と"

32	77	14
23	41	59
68	5	50

24－図

　41は神の言霊数でありましたが、神はまた火水(カミ)でもあります。
　ですが、火＝カ、水＝ミとして言霊数にしますと41のままでして、それでは話が進んでまいりませんので、ここでは火＝ヒ、水＝ミズといたします。"神と41"でもお話ししましたが、
　火と水の言霊数は、
　　ヒ＝30
　　ミ＝35　ズ＝58　合計93
であります。
これを足しますと、30＋93で123になり、ヒフミでしたね。
41は9方陣の中心に鎮座し、5霊界に属しております（24－図）。
5霊界は縦・横・斜めの和がどれも123でした。
そして、9方陣にはもうひとつヒフミがございました。
それが25－図であります。

40	45	38
39	41	43
44	37	42

25－図

これは9方陣1から9までの各霊界の中心の数のみを3方陣にしたものであります。
　この3方陣も縦・横・斜めの和はすべて123であります。
　これらをヒフミの仕組みと申しております。
　ヒフミの仕組みとは火と風と水のハタラキがすべての中心にあるということであり、それと同時にヒフミ48音ですべてが始まるという言霊と数霊の原理であります。
　そして、どうしたって神が中心になっておるのだぞという証しでもあるわけであります。
　9方陣も曼陀羅でして、ひとつの世界であります。人はこの世界の中で生かされているわけですので、どのように利口ぶったり、濁った玉し霊を着飾ることで誤魔化してみましても無駄なことでございます。
　薬師寺管主の故高田好胤(こういん)先生のおっしゃる「見てござる」とはまさにこのことでありまして、それが一見ただの数字の羅列のようにしか見えない方陣にさえもしっかりと現れているのであります。
　人は神の前では裸であります。
　どんな高級車に乗っていようとも、どれほどの宝石ぶらさげていようとも、神様はダイレクトに玉し霊を見てござるのであります。
　霊主体従になれますと、さあやるべきことはやりましたのであとはおまかせいたします、と実に心地よく神様に身をおまかせすることができるようになります。
　おまかせするということはモンクを言わないということであります。
　まかせるわ、と言っておきながら後でモンクを言うのは、まかせるということの意味をはき違えておりますし、普段まかせてもらうことの大変さを知らない人であります。
　裸になって全身の力を抜き神様に身をまかす。すると何の不安もなく、ああ心地よいとなりまして、これぞ信仰のなせる喜びであります。しかし、信仰心の有無に関わらず誰しもがおそらくは毎日これをやっているのであります。
　神は火水です。火と水であります。火と水の融合、これはお湯であります。
　お湯とは火水がそのまま物質化したものであります。お湯の中に裸に

なってつかる。
　全身の力を抜いて、お湯に身をあずけておりますと実に心地よい。
　神様や神様についてしゃべる人種のことが嫌いな人でもこれは気持ちいい。
　ですから、誰しもがちゃんと知っているのであります。神様に身をあずけることの心地よさを。
　日常的に使うお湯は人工的に火と水を融合させたものでありますが、天然のものが大自然の中に存在しておりまして、それが温泉であります。温かいお湯が泉となって湧いてまいりますので温泉と呼ぶのですが、これは神様の温かい思いが泉のように湧く場であります。ですからここに裸でつかれば気持ちいいに決まっております。
　温泉のお湯は肉体的に効力があるだけではなく、霊・心・体すべてを浄化する力を持っているのであります。
　日本はいたるところで温泉が湧き出ておりますが、これは神様のまごころなのであります。
　お湯の温度は41度程度が最も入りやすいのも神様と共にあり、ということであります。
　もっとも、老いるほどに体の内側が冷えてまいりますので、そのような方はもう少し高めの温度の方がよろしいでしょうし、子供は内側に熱きエネルギーが溢れておりますので、少し低めの方がかえって心地よいでしょうが。

　「火」と「水」にはそれぞれでも働きがございます。
　「火」は縦の働きであります。
　縦の働きの第一歩は、まず真上である両親の思いを知ることに始まります。
　「親の思い知らずして、先祖の思いが判るものか。
　　先祖の思い判らずして、どうして神の思いが判ろうぞ」
なのであります。
　これが縦の働きを知るための登龍門であります。
　縦の流れの中に大きなわだかまりや歪み、憎む恨むなどの負の感情が渦巻いておりますと、水の働きでつまずきます。

仕事や結婚、人づき合いは水の働きであります。火の働きの中の「詰まり」が水の働きに「詰まった状態」として現れてくるのであります。
　人との縁、物、金、仕事など、水の働きで詰まりが出ますのは、これみな火の働きの滞り(とどこお)によるものであります。
　男性の場合、父をひどく恨んでおりますと仕事にも上司にも恵まれません。
　母を恨んでおりますと、妻で苦労することになります。まず第一に、素敵な女性との縁がなかなか訪れないのであります。そこで悪しき縁の中で手を打って、やがては生涯苦労するということになりがちなのであります。
　女性の場合、父が大嫌いですと、必ず夫で苦労する。父を馬鹿にしている分、世間で馬鹿にされているような男性と結ばれ、その夫からも馬鹿にした扱いを受けてしまうのであります。よき夫にめぐり逢いたければ、鎮守の杜の神様の前で、手を合わせてお父さんにお礼を言うようにされるとよろしい。
　母を嫌っておりますれば、まずまわりの友人知人からは信頼されておりません。
　付き合ってもらうのは表面だけであります。
　お母さんを早くに亡くされた女性は、父を恨んではおりましても、母を恨んでいることの自覚が全くないことが多い。
　父には嫌悪感をあらわにしておりましても、母には過ぎし日の美しき思い出で包み込んだ聖域をつくっております。
　そして「私は母を恨んだことなんて一度もない」と、そう信じております。
　ところがまわりの女性とうまくいかないことがある。なぜでしょうか。
　大好きでとってもやさしく一番大切にしている母のことを恨んでいるところに目を向けていないからであります。聖域ですからそこをあばくことも自ら許しておりませんので気付かないのは当然でありますが、「どうして私をおいて死んでしまったの。私だけにこんな寂しい思いさせて。どうして困ったときにいてくれないの。私が何したの」と。

　テレビや映画などで活躍されるビートたけしさんやみのもんたさんほ

どの方々でも、お母さんを亡くされたときはテレビカメラの前でさえ泣き崩れておりました。

それが若い女の子ならばその悲しみ、いかほどのものでありましょうか、察するにあまりあります。

自らを強く保とうと聖域をつくりあげるのもいたしかたありません。

しかし、もし人生で何ひとつ望み叶わず苦しんでいるのであれば、一度そこをのぞいてみてから自分を見つめてみてはいかがでありましょうか。

火の流れの詰まりが取れ、水の働きに実がなりますように。

男女を問わず父や夫、男兄弟、その他でも男性との間に大きな感情や思いの問題をかかえておりますと、それは自分の体の左側に何らかの形で現れてまいります。

体の左側ばかりを怪我しましたり、左側から車をぶつけられたりと。

それは左側の守護が弱くなっているからであります。

左は「火足り」であります。男は火の働きをしますので、思いに歪みが生じますと火の働きをする左に問題が出てまいります。

当然相手が女性ならば、本人は男女を問わず体の右側に災いがふりかかるのであります。右は「水極り」でして、水の働きを持つ女性への問題でありますので、右側に出るという摂理であります。

必ずしもというものでもございませんが、問題のある相手がどなたかによって、体のどの部位に出てくるかも違ってまいります。

足首や腰ですと縦の流れの親・先祖に。

腕や肩ですと配偶者や友人知人に対しての問題であることが多いのであります。

首から上に関しましては断定しにくいのですが、けっこう大きな問題でありましょう。

霊(レイ)・心(シン)・体(タイ)の中で、霊及び心の持つ問題であります。それを体(タイ)のみで原因を見出し治療するのは実は治療でないことがお判りいただけたでしょうか。

日常生活での人の望みはそのほとんどが水の流れの中にあるものばか

りであります。
　縁談話や仕事での取引の縁、物、金はすべて水の働きの中にあるがために、そちらばかりを向いてしまうのであります。
　ところが、火の流れを澄んだきれいなものにしておりませんと、水の流れもだんだんと濁ったものになりまして、努力してもなかなか目の前の苦しみを越えられないのであります。
「ああ、俺の人生こんなはずじゃなかった。
　あいつが悪い、こいつも悪い。親が悪い。先祖が悪い。社会が悪い。世の中が悪い。神も仏もあったものか」
　そして待ちうけるのは、孤独でむなしい晩年なのであります。
　ところが火の流れを澄んだ美しいものにしますと、水の働きも次第に極まってくるのであります。
　こういった摂理を
「火(ヒ)、足(タ)りて、水(ミズ)、極(キワ)まりて、
　火(ヒ)、足(タ)りずして、水(ミズ)、極(キワ)まらず」
と申します。
「火足(ヒダ)りて、水極(ミギ)りて」
とも申し、これが左手と右手の法であります。

　"数霊、その前に"で、神道から得るものはどちらかといえば父の教えに近く、仏教の教えは母のそれに近いと申し上げました。
　父の教えは縦であります。
　母の教えは横であります。
　父が火、母が水であります。
　父からは精神を、母からは肉体を授かったというのも縦と横、火と水の理(フトワリ)であります。
　ですから男性との問題は左側に、女性との問題は右側に現れるのであります。
　ただし、序章で申しました通り、こういったことは体系化しますと、からみ合った他の要素を無視することになりますので、あくまでこれがベースになっていると考えていただいた方がよろしいかと。
　すべてのことがらが、この法のみで成り立っているわけでもなければ

絶対的なものでもありませんので。
　しかし軽視されますとやはり反作用で、
　　火足りずして　水極まらず
ということにもなってくるのであります。

　どれほど昔のことでありましょうか。
　我が先祖たちは、父のことを「カゾ」と呼んでおりました。
　カゾとは数のことでして、カゾえるのカゾであります。
　それに対し、母は「イロハ」と呼んでおったそうな。もちろんイロハニホヘトのイロハであります。
　ですから、父は数霊、母は言霊なのであります。
　火の流れは数霊的、水の流れは言霊的と置き換えることもできまして、ですからそのまま神道は数霊で、仏教は説法が代表されますように言霊にて神仏の思いを伝えているのであります。
　「神道に　教義なくとも　数霊の
　　　　カゾで示す　神示あり」
というわけであります。

　「左」をヒダリと読みますので、「右」は本来ミギリと読むべきであると申しました。
　「右」をミギと読むことに合わせますれば「左」はヒダとなるのでありますが、これは共にリがない。リとは理であります。道理の理、論理の理、真理の理であります。
　最後のはシンリのリでありまして、マリちゃんのリではございませんよ。
　ですから、ヒダ、ミギはよろしくない。
　マリちゃんも理がないと真だけになってしまいますし、真理子にしても、真子になれば別の女性のことでしょう。
　ヒダリ、ミギリの方が自然であってよろしいのであります。
　言霊数にいたしますと、
　　ヒ＝30　ダ＝61　リ＝45
　これで136であります。

150

ミ＝35　ギ＝55　リ＝45
　合計135であります。
　左がひとつ上なのは、火水(カミ)と書くように火が先であることを表しております。
　また、左大臣の方が右大臣よりも上位にくるのもここから判ります。
　軽く拍手をいたしますと左手が上に来るのは、火は上に、水は下への性質の現れであります。ただし、手が逆になっているからといっても悲観する必要はございませんのでご安心を。
　神前でも仏様の前でも手を合わせます。
　人に深く感謝の意を表すときも食事をいただくときにも手を合わせます。
　ヒダリとミギリを合わせますと、
　　136 + 135 = 271
　そのまま読みますと「ニナイ」。
　人の苦を「担(にな)う」という数であります。
　奈良の大仏様のことを毘盧遮那仏(ビルシャナブツ)と申します。少し六つかしい名前でありますが、ビルシャナとはサンスクリット語で「光があまねく広く照らす」との意味であります。
　仏界の天照大御神といったところであります。
　　ビ＝70　ル＝43　シ＝15　ヤ＝36　ナ＝21　ブ＝68　ツ＝18
　これを足しますと271。人の苦を担っていただいているのであります。
　大仏様に左手と右手を合わせ、心に思うことを願う。そして必要なことならば聞き入れていただけることになりまして、願い叶いしことを「大願成就(タイガンジョウジュ)」と申します。
　　タ＝16　イ＝5　ガ＝51　ン＝1　ジ＝60　ヨ＝37　ウ＝3　ジ
　　＝60　ユ＝38
　電卓が必要でしょうが足していただきましょう。いかがですか。
　そして願い叶えば生きながらにしてこの世は極楽浄土となるのであります。
　　ゴ＝52　ク＝8　ラ＝41　ク＝8　ジ＝60　ヨ＝37　ウ＝3　ド
　　＝62
　恐れいりましたであります。

ヒダリとミギリの手を合わせ
　　毘盧遮那仏が人の苦担い
　　願い聞き入れ大願成就
　　するとこの世は極楽浄土
ということであります。
　　あっぱれ、271。

　どうしてもミギリは受け入れられないという人のために。
　　ヒ＝30　ダ＝61
合計91。
　　ミ＝35　ギ＝55
合計90。左右合わせて181であります。
　181は「弥勒菩薩（ミロクボサツ）」の、そして「大国主命（オホクニヌシノミコト）」の言霊数でありました。
　だったらヒダリとミギリよりもヒダとミギの方がいいじゃないかとも思われるでしょうが、いいのです。ヒダリとミギリで。
　少しだけ細工すればよろしい。
　濁点を取ってしまいましょう。
　　ヒ＝30　タ＝16　リ＝45
これで91。
　　ミ＝35　キ＝10　リ＝45
これで90。合わせて181。
　まいったか。摂理には逆らえませんぞ。

　先ほどミギとヒダでは理がないと申しました。理の王は玉のことであります。里はすじみちのことです。つまり理がないということは「玉し霊のすじみちを失う」ことであります。また、里とは故郷のことでありまして、故郷がないことは寂しいことであります。
　理がないとどうなるかと申しますと、「ラ」が抜けるのと同様に乱れるのであります。
　物、金欲しさの犯罪がずいぶんと凶悪化している現代でありますが、物も金も水の働きの中にあります。水極理（ミギリ）の働きであります。
　ミギに「理」が抜けておりますので、このような流れになってくるの

であります。
　言霊の力は偉大なり、なのであります。
　言霊の威力とは、
「お前がきのう雨が降るなんて言ったから本当に雨になってしまったじゃないか」
といったことに対し科学的根拠がないことを論ずるような程度のことではございません。もっともっと聖なるエネルギーを有しております。

　といったところで世の乱れは何もミギリからリが抜けたからだけのことではございませんでして、たくさんの要素がからみ合ってのことでございますので誤解のないように。
　ですがこういったこともカタであります。カタが示す「カタシメシ」でありまして、ですから「左」はヒダリ、「右」はミギリがよろしいかと。
　左と右は「ナ」の部分の書き順が違っておりまして、これも火と水の働きの違いによるものであります。
　左は「一」→「ナ」→「左」であります。
　左は火足りですので縦が先のようにも思えますが、横が先であります。
　これは、火は水のための火であるが故に横が先なのであります。
　右は「ノ」→「ナ」→「右」でありまして、水は火のための水であるので縦が先に来るのであります。

　火が足りてまいりますと水の流れの縁に恵まれますので「幸せ」を実感することができますが、火が足りておりませんと水の流れが極まりませんので「辛い」日々が続きます。
　火の流れに目を向けますと、足りた分だけ横の繋がり「一」ができてまいります。「一」は人と人とを結ぶ縁であります。
　ですから「辛」に「一」が入り「幸」となるというわけであります。

「ヒ」とは「火」でありますが、同時に「日」であり「陽」でもありますし、「霊」「氷」も「ヒ」であります。
「日」「陽」は「火」からでも容易に想像することが可能なように、太陽の光、万物を生かす陽のエネルギーであります。

「日」は暦では1ヶ月の平均が30日ということで、「ヒ」の言霊数も同じく30であります。

「霊」とは平たく申しますと玉し霊のことでありますが、もう少し正確には「一霊四魂」の一霊のことであります。一霊四魂につきましてはすぐ後でお話しいたしますが、一霊とは直霊と呼ばれる神様からの分け御霊(ミタマ)のことでありまして、人の生命の源であります。

その部分を「霊」と申します。

また「ヒ」はヒフミ48音の始まりの言霊でもありまして、48音も人も「ヒ」から始まっているのであります。

では「氷」についてでありますが、「氷」と「火」は全く逆、陰と陽、裏と表ほどの違いがあるのになぜ同じ「ヒ」なのでしょうか。

神道では穢れというものを一番嫌います。玉し霊が気枯れる。玉し霊が濁る。このようなことを最も忌み嫌い、清めを大切にしております。

しかし、濁った水でも氷りますと、どれだけかは清く澄んで見えます。これを先人たちは氷ることにより穢れが落ち、清まると考えたので水が氷ったものにも同じ「ヒ」をあてはめたのだとされております。

「火」の浄化作用は日常での消毒ですとか護摩供養などでも用いておりますが、同じ効果が氷ることによって得られると考えたのでありましょう。

整体をいたしておりますと、腰痛でお越しになる方がずいぶんありまして、その3分の2は腎臓が絡んでおります。

問題が発生した部位は腰であっても、患部の痛みは二次的三次的なことでありまして、そうなる以前に複数の要因を見て取ることができるのであります。

西洋医学では何としてでも患部に原因を見出そうとしますので、わずかに飛び出た椎間板(ついかんばん)が原因であるとしたりしておりますが、仮にそうだとしましても、ではなぜそこが飛び出したのでしょうね。

腎臓が疲れますと腰の筋肉が張ってまいります。その張りが腰の骨を動かしたり、部分的に詰まった状態になり腰が重い。神経に触ると腰が痛いということになってまいります。

腎臓に負担がかかり続けますと、胸椎10番に可動性がなくなるため、この骨の働きをよくすれば腎臓も回復してまいります。

ですからそういった腰痛にまで患部に原因を求めるのは、オイル交換がしてないがために真っ黒な煙を吐く車に対し、原因をマフラーに求めているのと同じであります。
　薬を飲ませるのはマフラーにフィルターをかぶせるのと同じ。少しは効くがすぐまたダメになる。
　薬が効かなくなりまして手術をするのは、オイルを換えずしてマフラーを取り換えるのと同じであります。
　腎臓からの腰痛でありましても、腎臓に問題が出た原因がそれ以前にあったわけでして、肉体的な疲れ、食べすぎ、年単位での薬の服用、足の冷え、姿勢の悪さなどキリがございません。さらに、そのまた原因もありますが長くなりますのでやめておきます。
　それで腎臓が絡んでおりますときは足を温めます。熱いお湯をバケツに入れ、背中にうっすらと汗が出るまで温めておりますと腎臓からの張りはだんだん引いてまいります。人により期間はまちまちでありますが、早いものは一度だけでも楽になってまいります。あるいは直接背骨や腎臓に気を流すのもよろしく、通常はそのようにして腎臓からの張りを取っております。
　ところがであります。腎臓を冷やす方法を採る方がおります。
　背中側の腎臓のすぐ裏に氷を入れた袋を当てる。これは恐ろしく冷たい。
　それで、当てたまま３分間辛抱します。
　それ以上はやってはいけないらしい。
　温めることと全く逆でして、これで本当にいいのでしょうか。
　はい、よろしいのです。
　急激に一部分だけを冷やすことで、体の中で緊急事態発生のサイレンが鳴り響く。
　すると、これは大変と血液がどんどん集まってまいります。冷えたところに集中して血液が集まることにより温まるのであります。３分間以上は冷えすぎてしまうのでしょうけども、それ以内ですと氷が体を温めるのであります。
　ですから「火」と「氷」はまんざら正反対というわけでもありませんでして、共に「ヒ」と発音されたのもおかしな話ではございません。

おかしいのは数千万円はするであろう医療機器で調べたあげくシップ薬を出す病院であります。
　「火」「日」「陽」「霊」「氷」など「ヒ」の言霊は、エネルギーを表す音であり、浄化作用を持った言霊なのであります。

　それではしばらく一霊四魂についてお話しすることにいたしましょう。
　解釈の違いにより複数の捉え方がございまして、ひとつは一霊が四魂に分かれており、四魂にそれぞれの働きがある。この４つの働きを総じて一霊と呼ぶ場合。もうひとつは中心に一霊があり、そのまわりに四魂があるために合わせて一霊四魂と呼ぶものであります。ここでは真ん中に一霊があり、これを直霊と呼びますが、そのまわりに四重になった四魂の働きがあるとした捉え方でお話しいたします。
　まず中心にありますもの、これこそが親神様よりの分け御霊でありまして、人の本体となる部分であります。自分は誰であるかという問いの答えがこの部分でして、それを知ることを「秘仏の開眼」とも申します。
　菊理姫のミタマ持ちですとか素盞嗚尊（スサノヲノミコト）のミタマ持ちとされる方々は、直霊がその神よりダイレクトに分かれたものと考えてもよろしいのではないでしょうか。
　これが一霊であります。
　その外側にあるのが奇魂（クシミタマ）。
　奇魂の外側が幸魂（サキミタマ）であります。サチミタマとも申します。
　幸魂の外側に和魂（ニギミタマ）がございまして、一番外側が荒魂であります。
　外側から中心に向かいまして、アラミタマのア、ニギミタマのニ、サキミタマのサ、クシミタマのク、そして中心の霊。
　これを続けますと「アニサク霊」、つまり「吾に咲く霊」であります。
　吾は「我れ」であります。
「我に咲く可憐なる玉し霊」
「我れの玉し霊、可憐に咲く一輪の花」
　一霊四魂とはこのような美しきものなのです。
　四魂についても順序や解釈の違いがございますが、最も一般的なもの

が「吾に咲く霊」の順序であります。

これを通常は玉し霊（魂）ですとか霊魂と呼んでおりまして、肉体と一体化している状態が命であります。

命とは「意の血」であります。

一霊四魂の働きが物質化して血となっているのであり、血の中にちゃんと信仰心が宿っております。

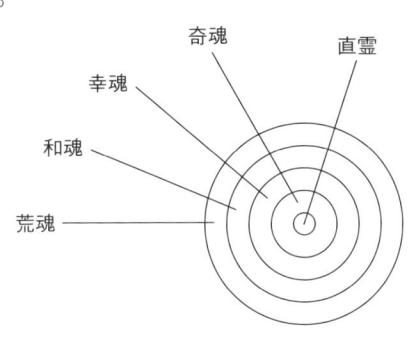

信仰とは「神向」であります。思いを神に向ける。それが血の願いであります。

願いとは「根買い」でありまして、生きていくうえで根になるものを身につけることを指しております。それは神仏が人に求むる願いでもありまして、身につけた分が自分の宝となるのであります。

宝とは「他から」であります。人の言葉により気付かせていただくのでありますから。

そして土地も家も車もすべては所有権を持っているだけで、始めから地球のもの、神様のものでありまして、自分は何もない。他から預かっているのであります。

もちろんこの肉体もです。大きく傷付ければすぐにもお返ししなければいけません。

子も授かるのではございませんでして、預かるのであります。便宜上我が子としているだけでありまして、本来は神様の子であります。間違っても我が物と思うでないぞ、子も物もこの身さえも、であります。

それを自分のものと錯覚しているので失っても得られぬでも悩むのであります。

悩みとは「汝闇」でありまして、汝の闇であります。汝が闇の中にいるから汝が病むのです。光なき闇の中から抜け出せませんと、汝の人生そこで行き止まりであります。

行き止まりとは「息、止まり」でありまして、ですから「生き、止まり」、死ぬのであります。

ああ、一気にしゃべりましたのでくたびれた。

四魂の働きですが、一番外側の荒魂から始めましょう。

荒魂（アラミタマ）

　骨や神経を司る働きであるとされており、筋肉もここに含まれます。
　そして、勇気ですとか建設、破壊のエネルギーも荒魂の働きであります。
　人が死を迎えましたときには肉体と共に消滅するところであります。
　荒魂は「顕魂（アラミタマ）」とも「顕レ魂（アレミタマ）」とも呼びますが、ややこしいので荒魂でよろしいでしょう。

和魂（ニギミタマ）

　内臓、血液、脳やホルモンなどを司るとされており、制御力、推進力といったものはこの和魂からの発動であります。
　和魂にもまた「幽魂（むるみたま）」との呼び方がございますが、和魂でよろしい。
　人が死を迎えますと和魂は肉体とも直霊とも離れ、仏壇の位牌やお墓に宿る部分なのだそうでして、あの世とこの世を行き来しているということらしいのであります。
　ヒトダマというのはこの部分が寄り処なきために漂っているのでありましょうか。
　すると和魂が物質化したものがリンということになりますが、どうでありましょう。
　荒魂と和魂を合わせまして「足魂（タルムスビ）」と呼びます。
　西洋人は東洋人よりも足魂が発達しております。スポーツでも力で相手を押さえつけるものですとか、激しい動きの音楽や踊りはここの管轄になっておるようであります。

幸魂（サキミタマ）

　直霊から離れるほどに波動が荒いのですが幸魂までできますと、ずいぶんと静かな振動になっております。
　幸魂は感情的エネルギーを司るとされております。ここが狂いますと

感情のコントロールが不可能となってまいります。

また、調和ですとか慈愛といったものは幸魂の働きであります。

奇魂（クシミタマ）

直霊と直結したところでありまして、生命エネルギーを司るところであります。

奇魂から湧き出たエネルギーが最終的には仙骨から性エネルギーとして噴出してくるのではなかろうかと神返えております。

奇魂は創造、智恵などを司っておりまして、正義ですとか、希望、思考などもここの働きであります。

現在の世の乱れは、かつての文部省が子供たちの奇魂の育成を怠ったことが大きな要因のひとつであります。

詳しくは後ほどお話しすることにいたしましょう。

人の霊魂がやがて肉体を離れるときには、幸魂と奇魂は直霊とともに元の親神様のところへ帰るのだそうであります。

荒魂と和魂を合わせまして足魂（タルムスビ）と呼んだように、幸魂と奇魂のことを「生魂（イクムスビ）」と呼びます。

東洋人は明らかに西洋人よりも生魂が発達しておりまして、ここは動のものよりも静のものの方を好みます。

日本の文化の中で育まれました「わび・さび」「奥ゆかしさ」も生魂の働きであります。

そして、これら四魂全体を「霊積魂（タマツミムスビ）」と申します。

　　タ＝16　マ＝31　ツ＝18　ミ＝35

合計100であります。

四魂の働きには不足がないということであります。100につきましては"御中主、満ち足りて"にてお話しいたしましょう。

音霊（オトダマ）というものがございまして、平たくいえば「音の持つ玉し霊、波動、性質」でありまして、平たくいわなくてもまあそのようなものであります。

　お寺の鐘がゴーンと鳴る。
　鹿返し（シシガエ）がコーンと響く。

その5　"火と水と"

これらの音は直接生魂(イクムスビ)に伝わってまいります。
　鈴虫の鳴き声にしましても同じように生魂に伝わってまいりますので大変心地よく、魂鎮(タマシズ)めとなるのであります。
　これが音霊であります。
　人工的な「癒し」と呼ばれる音楽にもすばらしいものがございますが、天然の音霊にはかないません。
　太鼓の響きは、荒魂から入って直霊まで届きます。
　「太鼓」の鼓は、「心臓の鼓動」の鼓でして、胎児のころの安心感と、生まれ出づることへの希望を呼び起こす振動であります。
　虫の鳴き声が雑音に聞こえるか心地よく感ずるかは生魂の感性の違いによるものでありましょう。
　音楽は種類により響くところが違いまして、ロックなどの激しいものは足魂で、特に荒魂で感じております。
　波動を研究し、牛やメロンに音楽を聞かせ育てられる方々はロックを毛嫌いされているようでして、確かに使い方によりましてはふさわしくはありません。
　しかし、ロックは若い人にとって溢れるエネルギー消費に大変効果的なものであります。もし若い人たちからハードロック、ヘヴィーメタルなどすべてのロックを奪ってしまいますと、エネルギーの消費どころが減りまして、人によっては暴走行為にはしったりですとか、破壊行為、犯罪へとも繋がってまいります。
「エネルギーが余っていればスポーツをすればいいじゃないか、若いんだから」などとのたまわれましたなら、それはちっとも君たちのことも人の心理も判っておりませんので、そんなときは、
「お酒なんか飲むぐらいなら般若心経でも写経すればいいのに、年寄りなんだから」と言っても許されるのであります。
　荒魂での刺激を求めるのも若い証拠でありまして、あまり見下しておりますと、いずれはロックに元気付けられることなども起こり、思い改めさせられることになりましょう。
　肉体を持って生きる以上は足魂も大切なのであります。
　ですから四魂合わせての霊積魂(タマツミムスビ)のタマツミが100の言霊数となるのでありまして、四魂元気で健体康心なのであります。

少し違った四魂の捉え方をお話ししますと、荒魂は肉体全体を、和魂は心を司っており、幸魂は霊魂を司り、奇魂はこれらをコントロールし、直霊と直結しているとするものもございます。
　病いの捉え方といたしましては、
　片寄り疲労などによる身体的なものを荒魂的病いとし、
　環境などからのものを和魂的病いとしております。
　さらに、
　心因的な病いは幸魂的病い、
　心霊的、憑依などのものを奇魂的病いと分けた捉え方も存在しております。

　その他の一霊四魂の解釈につきましては山陰(やまかげ)神道に造詣(ぞうけい)深いものがございますし、合気道の創始者植芝盛平著、『武産合気』(白光出版)には「一霊四魂三元八力」について述べられておりますので、詳しくはそちらを。
　合気道にしましても他の武道にしましても、日本に古くから伝わっております武術は力で相手を押さえるものではございませんでして、呼吸や気で行うものであります。その手段として肉体を使っておりますので総合的な霊積魂(タマツミムスビ)の働きであります。
　また、人間は霊的の世界のみに生きているわけではありませんでして、足魂(タルムスビ)が発達した西洋人が、生魂(イクムスビ)の発達した東洋人に劣っているということではございませんので誤解のないよう。足魂が発達しておりますと、肉体を使って楽しむことには長けておりまして、要は得意分野の違いでありますし、西洋人にも生魂の発達した人はたくさんいるのであります。
　むしろ最近は東洋人に生魂の未発達の者が多くなってきておりまして、これは困った問題であります。
　元々、足魂(荒魂・和魂)が西洋人よりも未発達なうえに、生魂(幸魂・奇魂)までもが西洋人に劣るとなりますと、もう手の施しようがございません。しっかりして下されよ、日本人。
　日本の戦後の教育は、一次元的に生徒を判断しやすいがために、記憶力重視になってしまいました。その結果創造力というものを失うことに

なるのですが、創造力とは人間とわずかな動物たちのみが持ち得るものでありまして、高度な創造性ともなりますと人間だけに与えられた神様の智恵であります。

　記憶力というものは他の動物たちも持っておりまして、脳の働きといたしましてはちっとも高度なものではございません。

　創造力の喪失というのは人類の未来へのテロリズムであります。この罪も重い。

　さらに生徒の管理のみならず教員に対してもそれを行うことによりまして、独自の教育理念や情熱を持った先生方まで骨抜きにしてしまいました。その結果、我が身可愛しの校長及び教頭が台頭し、生徒も先生も学校がちっとも面白くないのであります。

　前にも述べましたが、神様は保身が大嫌いでありますぞ。

　残りの人生懸けて、生徒の幸魂と奇魂を豊かなものに育てていただければ幸いであります。それはすばらしい"くぼみ"なのですから。

　では火に戻ります。

　火は生命力そのものでありまして、強い浄化力を持っております。

　家庭内におきましても、外から持ち込んだいらだちや怒りですとか、家の中で発生した争いから生じた気や念を火が浄化してくれるのであります。神棚や仏壇に燈もすお燈明は、あちらの世界では一万人の方々が暖を取ることができるほどのエネルギーでありますが、何も神仏、先祖に対してのものだけではありません。同時に家の中も浄化してくれるのであります。

　火は己の煩悩をも焼いてくれるとされておりまして、密教では火を通し不動明王の力が自身の中に入ってくるのであります。

　不動明王の不動を言霊数にいたしますと、

　　フ＝28　ド＝62　ウ＝3

で93であります。

　不動といいますと、硬い、ガンコ、融通がきかないなどのことのように思えてしまいますが、これは全く見当違いでありまして、いかなる環境であろうとも、いかなるカタチに入れられようとも揺るがない不動心のことでありますので、どんな器にも自らピタリと定まります水＝93と

同じなのであります。

　観音様が暖かいのは、思いやりの心が火の暖かみになっているからでして。

　　　カ＝6　ン＝1　ノ＝22　ン＝1

　台所で使う火も浄化としましては効果がございまして、ですから台所や隣接した居間は家の中で最も気がよく明るく暖かいのであります。暖かいというのは火を使うからとか、いつもストーブが点いているからといった温度のことではございませんですよ。

　逆に気の病んだ人はそこに来たがりません。そういった場合は、何も話さずともただテレビを観ているだけでもかまいませんので、台所か居間にいるようにするとよろしい。もちろんそんなときに説教するなどもっての他であります。

　このようにろうそくの火だけではなくガスの火であっても家の中の気が清まりますので、昼間はおじいちゃんだけになってしまい火の始末が心配だわ、というような場合以外はなるべく火を使う設備の台所の方がよろしいのであります。

　神棚もない、仏壇もない、台所でも火を使わないとなりますと、家の中から火が消えてしまいます。

　火と水が揃ってこそカミでありまして、片方だけでは「神ハタラキ」が起こらず、「片ハタラキ」となってしまいます。

　昔の人はそれを知っておりましたのでカマドと井戸に神様を祀ったのであります。

　これは大自然の持つ法なのであります。

　　　ホ＝27　ウ＝3

　調理する際にも火の持つ波動と電力を火力に換えての波動ではエネルギー量が同じでも食材に対しての影響には違いが出てまいります。洗たく物を陽に干すのと乾燥器で乾かすのでは気持ちよさが違うのと同じであります。焼き鳥を炭火で焼くのと、電気プレートで焼くのが同じですか。

　仮に隕石が地球に衝突したがために砂や埃が空中に舞い上がり、長い年月太陽の光が地上に届かなくなったといたしますと、巨大な電球を空に打ち上げれば明るさは何とか補うことができるかもしれません。

　気温も作り出すことは可能でしょう。

しかし、それで稲が育つでしょうか。向日葵(ひまわり)はどっちを向くのでしょうか。まあそれはいいのですが、人の気力は萎えてまいりますし、殺菌効果がなくなってしまいますので新たな病いが蔓延することとなりましょう。

ですから家庭での火は大切なのであります。

　　カ＝6　テ＝19　イ＝5

家庭は火のぬくもりであると、数霊が示しております。

こんな話をしておりますと電力会社が我が家の電気を止めてしまうといけませんので付け加えておきますが、現代社会においては電気は絶対に必要なものであります。

ないと困ってしまいます。

だからこそ必要以上に頼りすぎないような生活を心掛けることが大切なのであります。

もし電気を失ってしまったら。すべてを電気のみに頼っておりますと、何もできなくなってしまいます。そうならぬための分散でもあります。

電気がいけないのではありません。

ヒフミヨイムナヤコト。

ヒは始まりでありまして、火がないことには始まらないということであります。人も霊がなければ生まれませんでしょ。

それに我が国の本来の名は日之本(ヒノモト)なのですから。

まだ火を使う時代ですよ。

体の中に脾臓という臓器がございます。

両親がその存在を知らねど、産まれてくる子供にもちゃんと備わっておりますので偉いものでございます。

この脾臓は「霊臓」であります。

現代医学では脾臓の働きがまだよく判っておりませんでして、ですから悪くなりますと切除してしまう。

これは困ったことでありまして、神の偉大なる作品である尊き生命に対しての宣戦布告であります。

脾臓を取り除かれた方は、「怪我の治りが悪くなった」「すぐに膿んでくるようになった」とおっしゃいます。

当たり前であります。霊(ヒ)を取ってしまったのですから。
　日本のことを「日之本(ヒノモト)」と呼びますが、それは「霊の元」でもあります。
　脾臓は体の中の「霊の元」なのであります。
　また、脾臓は肝臓が壊れた際、替わりに肝臓の働きをするともいわれておりまして、代役となるまでは隠れている「秘臓」であります。
　ですから安易に取ってしまいますと、火を失うことになってしまうのであります。
　人は一（ヒ）十（ト）でありますが、霊（ヒ）止（ト）でもあります。
　そして、霊の止まる臓器が脾臓であるのですから。
　多分、判らないと思いますが、すぐに切除したがる先生方には。
　神経というのも「心経」とは書かず「神の経(カミノミチ)」と書きます。
　霊(ヒ)と繋がっているからであります。
　　シ＝15　ン＝1　ケ＝9　イ＝5
　ヒと同じく30であります。
　火の玉となって空から降ってまいります隕石も
　　イ＝5　ン＝1　セ＝14　キ＝10
で30であります。火の玉ですからね。
　夕ぐれときに西の空に輝く宵(よい)の明星。明け方東の空に輝く明けの明星。どちらも金星のことでありまして、
　　キ＝10　ン＝1　セ＝14　イ＝5
　隕石の並べ替えなので同じく30であります。
　地球人にとりましては太陽こそが火の大元締めでありますが、太陽は水素が核融合を起こすことでものすごい熱を発しているのであります。
　　ス＝13　イ＝5　ソ＝12
　水素なのに火になるのは不思議な話でありますが、言霊数でも水素は火と同じく30になります。
　神界におきましては、澄んだ水が燃え、火になります。
　見事な、数霊的摂理ですね。
　お湯は火と水の融合でありまして、お風呂は裸で神に身をまかせた状態であるとお話ししましたが、檜(ヒノキ)でお風呂を造るのもちゃんと理由(わけ)がございます。
　檜というのは「霊の木」であります。

ですからそこからは「霊の気」が出ておりまして、それが檜の香りであります。
　檜の巨木の森が気持ちいいのは霊の気が満ちているからであります。
　昔は巨大な檜のことを「アントニオ檜」と呼んでおりましたそうで…やめなさい。信じちゃ駄目ですよ、そんな話。

　水のお話です。
　素盞鳴尊(スサノヲノミコト)は神話に出てくる神々の中では最も人気のある神様の一人、いや一神であります。
　ですが、大海原を支配する任務を放棄したり、母に会うために根の堅州国(カタスクニ)へ行きたがったり、さらに高天原を追い出されたりと、なかなか暴れ者として描かれております。
　高天原を出た後に出雲で退治した八つの頭に八つの尾を持つ八岐大蛇(ヤマタノオロチ)のお話にしましてもずいぶんと荒々しいものです。
　しかし、その実像は少々違っておりまして、
　「豊穣をつかさどる穀物神である。たとえば『出雲国風土記』には、記紀神話の乱暴者のイメージはなく、ごく平和的で素朴な農耕民の信仰する豊穣神として描かれているし…（中略）…そもそもスサノオ尊が退治した大蛇は、山神や山神とされる自然の精霊である。…（中略）…その水の神である蛇を退治することは、水を制御して稲の無事な実りを切実に願う人間の願望を表している」
　「イナダヒメ神も、その名の通り穀霊である」
　と、『八百万の神々』（戸部民史著　新紀元社）にはあります。

　記紀神話での素盞鳴尊は母を追い求めております。与えられた大海原も母を表しておりますし、豊穣の神としましても恵みは大地に実ります。母なる大地であります。
　大海原が母であるのは「ウミの母」でありますし、実際人間の肉体は海から陸に上がった生物が進化したとされております。
　なぜ素盞鳴尊はこれほどまでに母を求めたり、母との繋がりを持っているのでありましょうか。
　それは日本という国が母神の支配を受けた国だからであります。

素盞鳴尊の求めたる母とは117の伊弉冉尊です。
　母というのは「産みの母」「育ての母」から始まり「母校」や「母港」、それに「母国」であり、地球を離れましたなら我が「母星」。と、どれもこれも母ばかりであります。
　父が出てまいりますのは「母の思いは海よりも深い」の前に「父の思いは山よりも高く」ぐらいでありまして、まあ父親というのはそのようなものであります。
　この母の働きが水であります。
　水を支配する月の影響を女性はまともに受け生かされておりますし、大地の恵みを育てるのも水であります。母の体内では羊水に包まれながら胎児は育ちます。
　羊水と海水の成分は非常に似かよっております。
　海にいたりましては、地球の表面積の70％が海であるように人体も約7割が水でありますし、海水と血液の塩分濃度もまた同じであります。
　退治しましたオロチも荒ぶる龍神様を表しているのならば、雨や水のコントロールを願ってのことであります。
　これらは水の重要性を物語ったものなのであります。

　水と一口に申しましてもいろいろな水がございまして、硬水、軟水といった分け方だけでなく、風味というものを持っております。それぞれの土地に湧き流れます水にも異なった性質がございまして、新しい土地に移りましてもその土地の風土になじめないことを、「水が合わない」と申します。
　この風土というのが
　　フ＝28　ウ＝3　ド＝62
で93であります。
　水の言霊数と同じであります。

　風土の中でそれぞれ信仰する神様をお祀りするのに社を建てるわけでありますが、
　　ヤ＝36　シ＝15　ロ＝42
　93であります。

中には社を持たぬ神様もおみえになりまして、安曇野にまいりますと道ぞいに道祖神が並んでおります。
　　ド＝62　ウ＝3　ソ＝12　シ＝15　ン＝1
　奈良県の三輪山は、山そのものが御神体でありまして、ですから社を持っておりません。あるのは拝殿です。
　　ミ＝35　ワ＝46　サ＝11　ン＝1

　人の体の主成分が水であるために水は「ミズ」と名付けられたのでありましょう。
　水とは「身の髄」のことであります。
　人の身の髄の性質の違い、流れの違いが血統であります。
　人には霊統というものと血統がございまして、例え肉親でありましても霊統異なる場合もございますれば、血つながらずしても霊統が同じ場合などは深い縁で結ばれることもしばしばです。
　身の髄の流れは血統であります。
　この血統のことを血筋と申します。
　　チ＝20　ス＝13　ジ＝60
　霊統にしましても血統でありましても、これはこの世に生を受けた以上は不動のものであります。
　　フ＝28　ド＝62　ウ＝3
　ですからこそ一人一人の生命に意義があるのでして、それが実相であります。
　　ジ＝60　ツ＝18　ソ＝12　ウ＝3
　自身の実相を見つめ、命を活かすことができましたなら、あとは裸になって神様に身をおまかせすればよいのであります。
　　ハ＝26　ダ＝61　カ＝6
　みーんな93であります。
　血統や霊統を好まぬからといって拒否したり反発し続けておりますと、人相も骨相も人生までもが歪(いびつ)になってまいります。
　これが水の働きの反作用であります。
　　イ＝5　ビ＝70　ツ＝18
　93であります。

血統や霊統にはそれを表す色がございます（26－図）。
　血統は肉体ですので水の働きでありまして、水は横の流れであります。
　霊統は玉し霊ですので火の働きであり、縦の流れであります。
　ですから始まりのアから横に並んだものが「アカ」であり、これは血を表しております。
　「チ」はベースとなるものの言霊ですので「地」でもあります。地の色は五色に還元しますと赤です。
　アから縦に読みますれば「アオ」になりまして、これは霊(ヒ)の色であります。
　霊は火でもありますので赤が霊の色に思えますが、高温の炎は青く燃えますので青でよろしい。夜空の星も表面温度が高温であるほど青く輝いております。

```
　　　　　　　　水の働き、横の流れ
　　　　　ナ　タ　サ　カ ← ア　　火の働き
　　　　　　　　　　　　　　↓　　縦の流れ
　　　　　　　　　　　　　　オ
　　　　　　　　　　　　　　ウ
　　　　　　　　　　　　　　エ
　　　　　　　　　　　　　　イ

　　　　　　　　　　　26－図
```

　また、ヒトダマが青く燃えますのもリンだからではなく、霊がリンとして物質化して現れているからです。
　言霊数は、
　　　ア＝1　　カ＝6
　赤は7。
　　　ア＝1　　オ＝2
　青は3。
　合わせて10でして、十は縦と横の組みたる神を表す数ですので、神の子たる人間の血の赤と霊の青が合わさり十＝神なのであります。
　ですから、くどいようですが気の整った社会にしたければ言霊を、アイウエオからアオウエイにすべきなのであります。
　きっと無理でしょうが。
　余談ですが、絶えず頭に数霊や言霊数がありますと、アオウエイ、カコクケキが習慣になりまして、辞書を引く際に困ってしまいます。「ちゅうちょ」ってどんな字だっけと辞書で調べるにしましても、タトツテチが浮かびますので、チをテのうしろで探してしまいます。ところが辞書

その5　"火と水と"　169

はテの次はトに決まっておりまして、2秒ほど悩んでしまうのであります。そして2.1秒後に気が付く。これを日に1回は必ずやってしまう。
　どうしたもんでしょう。
　脱線した車両を線路に戻しまして、素盞鳴尊に戻ります。
　　　ス＝13　サ＝11　ノ＝22　ヲ＝47
でして、93であります。
　スサノオでもよろしいのですがスサノヲで進めてまいります。
　スサノオですと48となりまして、これも大いなる意味合いがございますが後ほどに。
　国土が形成されつつあるときに誕生した神様国常立尊の分霊で、人として国造りの役を果たしたのが素盞鳴尊ではないでしょうか。
　大本の出口王仁三郎は自ら素盞鳴尊に扮しておりましたが、大本が神示を受けておりました「艮の金神（ウシトラノコンジン）」こそが国常立尊であったことからも、素盞鳴尊と国常立尊の立場、関係を察することができるのであります。
　ですから、
　　　ク＝8　ニ＝25　ト＝17　コ＝7　タ＝16　チ＝20
　やはり93であります。
　宇宙を司る天之常立神と日本を守護する本来の神伊弉冉尊が共に117。
　国土形成を支配する国常立尊と国土形成のために尽力した神素盞鳴尊が共に93。
　これはただの偶然でありましょうか。
　天之常立神と国常立神はそれぞれ宇宙と国土の頂点に君臨し、伊弉冉尊と素盞鳴尊は母子の間柄。
　そして火よりも水の働き方が前面に出るのは、一体何を意味するのでありましょう。

　地球は水の惑星であります。
　そして日本は瑞穂の国であります。
　2003年5月1日に岐阜県の穂積町と巣南町が合併し「瑞穂市」が誕生いたしました。岐阜は川の国であります。木曽三川など水に恵まれた風土であります。岐阜県の美濃はもともとは「水濃」でありまして、海が

ない分、川というカタチで水が豊かなのであります。そこに瑞穂市が誕生したのでありますが、旧暦4月1日のことであります。

　瑞穂というのは、豊かでみずみずしい稲の穂のことでして、そのまま素盞嗚尊や妻神奇稲田姫（クシイナダ）の働きであります。

　奇稲田姫の奇は、あやしいということではございませんでして、奇魂（クシミタマ）の奇であります。

　先ほどまでは火の尊さをお話しいたしました。家庭でもできるだけ火を使いましょうとも申しました。

　しかし、ここへきて水だ水だと申すのは一体何事ぞと思われましょう。

　端的に申せば、火の威力は偉大なれども人は火をコントロールすることができるのであります。ライターひとつポケットに入れておけばすぐに火を起こすことができます。

　ところが水はそうはいきません。

　火も水も、干ばつや日でり、大雨や洪水といった大きなものは人間には力の及ばぬものでありますが、小さなものならば火に対し、人は自在に操る術を手にいたしました。

　ですが水に関してはすぐに作り出すことができないのであります。無いものは無いのです。日本の国土が龍体そのものであるにも関わらずであります。

　伊弉冉尊の働きでも水の尊さについてお話ししました。素盞嗚尊でも水についてになりましたのは肉体を持つ人間にとっては、火の威力よりも水の必要性の方が優先課題だからであります。

　「身土不二」（シンドフジ）という言葉がございます。

　身と土地は別々でない。同じだよということであります。生まれ育った土地に湧く水を飲み、その土地で育った作物を食べてつくられた体なのですから体と風土はひとつであります。ですから国土、風土というものを大切にしなければいけません。おろそかにしておりますと、身のためによろしくないのであります。

　今は便利といえば便利なのですが、すぐにあちらこちらから作物が届きます。国内のみならず海外からもです。

　しかし、季節などあったもんじゃありませんでして、どうして今ごろ

スイカがあるのだといった具合に実に不自然であります。
　いつでも何でも食べられることは「ありがたい」ことですが、「ありがたみ」のないことでもあります。
　人の体は風土の中で育ったそのとき旬のものが一番であります。
　少しだけ季節風土に見合った自然な生活に戻ってみてはいかがでしょう。
　初詣には古くから土地にお祀りされ、風土に根付いた氏神様や鎮守の杜（もり）にお参りするように。
　ただ、気になりますのは、初詣と言うからには次のお参りも当然あってしかるべきなのですが、次のお参りが翌年の初詣ではこれは初詣と呼ぶわけにはいきません。
　唯一詣であります。
　　寒き夜、ひとすじの炎が身を救い、
　　乾いた朝、ひとしずくの水が身を生かす。
　ときにはお礼を言いに出かけましょう。
　社の前で火足り手と右極り手を合わせながら。
　お礼をしに来る氏子さんが多いところほど神社の気は高く強く清らかになってまいりますので。

　　日照りが過ぎては困ります。
　　日が照らなくても困ります。
　　雨降りすぎても困ります。
　　雨降らねども困ります。
　ちょうどよいを忘れた生きざまの世には、ちょうどよいの自然の恵みが与えられないのであります。
　もうこれ以上、荒ぶる神の怒りを受けなくてもすむ世となりますよう火水の御心に意乗って。

その6 "御中主、満ち足りて"

　一と十でヒトでありました。
　一とはもちろん始まりの数であります。
　物の始まりが一ならば、国の始まりは大和の国、と寅さんも申されております。
　十とは「縦と横とが組みたる数ぞ、神の数ぞ」ということであります。
　神の数ぞとしますのは、十の縦（｜）は火を表し、横（一）は水を表し、合わせて火水であります。
　この十を自乗いたしましたのが百であります。
　「完璧な」、「完成された」ですとか、「不足のない」、「満ち足りた」といったところであります。
　百についての説明は以上。

　時は元禄十四年、ではございませんでして、21世紀初頭のことであります。
　処は出雲の大社（オホヤシロ）。
　ここに新たな神界劇が始まろうとしているのであります。
　　シ＝15　ン＝10　カ＝6　イ＝5　ゲ＝54　キ＝10

　大かまどに赤々と薪がくべられ、奥の大きな四角い台には日本海で獲れた海の幸が山のように積まれ、宴の準備が着々と進められていた。
「保食神（ウケモチノカミ）、一体どれほどの数をご用意すればよろしいのでしょうか」
　保食神の眷属で調理場をあずかる者が聞いた。
「いや、それがよく判らんのじゃ。大国主様にお聞きしても判らんとおっしゃる」
　本日、出雲の大社に来客があるようだ。
　しかも用意された品々はずいぶんと豪華なものであり、位が高い方であることが伺い知れる。
　そのころ大社本殿では大国主命が客の到着を今か今かと待ちわびていた。

「おい、まだお越しにならぬのか。
　迎えの者はちゃんと出ておるのだろうな」
「はい、お越しになるであろう方角にはすべて迎えをやらせております」
　大社の世話係の者が大国主命の前にひざまずき答えた。
「ならばよい。
　それにしても何があったのじゃろう。
　わざわざ出雲の地まで御中主様がおいでになるとは」
　御中主様とは天之御中主神のことである。
　　　ミ＝35　ナ＝21　カ＝6　ヌ＝23　シ＝15
　天之御中主を迎え入れるのは出雲大社の主祭神大国主命である。
　　　オ＝2　ホ＝27　ク＝8　ニ＝25　ヌ＝23　シ＝15

「おいでになりましたー。間もなく到着されます」
　北西に迎えに出ていた者の一人が息を切って戻ってきた。
「おー、やっと来られたか。
　して、何名ほどでおいでじゃ」
「はい、それがどうも御中主様お一人のようでありまして…」
「なに、一人じゃと。後から大勢お着きになるのではないか」
　大国主命に責めたてられた使いの者は困惑している様子である。
「いや、どうもそのような気配がございませんでして…」
　ドンドンドン　ドンドンドン　ドンドンドン
　天空に太鼓の音が鳴り響き、迎えの者に案内された天之御中主神がやって来た。
　大国主命はうやうやしく頭を垂れて迎えた。
「これはこれは御中主様、お待ち申しておりました。ようこそ出雲へ」
　　　イ＝5　ヅ＝63　モ＝32
　大勢の者に迎えられ天之御中主神は大社本殿奥の間に通された。
「大国主殿、待たせてすまんかったのお。ちょっと寄り道するところがあってな」
「左様でございましたか。
　して、どちらの方に」
　大国主命の問いに天之御中主神がわずかばかりも疲れた様子を見せず

答えた。
「対馬じゃ。海の向こうが荒れておっての」
「おや、時化(しけ)でございますか」
「いやそうではないのじゃ。
　ああ、これはすまんな」
　天之御中主神が話しているところへお茶と菓子が運ばれてきた。
　ひといきついた天之御中主神が続けた。
「いやな、知っておると思うが韓半島にて不穏な動きがあってな」
「そのことでしたら存じております。
　しかしなぜ対馬に」
「住吉に寄ってまいったのじゃ」
　住吉とは、海の神の底筒之男命(ソコツツノオノミコト)、中筒之男命(ナカツツノオノミコト)、上筒之男命(ウワツツノオノミコト)を祀る神社であり、代表的なところは大阪の住吉大社である。
　対馬にも豊玉姫(トヨタマヒメ)や宗像三女神(ムナカタサンジョシン)などを祀る住吉神社が八社あり、天之御中主が寄ってきたのがそのうちの一社である。
　　　ス＝13　ミ＝35　ヨ＝37　シ＝15

「海の向こうの不穏な動きがな、こちら側に及ばぬようにと対馬上空から日本海一帯に結界を張っておったのじゃ」
「そうでありましたか。しかしお申しつけ下さればそのようにいたしましたのに。
　わざわざ御中主様がそこまで…」
　大国主命の言葉を遮り天之御中主神が続けた。
「いや、確かめたいことがあったのじゃ。
　韓半島に白頭山(ペクトウサン)という山がある。
　そこにはな、かつて日本と韓半島を結び付けておくための大きな磐座(イワクラ)があったのじゃ」
　磐座とは山頂や気の高い場所に置かれた大きな岩のことであり、天から神が降り立つところである。人々はそれを聖域として崇めていた。奈良県の益田(マスダ)の岩船(イワフネ)や広島県の葦嶽山(アシダケヤマ)にある磐座は日本の代表的なものである。
　また岐阜県の笠置山ではペトログラフの刻まれた巨石がゴロゴロして

その6　"御中主、満ち足りて"　175

いるが、古人たちはそれらの巨石を磐座としていたのではなかろうか。
　　イ＝5　ワ＝46　ク＝8　ラ＝41
「その磐座がいつからか封印されてしまった。そのため日本の神々が韓半島に降り立てぬようになってなあ、それからは疎遠になってしもうた。
　かつては白山系の神々が連合を組んでおったというのに…残念じゃ」
　　レ＝44　ン＝1　ゴ＝52　ウ＝3
　大国主命をはじめとしたまわりの神々、眷属たちも息をのんで聞き入っている。
　ひと呼吸おいて天之御中主神は静かに語り始めた。
「争いは愚かなことじゃ。
　しかし、ときとして戦ってでも護らねばならぬこともあるのじゃ。
　これは地球人類全体の存亡がかかっておる。いかなることがあろうとも護りきらねばならぬのじゃ。
　そして必ず勝利する」
　　シ＝15　ヨ＝37　ウ＝3　リ＝45
　そこまで語った天之御中主神はしばらく無言のまま大社の天井を見つめていた。しかし、大国主命にはそれが天井ではなく、その先にある神界の流れを見ていることが判った。
　天之御中主神が大国主命に体を向けた。
「そこで大国主殿に頼みたいことがあるのじゃが、よいか」
「はい、なんなりと」
「やがて月の世から届けられるものがある。この出雲の大社へじゃ」
「すると月読尊様の使者がこちらに」
「いや、おそらく月読殿本人がまいるであろう」
　　ツ＝18　キ＝10　ヨ＝37　ミ＝35
　突然天之御中主神がやって来たと思ったら今度は月読尊。大国主命は一体何が起こっているのか理解できず驚くばかりである。
「はっ、月読尊様が直に。
　一体何をお持ちになるのでありましょうか」
「百（もも）じゃ」
「モモ…と申しますとあの桃でありますか」
　伊弉諾尊が、死んだ伊弉冉尊を追って黄泉（ヨミ）の国へ行ったが、そこには

美しき姿の伊弉冉尊の姿はもうなかった。
　醜き姿を見られ怒った伊弉冉尊は伊弉諾尊に襲いかかってきた。逃げる伊弉諾尊は黄泉の国と現界との境、黄泉比良坂(ヨモツヒラサカ)にさしかかったときに、伊弉冉尊に命じられ追って来た黄泉醜女(ヨモツシコメ)めがけて投げつけたのが百(モモ)である。
　この百(モモ)のおかげで伊弉諾尊は無事帰ることができたのだ。
　一度入ったら二度と戻れない黄泉(ヨミ)の国から帰ってきたので、一度死んだと思われた者が生き返ることを蘇るという。甦るとも書く。どちらも黄泉の国から帰るということだ。
　百は穢れを祓う波動を持っている。

　桃太郎のおとぎ話を聞いたとき、ナゼ桃なのか、柿では駄目なのかと疑問が湧いた。
　それに桃の実はやわらかいので、流れてくる途中岩にでもぶつかれば桃太郎は痛かろうに。それに比べ柿ならば実が硬いのでその方がよいのではないかと。
　やがて長い歳月が流れ、この疑問が別のカタチで解決した。
　そうか、桃というのは本当は女性の豊かな色白の桃尻のことだったのだと。
　何らかの事情で嫁ぎ先を追い出された妊婦が川上から小さな舟に乗って流れてきた。
　悲しそうに泣いている妊婦の姿を見た洗濯途中のおばあさんが彼女に救いの手をさしのべた。
　なんだ、やっぱり桃太郎は桃から生まれたのではなく、ちゃんと母がいたのだ。
　おとぎ話に母が出てこないのは、おそらく心労のためか産後の肥立ちが悪く桃太郎を産んで間もなく死んでしまったんだ。
　ひょっとすると鬼退治というのは身重の母を追い出した父の家への仇討ちのことではないか。そうか、鬼ヶ島とは母の嫁ぎ先のことだったんだ。
　やけに納得していたが、これが大間違いのコンコンチキであったことに気付いたのは、それからしばらくしてからのことである。

百（桃）は心臓の形をしており、肉体生命の根元を表している。
　したがって正義のため勇敢に鬼を退治した桃太郎はやはり柿から生まれてはいけないし、母から生まれてもいけないのである。
　天界では数千年に一度花を咲かせ実を結ぶ百があるという。この百が計り知れない霊力を秘め備えており、このたび月神界で実を付けたのである。月読尊が出雲の大社へ届ける百はこの百だ。

「よいか大国主殿。百が届いたらそれを日御崎(ヒノミサキ)の社で保管するようにしてもらいたいのじゃ」
　日御崎(ヒノミサキ)の社とは日御崎神社のことである。
　大昔、大陸より渡って来た船団がまず先に着いたところが日御崎である。
　境内には海を背にして東向きの社に天照大御神を。天照の社の正面階段を登り、海に向かい西向きの社に素盞鳴尊を祀る。
「日御崎の社ですべての悪しきたくらみを防ぐのじゃ」
　　タ＝16　ク＝8　ラ＝41　ミ＝35
「満ち足りた」の反意「不足の心」が起こす「たくらみ」は、数霊100の反意作用である。
「して、有事の際には白頭山の磐座を霊視し、百を磐座目がけて投げ込むのじゃ。
　大国主殿、必ず命中させるのじゃぞ」
　　メ＝34　イ＝5　チ＝20　ユ＝38　ウ＝3
「かしこまりました。しかしただ投げ込むだけでよろしいのでしょうか」
「投げ込む前に切る印は三角に丸じゃ」
「御中主様、その印は…」
　平成の平は一八十から成り、それは岩戸のことであった。仮に一八十を"一八"と"十"に分けたとすると、一八の言霊はツ、十の言霊はキであるので一八十は月を意味したものである。
　形霊においては、○は火であり△は水である。月は水を司るので△は月を表していることにもなるのである。○の火はもちろん日でもあるので、○に△は火水であり日月でもあり、陽と陰を表してもいる。
　一八十の岩戸はそのまま読むと180でもある。180とは三角形の内角

の和が180°であるため、一八十は三角形も表している。
　一八と十で月。一八十で三角、
　　三角は水。水は月が司る。
　これで月と三角と水がグルリと繋がるのである。

　スサノヲは建速須佐ノ男(タケハヤスサノヲ)ともいわれており、同じようにヲを使えば、
　　タ＝16　ケ＝9　ハ＝26　ヤ＝36　ス＝13　サ＝11　ノ＝22
　　ヲ＝47
で180。180＝△＝水＝月。
　スサノヲが母や水と密接な関係を持っていることがここにも表れている。
　タケハヤスサノオならば135であり、この数は日本の時間の基準である。

　　サ＝11　ン＝1　カ＝6　ク＝8
　三角は26。
　　マ＝31　ル＝43
　丸は74。
　合わせて百である。
　〇に△は磐座の封印を解く印なのだろうか、それとも△は岩戸を開くのか。
　大国主命が身をのり出した。
「御中主様、それで磐座の封印が解けるのでしたら百が届いてからすぐにでも…」
「それはならん。封印が解かれる際、地上ではいかなる変化が起こるか予測がつかんからじゃ。
　多くの人命が奪われることになるかもしれん」
　　ジ＝60　ン＝1　メ＝34　イ＝5
「それにな、大国主殿。白頭山の磐座には韓半島の正統な神々も一緒に封じ込まれておることであろう。
　百を投げ込むとな、封印が解けると同時に正統な神々が消滅せんとも限らんのじゃ」

「そうでありますか。安穏な世ならば他の方法で救い出すこともできましょうに」
　大国主命は腕を組み、人々にも、封じられた神々にも被害を出さずに磐座の封印を解く手段はないものかと模索していた。
「よいか大国主殿。もし使わねばならぬ状況となったならば、神魂(カモス)のナギ殿を訪ねられよ。そこでことのすべてを打ち明けるのじゃ。きっと力を貸してくれるじゃろう。
　ただし、それまでは他言はならんぞ、よいな」
　天之御中主神はそういいながら大国主命のまわりに座る神々や眷属の者の顔を見まわした。天之御中主神に他言を禁じられたことを他でもらすような者はいないであろう。
　神魂(カモス)のナギ殿とは神魂(カモス)神社の伊弉諾尊(イザナギ)のことである。神魂神社は現存する大社造りとしては日本最古のものであり、祭神は伊弉諾大神、伊弉冉大神。
　その後も天之御中主神と大国主命のやりとりは続いていた。他の神々は一切を語らず、言葉を発する者は誰もいなかった。
　そこへ保食神がやってきて、ひかえめな態度で大国主命に告げた。
「大国主様、準備はとうに整っております。外はもうどっぷりと陽が暮れておることですし、そろそろお出ししてもよろしいのではと思いまして」
　天空には上弦の月が輝いている。
　大国主命は「月読尊様。お待ちいたしております」と月を見上げそうつぶやいた。

「御中主様、さあどんどん召しあがって下さいませ。今日は大勢でおいでになると思っておりましたので、食事も宿もたくさん用意しておりました。これでは余ってしまいます」
「それはすまんことをした。せっかくなので他の者もみな一緒に食されてはどうじゃ。大国主殿。みなを呼び集められよ」
　出雲の国には毎年旧暦10月の神無月に全国から大勢の神々が集まってくる。
　なぜなら出雲の地こそ日本の神々の出発点であるからだ。出雲では旧

暦の10月を神有月と呼ぶ。
　しかし、神々が集まるといえども、必ずしも豪華な食事ばかりが用意されるわけではなく、大自然の恵みに対し恩を忘れぬようにと、つつましい食事が出されることもあるそうだ。
　集って来た神々の宿には出雲の大社の左右に19社ずつ並んだお社があてがわれる。
　19社ずつというのは何とも半端な数であるのだが、これにも理由(わけ)がある。
　言霊数が19になる言霊はテである。
　19社というのは手を表してもいるのだ。
　大社の左右に19社ずつの社が並んでいるのは、左手と右手を広げて全国の神々を迎えているのである。左右合わせて38。
　大社から直線にして約25kmほど南東に三刀屋というところがある。
　三刀屋町には御門屋社と呼ばれる社があり、三屋神社ともいう。
　三刀屋、御門屋、三屋、これらはどれもミトヤと読む。
　このミトヤこそが大国主命が国造りを始めた拠点である。つまり出雲の国はミトヤから始まった。いや、日本の国がミトヤから始まったのか。ミトヤというのはそのまま数字にでき、三十八、つまり38である。
　出雲の神々は太古の昔、海を渡り日御崎に上陸した。
　　ウ＝3　　ミ＝35
　やがては出雲の国の主となった。
　　ヌ＝23　　シ＝15
　大和の国の一の宮の大神神社(オホミワジンジャ)、三輪山(ミワ)もそのまま数字にでき、38である。同時に30(ミワ)でもあるが。38、30、共に理由(わけ)があるのだが、38に関しては、三輪山の神と三刀屋の繋がりを示している数霊である。

　海の幸に舌鼓(したづつみ)をうち、盃に注がれた酒を飲み、天之御中主神は出雲の夜を楽しんでいた。
「今日はみやげを持ってまいった。
　大国主殿にな」
「それはありがたいお心遣い。
　いつも心に掛けて下さりまして恐縮であります」

「気に入るかどうかは判らぬが、ほれ、これじゃ。開けてみるがいい」
　天之御中主神は包みを解き、木箱を大国主命の前に差し出した。
　大国主命は木箱に向かい一礼し、蓋を開けてみた。すると見事な銀の輝きを放つ大皿が出てきた。
「おおー」
　大国主命のみならず、まわりの者までが感嘆の声をあげ、手にした箸を止め大皿に見入っている。
「何と美しいこと。
　御中主様、このようなものを本当にいただいてもよろしいのでありましょうか。
　ああ、何という神秘的な輝きでありましょう」
　　　シ＝15　ン＝10　ピ＝75
　大国主命は続けた。
「このように美しい焼物は一度たりとも見たことがございません」
　　　ヤ＝36　キ＝10　モ＝32　ノ＝22
　天之御中主神はうなずいた。
「気に入ってくれたようじゃのお」
「これは御中主様がお作りに…」
「いや、そうではない。
　これは瀬戸で永く陶器を焼いておった名人が作ったものじゃ」
　　　メ＝34　イ＝5　ジ＝60　ン＝1
　陶器の神は埴安彦神(ハニヤスヒコノカミ)、埴安姫神(ハニヤスヒメ)という。
　京都の愛宕神社などに祀られている神である。
　　　ハ＝26　ニ＝25　ヤ＝36　ス＝13
「いくらか前にその名人の玉し霊が帰って来よったんじゃ。地上でも長生きしたらしゅうてな。今はそばにおいて焼き物を焼かせておるのじゃ」
　大国主命は感心した様子で聞いていた。
「そうでありましたか。
　しかし、いくら名人といえどもこのような輝き、いかにして出すのでございましょう」
「その輝きはな、太一(タイイツ)様のお光じゃ」
　古代中国では北極星を最高神として天帝太一(テンテイタイイツ)と呼んでいた。

「地球上で太一様のエネルギーが最も降りそそぐのが北極じゃ。
　この皿はな、北極で受ける数百倍ものエネルギーを釉薬（うわぐすり）として使って焼いたものじゃ」
　　　ホ＝27　ツ＝18　キ＝10　ヨ＝37　ク＝8
「それは大変貴重なものをいただきました。
　ところで御中主様。先ほど瀬戸とおっしゃいましたが、尾張の国の瀬戸のことでございますね」
「左様、間もなく饒速日殿（ニギハヤヒ）の復活祭が執り行われる所じゃ。
　その後地上の様子はどうじゃ」
「はい。それがまだまとまっておりませんでして…」
　大国主命は自分の力不足のためのような申し訳なさそうな顔をした。
　そんな大国主命の表情を意に介すことなく天之御中主は返した。
「そうであるか。いたしかたなきことぞの。反対しておる者たちは自然を守るがために頑張っておるのじゃろ」
「そのようであります。
　しかし皮肉なものでございます。
　饒速日尊の思いなど知る由もない者たちが万博を推進し、尊と同じ志にて国造りを試みる者たちが反対をする。
　結果として尊の復活祭を邪魔するかたちとなってしまっております」
「いや、反対する者がおるからこそ、よりよいものに仕上がるのじゃ。
　誰も反対せねば、それ以上を望まんじゃろ、もうこれでよしとしてな。
　今はまだ模索しておる最中じゃ。
　必要とあらば力を貸してやるがよい。
　饒速日殿の父の祭りは大成功したというのに、うまくいかんもんじゃな」
「信濃の国でのオリンピックでございますね。あれは人々に大変よい教訓を残してくれました」
　1998年2月に行われた20世紀最後の冬季オリンピックは近年まれにみる白熱したイベントとなった。
　善光寺の鐘の音が世界中に響き渡り、諏訪大社の御柱が東西南北に2本ずつ立ち、力士による土俵入りで清められ開幕した長野オリンピックは素盞嗚尊のお祭りであった。

そのお祝いに世界五大陸から同時演奏により日本に届いた歌が、ヴェートーベンの「歓喜」であった。
　大会開催中は幾人かの選手が今の日本人に必要なことを示してくれた。
　それは、
　"何事かを成す際、人は親を思ってのときが一番力を発揮でき、運気も呼び込むことができる"
ということを。
　スピードスケートの清水選手は苦労をかけた母を思い、そしてモーグルの里谷選手は直前に亡くした父を思い、共に金メダルを獲得した。
　どれほど厳しい練習に耐えたとしても、
　　親を思わざるは、人に非(あら)ず。
　　父母に勝る神はなし。
　これを今の日本人は忘れているのだ。
　大国主命はこのことを言っているのである。
　そしてもうひとつ。
　　本当に強いものは美しい
ということ。船木選手のジャンプである。
　醜いものは強そうに見えてもいっときのこと、すぐに崩れるのである。

「美しかったのお、あの選手の技は。
　あれは信濃のどこで飛んでおったのじゃ」
　天之御中主神は船木選手のジャンプのことを言っているのである。
「あれは北安曇郡の白馬という村でございます」
　　ハ＝26　ク＝8　バ＝66
「本来であればな…」
　天之御中主神が大国主命に語りかけた。
「本来であればな、先の祭りで日本と韓国は絆を深め、やがては白頭山の磐座(カラクニ)の封印を解くきっかけとなるはずじゃった」
　日韓共同開催のワールドカップのことだ。
「菊理姫(ククリヒメ)様のお祭りですね。
　あれは日本も韓国も共に大活躍できたのですがバラバラでありました。
　残念ながらククる目的は果たされませんでした」

「あちらは少々乱れておるぞ。
　日本も乱れておるがの。
　国造りとは人間にとってみれば難しいもんじゃからなあ」
　新たに運び込まれた料理に箸をつけながら天之御中主は聞いた。
「ところで大国主殿。お主が出雲の国造りをしておるときに共にはげんだ者がおったであろう」
「少彦名尊でございますね」
　　ス＝13　ク＝8　ナ＝21　ヒ＝30　コ＝7　ナ＝21
「今はどちらにおられるのじゃ」
「はい、木曽の御嶽におります。
　御中主様がお越しになったと聞いたら、さぞかしお会いしたがるでしょう」
「して、今は何を」
「何でも国常立尊様や諏訪の建御名方様らと共に饒速日尊様の光の御柱を立てるために走り回っておるようでございます」
「ほほう、霊統同じくする者同士じゃからなあ」
　少彦名尊は、国常立尊、大己貴尊と共に木曽御嶽に祀られている神であり、国土経営や薬の神である。建御名方神は妻神八坂刀売神と共に祀られる諏訪大社の祭神である。
　神話の中で建御名方神は出雲の国譲りの際に天津神建御雷神に追われ諏訪の地まで逃げてきたとされるが、それを信ずる者はあまりいない。
「御中主様がおいでになることがもう少し早く判っておりましたなら、こちらに来るよう申しつけましたのですが」
「いや、いいんじゃ。
　それよりも諏訪の地は祝族がおるから動きやすいじゃろ」
　祝（ホフリまたはハフリ）とは神職のことであり、神事を司る者である。
　祝の長を大祝と呼ぶ。
　　ホ＝27　フ＝28　リ＝45

　　シャンシャンシャンシャン
　　シャンシャンシャンシャン

その6　"御中主、満ち足りて"　185

鈴の音が聞こえてきた。
　それに合わせ龍笛が奏でられ、トンとつづみが鳴った。
　神楽殿(カグラデン)にてお神楽(カグラ)の始まりである。
　　カ＝6　グ＝53　ラ＝41
「御中主様、いただきもののほんのお礼でございます。どうぞ舞いをご覧下さいませ」大国主命はそういい、天之御中主神の盃に酒をついだ。
　舞台では雅楽に合わせ三人の巫女(ミコ)が可憐な舞いを披露していた。
　天之御中主神は体を舞台の方へと向きなおし、しばらく巫女の舞いを楽しんでいたが、はたと盃を置き、大国主命に尋ねた。
「大国主殿、あのものは」
　中央で踊る巫女を指している。
「お気付きでいらっしゃいましたか」
「あのものの舞い、見事じゃ。
　舞いをするために生まれたものでなければできぬぞ。しかもあの若さで」
「その通りでございます。さすが御中主様。あの娘、幼くして病いに倒れそのまま肉体を離れてしまいました。
　今はこちらで学びながらあのように舞いを披露しておりますが、うづめ様のミタマ持ちでございます」
「なに、うづめとな」
　天宇受売命(アメノウヅメノミコト)。天の岩戸開きの際、岩戸の前で小賀玉木(オガタマの木)の枝を持って踊った神である。小賀玉木は神社の境内に招霊樹(しょうれいじゅ)として植えられているモクレン科の常緑樹であり、大変珍重されている。
　　ウ＝3　ヅ＝63　メ＝34
　　オ＝2　ガ＝51　タ＝16　マ＝31
「うづめ様は伊勢に連れて帰ると申されましたが、生まれがこちらでございまして、ですから大社で引き取ることにし、うづめ様を説得したのでございます。
　当時はまだ5つの幼児でした」
　　ヨ＝37　ウ＝3　ジ＝60
「そのようなことがあったのか。
　うむ。

しかし、さすがはうづめ殿のミタマ持ちじゃ、しっかり育ててやるがよい」
「はい、今夜は御中主様が御覧になるということで特にはりきっております。
　どうぞ最後まで見てやって下さい」

　盛り上がりをみせた宴もやがては終わり、大社には静けさが戻った。
　天之御中主神は大国主命をさそい外に出た。
　夜風が心地よく吹いている。
　天高く輝いていた上弦の月はそろそろ西の空から地平線に沈む。
「大国主殿、最近気にかかることはござらんか」
「そうですね。先ほど大体お話ししましたので他には特に…
　そういえば、近年は気象が乱れておりますが、よからぬ兆しでもあるのでしょうか」
「気象のことなら須弥山(シュミセン)に住む帝釈天(タイシャクテン)殿と先日話をしたばかりじゃ」
　　タ＝16　イ＝5　シ＝15　ヤ＝36　ク＝8　テ＝19　ン＝1
　帝釈天は宇宙の中心、須弥山に住まい、あらゆる自然現象を支配するとされている。
「それで帝釈天様は何と申されて」
「うむ。たとえ人間の傲慢さによる乱れであっても、これ以上人間が苦しまぬようにと厳しい行をし、祈っておられた。
　情の深いお方じゃ」
　　ジ＝60　ヨ＝37　ウ＝3
「それよりもな、大国主殿。気にかけておいてほしいことがあるのじゃ。
　日本は世界の雛型(ヒナガタ)であるじゃろ。
　日本で起これば世界で起こる。
　世界で起こったことは日本でも起こる。
　それが雛型の原理じゃ」
　　ゲ＝54　ン＝1　リ＝45
　おだやかな語り口の天之御中主神だが、ほんのわずかながら表情に険しさが表れたことを大国主命は見逃さなかった。
　そして、これから話すであろうことの重要性を察した。

その6　"御中主、満ち足りて"　187

「大国主殿、神戸はどこを指しているか判るか。本州はユーラシア大陸じゃ。神戸が対するのはトルコを中心にギリシャ、イランあたりじゃ」
「どこも大きな地震が起きておりますね」
「その通りじゃ。あれはな、アララトの神が発動したんじゃ。
　日本とも繋がりの深い神じゃ」
　アララトとはアルメニア、イランとの国境にほど近いトルコ東部のアララト山のことであり、箱舟が漂着したとされる山である。
　富士山と似た姿をしており、美しい山だ。
　　ア＝1　　ラ＝41　　ラ＝41　　ト＝17
「よいか大国主殿。次は韓半島ぞ。
　韓半島に当たるのは仙台か、あるいは石巻、牡鹿(オシカ)半島といったあたりじゃ。あのあたりの動きによく注目しておいて下され。
　それによって韓半島の流れも読めてくることぞ。
　大国主殿には色々と苦労をかけるが、頼むぞ」
「承知しております。ここぞ頑張りどころと思い、むしろ喜びを持ってことにあたっておりますので」

　最近「頑張る」という言葉が否定されるような風潮があるが、自発的に「頑張る」ことと人に対して無責任に「頑張れ」と言うこととを混同することは大間違いである。
　これらは全く別モノだ。
　人に対して「頑張れ」と言うのは、仮に相手が頑張っても目的が達成されなかったり失敗した場合、物理的または精神的に補う腹づもりがなければ安易に口にすべきでない場合もある。
　また、自発的に頑張っているつもりであっても、実は心は裏腹で義務感のみに頑張らされている場合などは、不必要な「頑張り」かもしれない。
　しかし、いざここぞというときぐらいは自発的に頑張らずして、一体いつ自らの生命の可能性を引き出すことができようぞ。
　「頑張る」ことを全面的に否定するような風潮は、夢や目標に向かい、自発的に頑張っている人が、一所懸命になることを恥ずかしいと感じてしまうような愚かしいことである。

何らかの分野で成功した人が「頑張るという言葉が嫌いだ」と口にすることがある。
　だが、勘違いしてはいけない。
　その人は頑張っているという認識はなくても、やりたいことに対しては夢中になっている。満足するまで集中してそれをやり遂げている。まわりのことなど一切かまわず楽しんでことを成しているのであり、本人は頑張っているつもりはなくても結果としては頑張った後に得られるものを得ているのである。
　それを、「あの人も頑張ってないんだから自分も頑張らなくてもいいや」をくり返すと玉し霊が腐る。国造りには必要なのだ、頑張るということも。神でさえ頑張っておられるのだから。

　同じように勝つこと、勝とうとすることも否定されることがある。
　困ったことだ。
　不必要に何もかにも勝ち負けを意識することは自己満足にすぎない。
　しかし、同じ土俵に立った者同士の競い合いまで批判すべきではない。
　競い合いは争いとは違うのだから。
　争いとは、自分がどこまで堕ちようが、相手をそれ以上に堕とすことが目的であり、当然相手の存在を認めない。そこには発展性もない。戦争はそれだ。
　しかし、競い合いというのはまず相手の存在を認める。相手を尊重する。そして相手がどこまで伸びようが、自分はそれ以上に伸びることが目的であり、勝敗の結果はともかく、過程に大きな意義がある。
　そして、勝ったから判ることもあれば勝ってしまったから判らないこともあるし、敗れたから判らないことや、敗れたからこそ判ることがある。
　こういった経験で得たことまでも否定するような「勝ち負け否定論」は今の人類にはまだ時期尚早である。
　なぜなら、未だに人はスポーツによって感動を与えられているからだ。
　スポーツで感動したことのある人、自分の地域、国の代表の応援に熱中したことのある人は、勝ち負けのつくことをいちいち非難すべきでないし、子供の教育現場から勝ち負けのつくことを取り上げる権利もない。

負けた子供が可哀想なのではない。
　負けた子供を見ている自分が可哀想なのだ。
　それにも気付かず、かけっこから順位を取り上げ、かくして頑張ることも勝つこともできぬ子が製造された。
　負けたら負けたときの教え方というものがあるであろう。
　それとも、子供が親の精神を育ててくれるので、親は子供の肉体を育てるだけなのか。
　そもそもスポーツとは、定められたルールの中でいかに自分が理想通りのことができるかが目的であり、それに近いことができ、相手よりもミスが少なければ勝ちが与えられるのだ。勝ち負けは唯一の目的でない。
　技術に格差ある場合、理想通りにできたのなら5位でも目的は達せられ、理想通りにいかなければ優勝しても目的は達せられていないのだ。そのあたりを間違えているので歪んだ理論が正当化される。
　対するのは相手でない。自分の理想である。
　それができるかどうかを試すための相手である、お互いに。
　ここぞと思うときに頑張ることもせず、負けるかもしれないからやめておくというようなことでは国造りはできない。
　このまま、自らに課す自発的な頑張りと、勝ち負けが決まる手前の、理想に向かう成長がなければ、やがてこの神国日本は滅び、「完成された」ものに近づくこともできなければ「満ち足りた」充実感を味わうことさえない。

　東の空が白み始めてきた。
　結局、天之御中主神と大国主命は夜通し話し込んでしまった。
「御中主様、もう夜が明けてまいりました。少しお休みになってはいかがでしょう」
「いや、このまま発つことにする」
「もっとゆっくりとしていただきたかったのですが」
「ああ、また次の機会にするとしよう」
「では、中でお茶だけでも」
　天之御中主神は大国主命の後につき本殿へと入って行った。
　すると、計らったようにお茶が運ばれてきた。

「そろそろお戻りになるころだと思っておりました」
　お茶を運んできたのは、昨夜見事な舞いを披露した天宇受売命(アメノウヅメノミコト)のミタマ持ちの少女であった。天之御中主神が声をかけた。
「ゆうべの舞い、感激いたしたぞ」
「もったいないお言葉、ありがたく頂戴いたします」
「名を何と申す」
「はい、舞華姫(マイハナヒメ)と申します」
「舞華姫か。姫にぴったりの名じゃ。
　これでまた出雲に来ることが楽しみになったというもんじゃ。姫の舞いが見られるからのお」
「ありがとうございます。しっかりと勉学に励み、恥ずかしくない舞いをお見せすることができますよう頑張ります」
　うやうやしく礼をし、舞華姫は座を退いた。粗相がないか心配していた大国主命は、奥へ下がる姫の後ろ姿を見とった後、口を開いた。
「御中主様、本日はどちらへ」
「富士じゃ。富士の大宮(オホミヤ)に寄らねばならんのじゃ」
　　　オ＝２　　ホ＝27　　ミ＝35　　ヤ＝36
「富士山でありますか。どこから見ても美しい姿であります、あの山は」
　　　フ＝28　　ジ＝60　　サ＝11　　ン＝１
「その通りじゃ。あの姿は完璧じゃ」
　　　カ＝６　　ン＝10　　ぺ＝74　　キ＝10
「富士の大宮へおいでになるということは、白山神界と富士神界のお役のことですね」
「そうじゃ。入れ替わったからな、お役が。それには木曽御嶽も大きなお役でからんでおるぞ」
「そうでありましたか。
　富士山、木曽御嶽、加賀の白山、この三つの山は一直線に並んでおりますので気にしておりました」
「大国主殿。神にもお役があるように、人にもそれぞれお役がある。
　心を向けておる者は天空からでもよう判るのお」
「もっともでございます。輝きを放っておりますから。
　このところ、そのような者が増えてまいりました」

その６　"御中主、満ち足りて"

「それは結構なことじゃ。
　やっと気付き出したようじゃな。
　さて、そろそろ発つとするか」
「もう少しお待ち下さいませ。
　今、保食神に朝食の替わりになるものを作らせております。できあがりましたらすぐに包んでお持ちしますので」
「それはありがたき心遣い。
　保食神にも礼を言っておいてくれ」
「かしこまりました。
　きっとはげみになることでしょう」
　わずかな沈黙の後、天之御中主神が語り始めた。
「大国主殿、このたびお願いしたことは、7度目の岩戸開きのためのほんの一端じゃ。途中、激しきこともあれど、それも和するためのことじゃ。
　地球人類が立て替え立て直しを完了するまでに残された時間は、人間の時間ですでに10年を切っておる」
「はい、承知しております」
「仮にじゃ、もしこのたびの大変革に失敗したとなると、数百年は苦しい世が続くことになる。人間にとっても神にとってもじゃ。
「それには、何が何でも人々が霊主体従となり、ミロクの世となさねばなりません。そのためにはいかような努力をも惜しまぬつもりでおります」
「力強いお言葉、それを聞いて安心した。
　そうじゃ、大国主殿。
　立て替え立て直しが済んだ暁には、世界中の神々をこの地に集わせ祝いをしようぞ。ときは平成(ヘナリ)の25年正月じゃ」
　天之御中主神のいう正月というのは冬至のことである。神界は冬至に正月を迎えるのである。したがって平成25年の正月とは、平成24年12月の下旬のことだ。
「大変光栄なことでございます。
　出雲の地でそのような祝いごとがなされるとは」
「その際には太一(タイツ)様をお連れしようぞ。太一様にも舞華姫の舞いをご覧

になっていただこう。
　保食神にはご苦労をかけることになるがな」

　ほどなく保食神の眷属ができあがった包みを持ってやって来た。
　天之御中主神はその包みを抱え、東の空へと富士の峰目ざして飛び立って行った。

　お役お役というなれど、果たして自分にもそんなお役があるのであろうか。
　あるとすれば一体どんなお役なのであろうか。
　それは何も与えられたものだけには限らないのであります。

　厄歳(ヤクドシ)というものがございます。
　厄歳の「厄」は本来、厄介の厄ではなく、役割の役であります。ですから役歳であります。
　男性は25歳、42歳をめどにお役を果たす。年齢違えど女性もお役が家庭にございます。
　男性は25歳で率先して社会の先頭に立つ。若きエネルギーに溢れ、経験も少しずつ積んで成長した25歳のお役であります。
　42歳は社会の中心となり、家族を、会社を、国家を担っていくためのお役を果たす。
　そのお役を自らこうと決め、神様に「このようなお役をさせていただきます。背後からの力添え、お願いいたします」と報告し、行っていくのが役歳であります。
　何のお役をするか。それは自分自身で決めればよろしい。
　このお役を果たさぬ者には厄歳となってまいります。
　神社にて厄祓いをしていただきましても、ただ悪いことがないようにと５千円で災いが回避できるような低き霊性の生命体ではございません、人間は。
　お祓いをしていただくのは、新たな役を神様と共に務めるための穢れ落としでありまして、お祓いの際には「これこれこのようなことをさせていただきます」と国造りの一端を担うお役を報告せねば、災い避ける

神(カム)ハタラキの作用は現れてこないのであります。
　お役を自らに課す。
　自発的に頑張る。
　すると輝いてまいります。
　理想を持って向上する。
　国造りの一端を担ってお役を果たす。
　すると神様が勝手に守って下さいます。
　ならばどうして厄歳なんてものがございましょうか。
　次々と望むお役がいただけ、満たされ、そして完成へと一歩一歩近づいていく。
　それが百の神ハタラキであります。
　お祓いだけでは片ハタラキ。
　理想だけでも片ハタラキ。
　それをグッと繋ぐ不動の心と行っていく玉し霊の活かし処あっての神ハタラキであります。
　雨ニモ負ケズ、風ニモ負ケズ、
　果たして下され、我が玉し霊のお役を。
　　（ア＝1　メ＝34）＋（カ＝6　ゼ＝59）

コラム「数の妙味⑤」

　これも誰一人感心してくれそうにもありませんので、立場を利用してここに発表いたします。

　今度も深い血縁で結ばれた数であります。

　　7の倍数以外の整数÷7　が今回の問題であります。

$8 \div 7 =$
$31 \div 7 =$
$156 \div 7 =$

　お気付きでせうか。
　では一緒にやってみませう。

　　$1 \div 7 = 0.142857142857\cdots$
　　$5 \div 7 = 0.714285714285\cdots$
　　$22 \div 7 = 3.14285714285\cdots$

小数点以下にはどうしてもミロクが出てまいりません。
そして繰り返されますミロクなしの
　142857
これは一体何者なのでありましょうか。

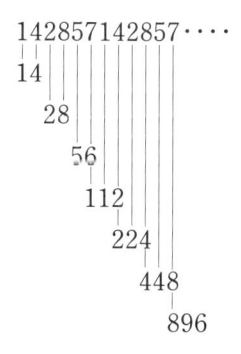

```
142857142857････
 14
  28
   56
   112
    224
     448
      896
```

その6　"御中主、満ち足りて"　195

```
          ・
          ・
 ＋        ・
   142857142857‥‥
```
となります。
　これをよーく見ておりますと、ものすごく美しい。それはそれは美しいのであります。
　よろしいですか。

```
   142857142857‥‥
   14      ＝7×2
    28    ＝7×4＝7×2²
      56       ＝7×8＝7×2³
       112    ＝7×16＝7×2⁴
         224  ＝7×32＝7×2⁵
           448     ＝7×64＝7×2⁶
             896    ＝7×128＝7×2⁷
                ・
               ・
              ・
```

恋をしたくなってしまいますでしょ。
けれどもこの美しさに気付く人は少ない。
最後にこの142857を7倍してみてはいかがでしょう。

その7 "天明と木星"

　あれからもうずいぶんと時が過ぎ去りました。古びた木造二階建て、保育園舎の南側、決して広くはなくも園児にとっては充分なスペースの園庭で、スモックを着てワイワイ遊ぶ子供たちに向かい、目を輝かせたトキタ先生が大きな声で言いました。
「ねえねえ、みんなー、こっちへ集まってー。あのね、今ね、アポロ11号が月に降りたんだってー。
　人が乗ったロケットが宇宙を飛んで、空に浮かぶお月さままで行ったんだよー」
　園児たちは、ヤッター、ワーイ、ヤッターとバンザイしながら喜び合ったものです。
　トキタ先生が時田先生なのか戸北先生なのか、今となってはもう知る由もありませんが、大人の輝く目を見たのはこのときが初めてのことです。
　1969年、夏の日のことでした。

　25年後。
　都会のビルに取り付けられた電光掲示板には「…彗星、ついに木星に衝突…」のニュースが流れ、電車を待つ人、通りすがりの人が見上げています。
　東京に向かう上りの新幹線の中では、仕事を終えビールを手にした出張帰りのサラリーマンたちの目に、「ただ今の時速、185km」の表示が切り換わり、「シューメーカー・レビー彗星、木星に衝突。本日午…」と流れる案内板の文字が飛び込んできました。
　各局のニュースではいつもの顔ぶれのキャスターの横で、天文学の専門家がフリップを使い、彗星が木星に衝突する様子を説明しており、日本中が、いや世界中が千年に一度の頻度という天体ショーに注目していました。

　そのころ、岐阜県の多分小坂村あたりに住む小学6年生のある少年は、

以前から欲しくてたまらなかった天体望遠鏡をやっとのことで買ってもらい、胸躍らせて夜空に見入っていました。両親は少年に望遠鏡を買ってやったのはいいのですが、彗星が木星に衝突しようが、海王星がプレアデス星人に乗っ取られようが、冥王星でパイナップルの木が発見されようが、そんなことには一向におかまいなしです。
　そもそも木星がどの星であるのかも知らないのだから、少年の質問には何ひとつ満足に答えることもできません。
　このようにして息子は父親への信頼を失っていくのです。
　そんなことよりも、父親にとっては少年が宿題をやり終えたかどうかの方が気にかかることであり、母親にとってはさっさとお風呂に入ってくれないことの方が問題であるのだ、多分。
　わずか、祖父だけが時々窓から顔をのぞかせ、
「どうじゃ、見えるか」と少年に声をかけていた。
　1994年、夏の日のことでした。

　事故が起こるたびに宇宙開発の必要性が疑問視されまして、確かにもっともな意見であります。莫大な予算と労力、それに付きまとう危険性。
　それだけの予算があればアフリカや南米にどれだけ学校が建つと思う。アジアの子供たちにどれほど食べさせてあげられると思う。
　なるほど、確かにその方が有効かもしれません。
　しかし、それをいうならば軍備費であります。世界中の軍事予算をいっぺんに集めたら、アフリカ・南米・ユーラシア、3kmごとに学校が建ち、10kmごとに病院ができることでありましょう。学校には教員教材とり揃え、お昼の給食食べ放題。昼だけでなく朝と晩、ついでに食べておゆきなさい。よろしかったらご家族も、一緒に食べてはいかがでしょう。それぐらいのことができるかもしれません。
　では、なぜ人は宇宙に夢を馳せるのでしょう。
　ただ科学の発展や究明のためだけなのでしょうか。
　いえ、人が宇宙を求めるのはそれ以前のものがございます。
　未開の地への冒険や宇宙に馳せる思いにはロマンがあります。ロマンこそが玉し霊の回帰でありまして、理屈ではないのであります。

極地を旅する本を読み、地球が映し出される映像を観て心が高ぶり血が騒ぎ出す。
　これは玉し霊がバイブレーションを起こすからであります。揺れるのです。なつかしんでいるのです。かつての記憶が呼び起こされたがために。
　熱き思いが伝わる一文を。
　彗星が惑星に衝突するという千年に一度の天体ショー。小坂村の少年の父のような興味なき人にはともかく、天文ファンにとりましては一大事でありまして、天文学者ともなりますれば天地がひっくり返るほどの大さわぎであったようです。
『彗星の木星衝突を追って』（渡部潤一著　誠文堂新光社）より、本文をそのまま紹介させていただきます。
　「…国立天文台岡山天体物理観測所188センチ望遠鏡の狭い観測室は、うわずった歓声と興奮に包まれた。もちろん岡山だけではなかった。世界中のありとあらゆる天文台で、同じような歓声が飛び交っていたはずである。
　私は、その渦中にあって、高鳴る動悸と感動からくる体のふるえを抑えることができなかった。そして『もういつ死んでもいい』と思った。天文学者として一生に一度こんなすごい現象に出会えば悔いはない、それが正直な感想だった」
　ね、伝わって来ますでしょ。
　本当に揺れるんですね、玉し霊が。
　無関心だった人、反省しなさい。

　ただひとつ、宇宙開発に関しまして神々様からの警告もございます。
　それは、もし宇宙開発が、
「もう地球には住めなくなるかもしれないので、今のうちに選ばれし者たちだけでも生きのびる手だてをつくっておこう」
といった発心のもとに行われているのでしたら、それは許されざることぞ、とのことであります。
　与えられた地球に対しさんざん好き勝手に破壊をくり返したあげく、もう地球には住めないから他へ行こ、などということを神々様は絶対に

許しません。
　もし自分の娘に対し、
　　　まるで召使いのように働かせ、何ひとつ思いやりのある言葉さえ
　　もかけずに苦労をかけ、その結果病気になったからもうお前はいら
ない。死んでしまう前に他の女性探そ。
と出ていく男をあなたは許すか。
　地球に対しても同じことであります。
　宇宙開発がこのような思いで行われておりますれば、残念ながら今後
も事故は起こり続けることでありましょう。
　はよう気付いて下されよ、とのことです。
　地球と人類の静かで平和なる未来のために。
　そしてロマンと玉し霊の回帰のために。

　さて、天明と木星であります。

　　二二八八れ十二ほん八れ
　　◉の九二のま九十の◉のちからを
　　あら八す四十七れる

　これを何と読むか。
　　富士は晴れたり日本晴れ
　　神の国のまことの神の力を
　　あらわす世となれる

　大正、昭和に活躍されました画家、岡本天明の著した『日月神示（ヒツクシンジ）』の
始まりの部分であります。

　1871年節分。
　出口ナオが激しい帰神状態に陥りまして、平穏な庶民にはとうてい理
解できぬことを口ばしり始めましたことが大本の大元であります。やが
てナオのもとに上田喜三郎、のちの出口王仁三郎が引き寄せられまして、
大本物語は展開してまいります。

その後は、生長の家創始者の谷口雅春、世界救世教創始者の岡田茂吉、三五教(アナナイ)創始者中野与三之助(つど)らが集ってまいりました。
　まるで宗教家のデパートであります。
　他にも合気道創始者であり、王仁三郎にモンゴルまで同行した際、わけあって全員銃殺となるそのとき、兵士たちの銃が粉々に砕け散るという神業以外の何でもない奇蹟にて九死に一生を得た植芝盛平。大正日日(ニチニチ)新聞社社長であり、『小桜姫物語』『心霊講座』を著した浅野和三郎。『龍宮神示』『天言鏡』を残した辻天水らも大本に吸い寄せられるようにしてやってまいりました。
　岡本天明もその一人であります。

　天明に自動書記が始まりましたのが昭和19年6月10日であります。
　現在6月10日は「時の記念日」であります。この日を憶えておいて下さい。
　天明が断続的に著した『日月神示(ヒツクジンジ)』の始まりました日が時の記念日になったのは偶然ではございませんで、「火付く時の記念日」ということであります。
　火付く、というのは火事になることではございませんでして、日月神示にも示されておりますように、「人類への警告に対し、悔い改める思い」に火付く時の記念日ということであります。
　そして、警告は「日、月、で示す神の思い」としても捉えることができます。
　実際、日、月にて示されたことがたくさんございまして、それを今からお話しいたしますが、神の思いをふみにじるような生きざまをしておりますと、「日尽く神示」にならないとも限りません。
　地球が燃え尽きてしまう「日尽く神示」。
　それだけは絶対に避けなければいけないのであります。

　天明の右腕に激痛が走り、手が勝手に何やら訳の判らぬ数字や文字を綴り始めましたのが日月神示の始まりでして、全38巻で構成されております。
　うち、はじめからの31巻を「ひふみ神示」または「⦿一二三」と呼

び、最後の7巻を「五十黙示録(イセモクシロク)」と呼んでおります。

　ただし、発表を禁止されているものまで含めますと全50巻になるそうであります。

　内容については専門の著書をお読みいただくことにしますが、この神示、8通りの読み方があるのだそうです。

「7通りまでは今の人民でも何とか判るなれど8通りはなかなかぞ」だそうであります。

　出口王仁三郎によりますと、古事記は12通りの読み方があるとのことでありますが、原文さえ読めないので何ともなりません。

　先の「二二八八れ十二ほん八れ…」を8通りに読めるでしょうか。

「裏の裏まで読みて下されよ」と本文にも出てまいります。ご挑戦下され。

　昭和19年、自動書記が始まりましてからの19年後、昭和38年4月7日に天明は帰幽いたします。65歳の肉体生涯でありました。

　天明帰幽4月7日の4日後、木曜日のことであります。

　太陽系内を回っておりますオテルマ彗星が木星に近付きすぎまして、軌道が変わってしまいました。

　木星の引力の影響を受けてのことでありますが、それまでは約8年周期で生活しておりましたのが、この木曜日を境に約19年周期になってしまったのであります。

　周期につきましては数霊上扱いやすいので約としてありますが、実際には7.9年と19.3年であることを正直に申告しておきます。

　ただし、まだ天明と19は結び付けなくてもよろしいかと。

　天明の著した日月神示は難解なものもたくさんございますが、それらも解読する方々がおみえでして、抽象画として書かれたものをはぶき、文字として書かれたものでは16巻のみが解読不能でありました。

「二二八八れ十二ほん八れ…」
だけを見ますと、面白いからもっと読みたいと思われましょう。

　ではこれはいかがでしょう。

「四七十⊙九二一十三七三十⊙九二四八十八八二一十九三五六一三一

九九」
　どうですか。お読みになれましたか。
　これは解読不能とされた16巻のものではございませんでして、ならば一体16巻とはどれほどのものでありましょう。
　では先ほどの意味ですが、
「世成り、神国の太陽足り満ちて、皆みち足り…」
　判りますか。これ以上写しますとよろしくありませんので、お知りになりたければ専門のものを。

　16巻に戻ります。
　日月神示の本文に、
「天明96歳7ヶ月、開く」とあります。
　一体何が開くのでしょう。岩戸が開くのでしょうか。
　天明は1897年12月4日に生まれております。
　そして1963年4月7日に帰幽しておりますが、仮に生きていたとすれば、96歳7ヶ月は1994年7月であります。
　驚くなかれ。いや、ぜひ驚かれよ。
　1994年7月、見事に解読不能であった16巻が読み明かされたのであります。
「開く」とはこのことだったのです。
　そして、まだそれだけでは終わらないのが数霊のすごいところであります。
　この年1994年7月はシューメーカー・レビー第9彗星が木星に衝突したときなのであります。
　21個の核に分裂した彗星は、7月17日から22日まで、次々と木星に突撃して行ったのであります。
　またもや彗星と木星です。
　まず始まりは7月17日でありますが、これは後にまわします。
　21個の核に分裂した中で最も大きなものは、G核と呼ばれるものであります。
　天明の自動書記が始まりましたのが6月10日でした。
　G核が木星に衝突しましたのは7月の18日でありまして、この日は旧

暦の６月10日であります。
「寸分の狂いもないぞ」と日月神示には出てまいりますが、これらのことを指しているのであります。彗星が21個の核に分裂したのは21世紀の幕開けを示しております。
「開く」とは、立て替え立て直しの幕開くのことでもあります。
これで天明と木星の関係はもう無視するわけにはまいりますまい。

　　数霊です。
　　岡本天明の言霊数は、
　　オ＝2　カ＝6　モ＝32　ト＝17　テ＝19　ン＝1　メ＝34　イ＝5
合計116であります。
大本には２つの流れがございまして、ときにはいがみ合いも起きたようですが、そうしながらも２つの流れが同時進行して行った。離れなかった。ですからあれほどの大事を成すことができたのであります。
　　たいていは、２つが分かれてしまうのですが、そのあたりはさすがであります。
　　天明の著した日月神示は、開祖ナオの残した『大本神諭』の流れに組まれておりまして、この流れを「厳霊系（イズノミタマケイ）」と申します。
　　もう一方は王仁三郎の口述した『霊界物語』の流れであり、「瑞霊系（ミズノミタマケイ）」と呼ばれるものであります。
　　天明の日月神示を表とするならば、裏に相当するものが瑞霊系にございまして、それが『龍宮神示』『天言境（テンゲンキョウ）』『神言書（シンゴンショ）』であります。どれも辻天水の著したものであります。
　　岡本天明と辻天水、二人は表と裏の関係であり、陽と陰の関係でありまして、重要性は全く対等です。数霊にも出ております。
　　　ツ＝18　ジ＝60　テ＝19　ン＝1　ス＝13　イ＝5
同じく116であります。
　　天明の至恩郷（シオンキョウ）と天水の錦之宮（ニシキノミヤ）も表と裏の働きをしてきたのでありましょう。
　　辻天水の『龍宮神示』『天言鏡』におきましては、人類は滅亡しません。

やったーであります。

王仁三郎も「犠牲を伴うような立て替え立て直しは認めるわけにはいかん」としておりまして、そのあたりは、すぐに滅亡説を説き、人々の恐怖心を煽ることで崇拝を受けたがる小物とは違うところであります。

大本開祖出口ナオが81歳で帰幽しましたのが1918年の11月6日のことでありまして、結ばれた糸が、それは神様の意図なのですが、あるのでしょう。116という数霊の糸。万物を生み出す神様のことも「産霊（ムスビ）」と申します。

ここで少し天明を離れます。

大相撲でも最後の取り組みをむすびの一番と申しておりますが、
　　ム＝33　ス＝13　ビ＝70
116であります。

岡本天明、辻天水が著したものが最後の経編としてのむすびでありましょう。

王仁三郎は自ら素盞鳴尊に扮しておりました。少々ややこしいですが、素盞鳴尊は十拳剣（トツカノツルギ）で八岐大蛇を退治し、大蛇の体内より「都牟羽之太刀（ツムハノタチ）」を取り出しまして、これに「天叢雲剣（アメノムラクモノツルギ）」と命名いたしました。現在熱田神宮に奉納されております「草薙剣（クサナギノツルギ）」のことです。

素盞鳴尊と剣は深く結ばれております。

また、白山神界の総本山、白山比咩（シラヤマヒメ）神社は石川県の鶴来（ツルギ）町にございまして、「鶴来」は「剣」をも意味しております。

白山比咩は剣を司る神様であります。
　　ツ＝18　ル＝43　ギ＝55
116。

木曽御嶽は国常立尊の山である通り、山頂への道のりも荒々しい岩の間を登ってまいりますが、加賀の白山は実に女性的な山でして、道のりからも女神の山であることが伺い知れるのであります。

どこの神社でも本殿入口には注連縄（しめなわ）が張ってあり、穢れが入り込めぬように聖域となっております。標縄、七五三縄とも書きます。
　　シ＝15　メ＝34　ナ＝21　ワ＝46

神前では神職が祝詞を捧げます。
代表的な大祓詞（オホハラエノコトバ）
　　オ＝2　ホ＝27　ハ＝26　ラ＝41　エ＝4
「高天原（タカマノハラ）に神留（カムツマ）り坐（マ）す
　　皇親（スメラガムツ）　神漏岐（カムロギ）　神漏美（カムロミ）の命以（ミコトモチ）て…」
神漏美とは伊弉冉尊のことであります。
　　カ＝6　ム＝33　ロ＝42　ミ＝35
神漏岐と神漏美にしても伊弉諾尊と伊弉冉尊でも、必ず陽と陰で一対になっております。
キリスト教もキリストとマリアで陽と陰の働きをしており、対になっております。
天明の『日月神示』や天水の『龍宮神示』『天言鏡』は、神々が人類に体主霊従改めよ、愚かしき生きざま改心せえよ、このままではあかんぞよと、知らしめるために両氏を使っての、言霊と数霊による根回しであります。
神々の根回しに逆らうことはできません。
　　コ＝7　ト＝17　ダ＝61　マ＝31
そして、
　　ネ＝24　マ＝31　ワ＝46　シ＝15

時すでに7度目の岩戸が開かれ始めております。日月の戸びらとでも申しましょうか。立て替え立て直しの後のミロクの世と呼ばれます霊主体従の世となるのは、それほど先のことではございませんで、現在日本（ニッポン）は流れの中にいるのであります。
　　ゲ＝54　ン＝1　ザ＝56　イ＝5
　　ニ＝25　ツ＝18　ポ＝72　ン＝1
　　ナ＝21　ガ＝51　レ＝44

見事生まれ変わり、霊主となりましたならば、神界現界合わさってのお祭りで、お神楽（カグラ）踊るお祭りでお祝いするのであります。
　　カ＝6　グ＝53　ラ＝41　サ＝11　イ＝5
新たなる日本の国の日の出を祝い。

ヒ＝30　ノ＝22　デ＝64

　天明に戻ります。
　天明の至恩郷（シオンキョウ）と天水の錦之宮は合わせて一対の仕組みでありますが、天明、天水、名前からして対をなしております。
　天明の明は火を表し、対する天水は水であります。また各々の名前の中にも対がございまして、天明は天の日と月、つまり太陽と月であります。天水の天はお天道様で火、水はそのまま水であり、共に陰陽が揃っております。
　両者一対では天明が陽、天水が陰の働きでありまして、事実天水の行ったことは裏神行でありました。
　さて、天明と木星であります。
　まず天明。
　　テ＝19　ン＝1　メ＝34　イ＝5
　59であります。
　それでは木星は、
　　モ＝32　ク＝8　セ＝14　イ＝5
　やはり59であります。
　木星は東方の星宿でありまして、龍を表す星です。
　高松塚古墳やキトラ古墳にも東側の壁面には東方の守護神である青龍が描かれております。
　諏訪湖に現れます御神渡（オミワタリ）は龍神の通った後でありまして、最近はめっきり少なくなってしまいましたが、神界劇にて大切なときにはちゃんと現れます。
　諏訪湖は日本のほぼ中央に位置し、湖をはさんで南側の前宮と本宮、北側の春宮と秋宮、計4社から成っているのが諏訪大社であります。
　　ス＝13　ワ＝46
　龍神様が鎮座まします前宮から西南西方面に直線で59kmのところに木曽御嶽山剣ヶ峰がそびえております。標高3063mのこの峰にも龍神様がたくさんおられます。
　といいましても龍神様はあちこちにおみえですし、どこにでも発生されますが、木曽御嶽は龍の行場があるのでしょうか、特に多いようであ

その7　"天明と木星"　207

ります。
　龍神様は行を積まれるほどに体の色が変化され、また色によって役割が違っております。
　どのような色の変化かは、ここでは省くことにいたします。
　掛け軸などの龍画には宝珠を持った爪が描かれておりますが、爪の本数で龍の位を判断するのはおやめになった方がよろしいかと。
　三本爪だから位が低いとか、五本爪だから位が高いといった見方は龍神様に大変失礼です。
　龍神様の色の変化の様子を省きましたのも、色で位を判断されるのを避けるためであります。
　ともかく、龍神界でもそのような見方をこころよくは思われておりません。脅すような言い方で申し訳ございませんが、三本爪の龍神様でありましても、死んだ人間を生き返らせることも命を取り上げることもさほど難しいことではございませんよ。
　さて、木曽御嶽であります。
　　キ＝10　ソ＝12　オ＝2　ン＝1　タ＝16　ケ＝9
50であります。
　50は五十音、五十鈴の50でして、木曽御嶽が50であるのも理由（わけ）がありますが、今回は少し操作して、
　　キ＝10　ソ＝12　オ＝2　ン＝10　タ＝16　ケ＝9
ンに10を使いまして、59であります。
　尾張出身の行者覚明（カクミョウ）が信者をひき連れまして木曽御嶽山を開きましたのは1782年のことであります。
　1782年は「天明2年」であります。
　天明5年とする案内もございますが、いずれも天明年間であります。
　その後、行者普寛（フカン）が王滝口より山頂を目指すのでありますが、その日は1792年の6月10日でありました。
　岡本天明とは、覚明が元号の天明で、普寛は6月10日で繋がっております。

　木曽御嶽にまいりますと、薬の看板が途中何度か目につきます。御祭神の一柱、少彦名尊（スクナヒコナノミコト）は医薬の神様ですが、他にも山のふもとに薬の神

様がおみえであります。
　薬師と呼ばれておりまして、薬師如来の薬師と同じであります。
　　　ヤ＝36　ク＝8　シ＝15
　薬師の用います薬とは言うまでもなく薬草でありまして、ノーシンやバファリンは用いられてないようであります。
　　　ヤ＝36　ク＝8　ソ＝12　ウ＝3
　霊気漂う木曽御嶽でした。
　　　レ＝44　イ＝5　キ＝10

　このように天明、木星、龍、木曽御嶽、諏訪といったところが神界では密接に関わりあっての神界劇であります。
　そして、これらの神々は創意工夫の神様でもあります。
　　　ソ＝12　ウ＝3　イ＝5　ク＝8　フ＝28　ウ＝3
　合計59。
　シューメーカー・レビー彗星が21個の核に分裂し、龍の星木星に衝突したのは、神々の乗った船団が龍神界に向かったからでありまして、本日今日も地球上では、特に日本がそうですが、新たな世となるための龍ハタラキをされております。
　いよいよ開くか、三千世界の梅の花。

　次にまいります。
　太陽と月と地球の位置関係には19年ごとに同じ位置の配列となるメトン周期と呼ばれるものがございます。
　太陽―月―地球の順に並びますと朔＝新月になりまして、それが19年周期で元旦が朔になるのであります。日数にしますと6940日ごとであります。
　最近では1995年がメトン周期に当たる年でして、しかもこの年は元旦が日曜日でもありました。元旦が新月であり日曜日というのは1911年以来のことであり、次回は2090年になります。
　天明の自動書記は昭和19年に始まり、それから19年後に帰幽し、4日後にオテルマ彗星の周期が約19年に変わりました。
　19年周期のメトンに当たる1995年とは何か関わりがあるのでしょう

か。

　有名なハレー彗星の周期は19×4の76年周期であります。ハレー彗星がぐるりと軌道を一周する間に、地球は4回元旦を新月で迎えるというわけです。

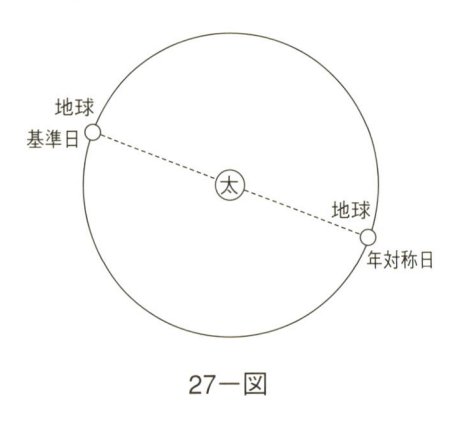

27－図

　1995年についての前に、ひとつこれをお話しせねばなりません。
　年対称日というものがございます。これも、そのように呼ぶのは約一名ですが。
　年対称日とは、ある日を基準にしまして、地球が太陽の反対側に位置する日のことであります（27－図）。
　基準日を5月22日としますと、年対称日は太陽を挟んで反対側の11月22日となります。
　これは数霊上の見解でありまして、時間的に正解なものではございません。
　きっちり時間での正反対になりますと、毎月の日数が異なるために、数霊上では複雑になりすぎてしまうので、数字優先のものであります。
　どうしてこんなものが必要かと申しますと、これこそ陰と陽の関係であります。

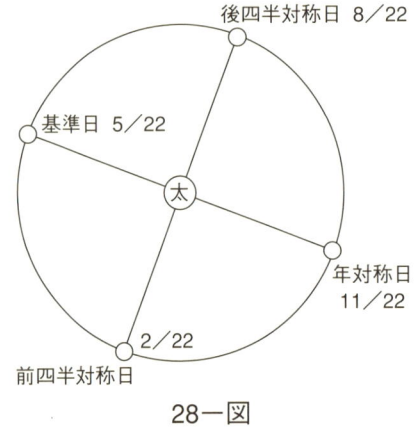

　もうひとつ、年対称線を半分に区切りました、四半対称というものもございます。
　地球の軌道上で、基準日と年対称日の中間に位置する日のことでして、太陽から見て、基準日と直角に位置する日であります。
　四半対称日は28－図のように、前四半対称日と後四半対称日の2

28－図

回ありますが、何だか後白河天皇や後村上天皇の真似をしているようでして、おこがましいのでただ四半対称日だけにします。

　基準日が５月22日の場合、四半対称日は２月22日と８月22日の２回であります。

　これも数字優先でありますので誤解のないよう。

　シューメーカー・レビー第９彗星船団の木星への到着、じゃなく衝突が始まりましたのが、７月17日であります。

　京都の祇園祭りは素盞鳴尊のお祭りでありまして、祭りの期間は29日間の長期にわたりますが、７月17日を中心としたお祭りであります。

　また旧約聖書創世記第八章には、
「箱舟は７月17日アラテの山にとどまった」
とあります。

　アラテとはもちろんアララト山のことでありまして、ＰＬＯのアラファトとは無関係である、と思います。

　アララト山はノアの箱舟が漂着した山でありまして、真相はともかく、箱舟ではなかろうかと思われる大きな船型も発見されております。例え偶然そのような地形になっただけとしましても、このような話は楽しくってよろしいです。

　　グ＝53　ウ＝3　ゼ＝59　ン＝1

　あっ、116はもう終わったんでした。

　７月17日とはそのような日であります。７月17日の年対称日を見てみますと、１月17日であります（29－図）。

　19年メトンの1995年１月17日は、言うまでもなく神戸の町が崩れてしまった日であります。

　彗星が木星に衝突して、半年後のことでした。これが表裏の関係であります。

　天明の自動書記が始まりました

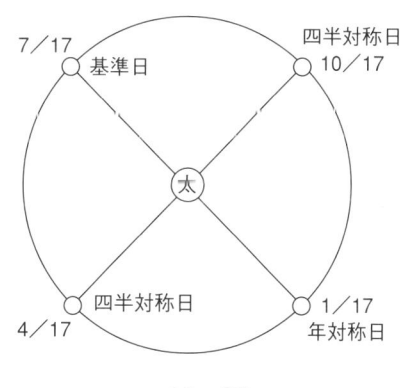

29－図

昭和19年の59年後、2003年には1月17日に諏訪湖で5年ぶりの御神渡りがございました。
　2003年8月のニューヨークの大停電は旧暦ですが、7月17日のことでございます。
　四半対称日までも含めますと確実に混乱するのでやめますが、神々はカゾで教えるのであります。
　神道はどちらかといえば父親的であり、父のことをカゾと呼んでいたのも古人はこのような形で感じていたのでありましょう。
　きっとみなさんは今ごろ、ご自分の誕生日を基準日に、年対称日と四半対称日を割り出し、あれこれ思い当たることを当てはめているのではないでしょうか。
　そして誕生日が31日の方はどうしていいのか判らず困っていることでしょう。
　ご自分で納得できるカタチに納めていただければ結構でありますよ。体系化しておりませんので。

　1995年にしても2003年にしても天明に日月神示を著させた神様からのメッセージであります。メッセージの内容は今までの章でお話しした通りであります。それ以上は日月神示や龍宮神示などをお読みになるとよりよくお判りいただけます。
　日本は高度経済成長と時を同じくして、
　　1964年　東京オリンピック
　　1970年　大阪万国博覧会
　　1972年　札幌オリンピック
が開催されました。
　こういった世界的なイベントには全世界のエネルギーが集まってまいります。それがわずか7年と5ヶ月の間に3度も行われたということは、世界に類を見ないほどの高度経済成長の背後に、大いなるエネルギーがあったということであります。
　そしてお父さんもお母さんも頑張ったからでもあります。
　日本は今、再びこのような機会に恵まれております。
　　1998年　長野オリンピック

2002年　日韓共同開催ワールドカップ
　　2005年　愛知万博──愛・地球博

　今回もわずか7年と9ヶ月の間にこのようなイベントが3つ、世界の代表として日本で行われます。
　先の3つのイベントでは、同じ時期に高度経済成長を遂げましたように、今度はこの期間中に高度精神成長を遂げなければいけません。
　これは日本人に与えられた最高のチャンスであります。
　しかし、すでに2つは終わってしまい、残るところはあとひとつ。
　これでしめくくりであります。
　ワールドカップで日韓をくくることが成功とはいえなかった分、菊理の姫も今回は日本人に期待されております。
　思い出していただきたい。
　長野オリンピックで日本国中がひとつになって日の丸飛行隊を応援したことを。
　ワールドカップに至っては日韓両国とも青と赤に染まってしまいました。
　日本と韓国が青と赤一色になりましたのは、先にお話ししましたように、青は霊の色、縦の流れ、火の働き。赤は血の色、横の流れ、水の働き。合わせて火水であります。
　ひとつになって下されよとくくりの神の希(ねが)いであったのです。
　それに両国共、あの応援のすさまじさ。
　あの調子で人々が何かを成し遂げようとひとつになれば、大概のことはできてしまうのではなかろうかと思うのですが、いかがでしょうか。両国のあの爆発的エネルギーを集約し、世界中の武器を全廃するような方向にもって行けないものでしょうか。
　もしそんなことができたなら、と思うとゾクゾクしてまいります。
　それには若い人たちの力が是が非でも必要であります。
　頑張ることや、主張することはカッコ悪いことではないんですぞ。
　流されず、自分を信じて下されよ。
　活かせ玉し霊、若者たちよ。
　おじさんたちも、若者に気がねして物判りのいい小市民やってる場合

じゃないでしょうに。
　愛知万博は饒速日尊(ニギハヤヒノミコト)のお祭りであります。
　天火明命(アメノホアカリノミコト)とも申します。
　天照国照彦天火明櫛玉饒速日尊(アマテルクニテルヒコアメノホアカリクシタマニギハヤヒノミコト)のことであります。
　この名前を憶えるのは「水兵リーベ僕の船」や「あり・をり・はべり・いまそがり」を憶えるよりもずっと高度なことでありますので、ニギハヤヒノミコトだけにします。
　饒速日尊につきましては次章"名古屋と52"でお話しすることにいたします。

　最近「地球にやさしい」という言葉を頻繁に耳にするようになりました。
　人々がそういった意識を持つことはすばらしいことであります。
　しかし、この言い方、何か驕(おご)りがあるのではないでしょうか。
　地球に対してやさしくしてあげるというような傲慢さが見え隠れするのであります。
　「地球にやさしい」とうたえば善であるという風潮の中で、私は環境のことも考えているのよ、といった偽善ではなかろうか。
　だいたい、電力会社がダムや原子力発電所を建設する正当な理由ともなる電力消費を平気でし、時間があれば電波で交信しておきながら「地球にやさしい」はないだろうお前、と思ってしまうのですがねえ。
　地球には住んでやってるんではないですよ。住まわせていただいてるんですよ。

　人間にとって、失う可能性があるもの、奪われる可能性があるものはすべて与えられているものであって、自分のものではありません。車や宝石や家はもちろんのこと、火や水もそう、食料だってそう。自分の肉体も、愛する子供も与えてもらっているのであって、自分のものではありません。肉体の中でも、視力もそう、指もそう、いつ失うか、いつ奪われるか判りません。奪われる可能性があるものは自分自身ではありません。
　これらはすべてが縁であります。

では失うことのないもの、奪われることのないものとは一体何でありましょう。
　それはこれだけ。求める心であります。求道心、向上心、そして経験で得たもの。
　これが因であります。
　どう求めるかは大道無門、ご自由です。
　当たり前のようにあると思っている地球、これも縁であります。縁である以上、いつ失ってもおかしくない。いつ奪われてもおかしくないのであります。縁というのはそういったものであります。そして縁は因にならないのであります。

　亡きダイアナ妃は地雷除去に尽力されておりましたが、不慮の事故で命を落とされました。父に似ず、凛凛しい顔付きの王子たちを英王室に残して。
　生命体である地球に地雷を埋めるということは、人体の皮膚に小さな爆竹を埋め込むのと同じであります。我が子にそのようなことをする者がいたら、許せますか。
　太陽や北極星はそのような憤慨に耐えながら、犯人である人間を照らしているのであります。必ず気付いてくれると信じながら。
　2002年には、地雷での死傷者が全世界で1万1700人を超えてしまいました。軍人よりも子供たちが被害を受けております。
　地雷は埋めたら掘り出しなさい。
　スプーンは曲げたら戻しない。
　雲は消したら出しなさい。
　山と川を破壊し、海を汚し、オゾン層に穴開けて、さらに四六時中電力を消費する。排気ガスをまきちらかし、核実験も未だ止めず。人間同士で殺戮し合い、挙句の果てに遺伝子まで操作し始める始末。できるからといって何でもやっていい訳ではないのであります。
　狂牛病と呼ばれた牛海綿状脳症（ＢＳＥ）で大量の牛が処分されました。あれは人類の生命への傲慢さに対して、大自然からの警告です。早急に改めませんと牛だけでは済まぬことになるでしょう。
　遺伝子だけではありません、牛については。子供のころは、年に何度

かのすき焼きのときぐらいでありました。牛肉を食べられるのが。ところが現在は、お金がないから加工牛肉を食べる。ありがたいことですが、これもありがたみのないことであります。ハンバーグをパンに挟んで数十円。牛肉をご飯にかけて二百数十円。

　安価での提供は喜ばしくはありますが、適正価格というものがございまして、できるからといって何をやってもいい訳ではないのであります。
　地球にやさしいということは、地球上に暮らす他の生命体にもやさしいということです。
　これではちっとも「地球にやさしい」ことはなく、「地球にや・らしい」であります。
　言葉に発しているだけで、やっていることといえば「地球にや・ましい」ことばかりです。
　人類にとって地球は絶対に必要であります。なくてはならないものであります。
　ところが、地球にとって今の人類は、必ずしも必要なものではありません。
　むしろ不必要なのかもしれません。

　と、ここまで書いてこの章を終わろうとしておりましたら、ちょっと待ったがかかりました。
　　「地球も自らの体
　　傷付けながらも人と共に成長しているのです。
　　人が暮らしてくれることによって
　　この生命活かせるのですから
　　地球にとっても人は必要なのです」

　涙が出るほどありがたい話ではないですか。地球生命体は観音様であります。
　観音様にお参りにまいりますと、人が手を合わせる前から人を拝んで下さっております。人がどんな欲を持ってお願いにあがろうが、先に人に手を合わせて下さっております。
　仏像の形のことではありません。

仏像に宿る観音様本体が、であります。
　お礼に行く者にも、悲しみを受け止めてもらいに行く者にも、そして楽をするための欲望を持って行く者にも手を合わせ拝んで下さっている。観音さんなんて本当はいないんじゃないの、と思いながら行く者にさえも。
　それは一人一人の光った玉し霊、仏教的に言えば誰しもが持っている尊き仏性を拝んで下さっているのであります。
　では、今の自分は観音様に拝んでいただくほどの価値を有しているのだろうか。
　観音様にありがたがっていただくほどの生き方をしているのでありましょうか。
　それを思うと情けない。
　観音様のような地球生命体に対し、軽々しい言葉だけで「地球にやさしい」はもう止めて、本気で「地球に失礼のない」よう暮らしを改めようではありませんか。

　王仁三郎が獄中に捕えられておりますときに、裏神行をする辻天水にこう申しつけました。
「穴を掘ってくれ。大きく深い穴を」
　天水は命じられるまま大きな穴を掘りました。自分一人では無理なため、村人たちを言葉たくみに操って。
　天水が、穴が掘れたと王仁三郎に伝えましたところ、今度は
「もうええ、穴を埋めてくれ」
　天水は何のことか判らなかったようですが、その通りにいたしました。
　実はこれ、埋もれていた龍神様を地上に出すためのものだったのであります。
　その穴を掘った場所がどこあろう、1月17日、大地震の震源地となりました淡路の島であります。
　龍
　　リ＝45　ユ＝38　ウ＝3
　86であります。
　日月神示、昭和20年8月6日には、

「岩戸開きのはじめの幕、開いたばかり」
とあります。
　そして同じ日、昭和20年8月6日。
　広島に原爆が落とされた日であります。
　戦争が終わり、岩戸開きの幕開く
　これが「終わり始まり」であります。
　その後もいろいろとございました。
　そしていよいよ最終段階、仕上げであります。
　愛知万博は尾張の地。
「尾張始まり」にしなければいけません。尾張始まりの始まりは新たな国の始まりであります。
「身の終わり」にならぬよう「美濃尾張」からの再出発であります。
　木星の輝きに意乗って。

その8　"名古屋と52"

　名古屋に住んでおりますと、ついつい名古屋を中心に中部地方の中だけで全体を反映させた物の考え方となりがちであります。
　すると、やがてはオラが村が一番じゃ、となってまいりますので、くれぐれも我田引水とならぬようにお話しいたします。
　実は邪馬台国は名古屋にあった…わけはなく、そんな話ではありません。数霊です。
　名古屋市は52という数に縁がありまして、まず電話の市外局番が052であります。
　1988年のオリンピック誘致では名古屋とソウルが最後まで競い合っており、結果的にはソウルに軍配が上がりましたが、ＩＯＣの決選投票は52対27でありました。
　そして2005年の万博候補地は愛知とカルガリーで決選投票が行われ、今度は52対27で愛知に決定いたしました。
　名古屋万博ではなく愛知万博ですが、まあ県庁所在地ということでよしとしましょう。
　愛知は
　　ア＝1　イ＝5　チ＝20
　26で52の半分であります。
　2000年になりまして、名古屋駅前に名古屋の新しいシンボルともなるツインタワービルが完成いたしました。延べ床面積が41万㎡のこのビルは、最上階が52階であります。
　2002年には、テレビ塔横に、宇宙船のようなオアシス21がオープンいたしました。宇宙船か箱舟の降り立ったような姿でして、空から見るとまるでＵＦＯです。
　　オ＝2　ア＝1　シ＝15　ス＝13
　21はそのままで計52。
　と、まあこの程度のことでありますが。残りは後で。
　52の性質をみてまいりましょう。
　「神と41」では川が破壊されてしまったことをお話ししました。

「イザナミと117」や「火と水と」では母の思いのお話が出ました。
　　カ＝6　ワ＝46
52であります。
　　ハ＝26　ハ＝26
52です。
川を下るのも、肉体の母である海を渡るのも船であります。先ほども出ましたが、
　　フ＝28　ネ＝24
やはり52であり、水と関わる数であります。ただし、次は川を氾濫させたり、船が出港できなくなったりで困ることもございます。
　　タ＝16　イ＝5　フ＝28　ウ＝3
水の戸と書きミトと読みますが、
　　ミ＝35　ト＝17
同じく52であります。

52は水と関わり合いの深い数であります。
52に神＝41を足しますと、52＋41で93であります。
93は水の言霊数でありました。
また、母を追い求めたスサノヲの言霊数でもありました。
水やスサノヲの93は名古屋だけのものではございませんが、名古屋は尾張の国であります。
　　オ＝2　ワ＝46　リ＝45

52に戻ります。そして名古屋からは離れます。
このところフォトンベルトに注目が集まってまいりました。専門の著書も幾冊か出版されております。説明は省きますが、これにはマヤの暦が非常に深く関わっております。マヤ暦では1年が260日であります。
どうして260日かは諸説ございますが、女性の妊娠期間が元になっているとされる説につきましては、人と自然が交わった興味あるものであります。
260は52の5倍であります。
マヤの神話の書では、紀元前3114が元年であり、その後は52年周期

で物語が進んでおります。

太陽暦では1年が52週です。

今後もしばらくは話題になるでしょうから、なぜ1年が260日であり、52年周期なのかも判ってくることでしょう。おそらく金星に関わることだとは思うのですが、今後最も注目すべき52はこれであります。

釈尊がいよいよ入滅されるというそのときには52種類の生類が集ってきたのだそうであります。実際に数えた結果の数というよりも、おそらく何かを象徴する数なのでしょう。

また、これは52ではないのですが、釈尊入滅は2月15日とされておりますし、釈尊入滅に立ち合うことができなかった弟子の摩訶迦葉(マカカショウ)が見た釈尊入滅の夢では、釈尊が霊鷲山(リョウジュセン)の頂きに立ち1250人の弟子に見つめられておりました。

釈尊は、自分が25番目の仏陀であるともおっしゃっております。それ以前の24人は知られておりません。

インドやネパールでは1、2、5が尊い数とされているのでしょうか。

　名古屋の名前は数言霊であります。
758です。
758を52で割ってみますと、
　　758 ÷ 52 = 14.5769230769…
出てきた数字は0から9まで8以外は揃っておりますが、8だけはどこにもない。

どこへ行ってしまったのかと思っておりましたら、こんなところにありました。

㊇、名古屋市の記章の中にいた。
今度は758と52を足してみますと、
　　758 + 52 = 810
810は81×十であり、光×火水であります。

今、わーすごいと思われた人。あなたは実に素直な人です。純粋で清らかな心の持ち主であります。ただし、口達者な詐欺師の口車に乗せられて高額商品を買わされる可能性がありますので気を付けて下さい。

我田引水だ、と思った人は素直な心ではないですけれども、騙されもしないでしょう。
　このようなことは舞台が札幌でありましても福岡でも可能なのですから。
　仙台なんか、
　　セ＝14　ン＝1　ダ＝61　イ＝5
で、そのまま81ですし。
　おそらく長野にお住まいの方は、
　　ナ＝21　ガ＝51　ノ＝22
94か。これじゃあ意味が判らないなあ。
じゃあ信州では、
　　シ＝15　ン＝1　シ＝15　ユ＝38　ウ＝3
んー、72か。そうか、ンを10にすれば
　　シ＝15　ン＝10　シ＝15　ユ＝38　ウ＝3
これで81だ。
10はキだから「気」だったぞ。
信州には木がたくさんあるし、木は気を出しているから信州は81だ。と結論づけることができまして、別にそれでいいのであります。
　風土の文化を大切にし、そこに暮らすことを誇りに思えるような捉え方によって、各々が光り輝いて下さるのなら。
　そのための数霊であることは何度も申し上げました。
　それと、41や81が特別すばらしいようにお話ししておりますが、創造主からすれば39も73もすべて意味あってのことでありますので、オラが村を41や81に導かなくともすばらしいものはすばらしいのであります。
　他に52を調べておりましたが、アルファベットは大文字小文字合わせて52種ですとか、トランプはジョーカーを抜いて全部で52枚。それに日本の中央郵便局はなぜか52局というようなことでして、名古屋と結び付けるにはあまりに無理がございますので、そろそろ本題に入ることにいたします。

　愛知県は尾張国と三河国から成っておりまして、名古屋は尾張の国で

あります。

　尾張の国の一の宮は、その名の通り一宮市(イチノミヤ)にあります真清田(マスミダ)神社であります。

　御祭神は天火明命(アメノホアカリノミコト)と萬幡豊秋津師比売命(ヨロズハタトヨアキツシヒメノミコト)。

　ただし、後者は本殿脇の服部(ハトリ)神社の御祭神として祀られておりますので、真清田神社としては前者のみでよろしいようであります。

　天火明命とは、先ほど元素記号やラ行変格活用を憶えるよりも難しいとお話ししました天照国照彦天火明櫛玉饒速日尊(アマテルクニテルヒコアメノホアカリクシタマニギハヤヒノミコト)のことであります。いちいち大変なのでニギハヤヒ尊にします。

　尾張の国にはもうひとつ一の宮がございます。真清田神社より南へ約２kmにあります大神(オホミワ)神社がそれであります。

　ひとつの国に一の宮が二つあるのは変ですが、間違っても社務所で「どちらが本当の一の宮なんですか」なんて聞いてはいけません。

　愚かにも、私は両方で聞いてしまったのであります。そして答えはただひとつ。

「うちが本家本元です」

　大神神社でありますが、御祭神は大物主神(オホモノヌシノカミ)でありまして、大和国一の宮、三輪山(オホミワ)の人神神社と社名も御祭神も同じであります。

　日本書紀では大物主神(オホモノヌシノカミ)とは大己貴神(オホナムチノカミ)の別名とされておりますが、大和国大神(オホミワ)神社にまいりますと、御祭神大物主神に並んで配祀として大己貴神(オホナムチノカミ)と少彦名神(スクナヒコナノカミ)がお祀りしてあります。大物主神と大己貴神が同神でしたらば、これはおかしい。

　お宅は仏壇で一人の先祖さんを、生前の名前と戒名とで二つの位牌をお祀りしますか。

　役割の違いといったって、会社での取締役と町内会長と日本きき酒同好会副会長を別々では祀りませんでしょ、お父さんのことを。

　ともかく大物主神が大己貴神でないことは多くの方々が検証されておりまして、結論をいいますと大物主神はニギハヤヒ尊であります。

　大物主神を大己貴神と同神としたのは、大己貴神の別名大国主命(オホクニヌシノミコト)とよく似ているからとのことらしいのであります。

　名前がよく似ているといいましても、木之内みどりと木内みどりは別人であります。佐藤栄作と佐藤B作も違う人です。

ですから、二つの一の宮は共に御祭神はニギハヤヒ尊ということになります。

話を尾張から名古屋に移します。
名古屋のお宮といえば、まずは熱田神宮であります。
御祭神は熱田大神(アッタノオホカミ)でして、相殿に天照大神(アマテラスオホカミ)、素盞鳴尊(スサノオノミコト)、日本武尊(ヤマトタケルノミコト)、宮簀媛(ミヤスヒメ)命、建稲種命(タケイナダネノミコト)がお祀りされております。
熱田大神とは、神宮の資料によりますと、
「三種の神器の一つである草薙神剣を
御霊代(ミタマシロ)としてよせられる天照大神のことである」
比べ方に矛盾があって申し訳ないですが、
　　ア＝1　ツ＝18　タ＝16　オ＝2　ホ＝27　カ＝6　ミ＝35
105であります。
　　ア＝1　マ＝31　テ＝19　ラ＝41　ス＝13
同じく105でして、言霊数としても熱田大神＝アマテラスであります。
天照大神、天照大御神の名は大物主神や大国主命と同じように、立場を表す名前でありまして、決して個人名ではございません。
それは、名誉会長ですとか国王、校長といったたぐいのものであります。
とすると、天照大神とは一体どなたのことなのでありましょうか。

「えー、天照大神って女の神様と違うの」
「うーん。一応はそういわれてるんだけど。円空っていたじゃない。円空彫りの円空。あの円空が感得して彫った天照大神はさあ、男の神様なんだって」
「じゃぁ、男だったんだ、アラテラスって」
　健太と一平は同じ高校に通う幼なじみ。
　健太が３年で一平は２年のひとつ違い。
　夏休みの自由研究のテーマに熱田神宮を選んだのだ。健太の曾祖母の弟が生前熱田神宮に仕えていたということを父から聞いていたからである。
　二人して色々と調べていくうちに、いくつかの疑問が湧きあがってき

たので神宮の社務所で聞いてみた。
　ところが返ってくる答えは正史に基づくものばかりで、二人を納得させるものではなかった。そこで二人は図書館に行き調べ、書店で立ち読みして調べ、少し変わった人にも聞き、やっと大すじが見えてきたのである。
「スサノヲとアマテラスってさー、なんで神話じゃ姉弟なんだ？　素盞嗚尊は出雲系だろ。そしたら出雲の国譲りで国を奪われてるわけじゃない」
「そうなるね。だから素盞嗚尊は、アマテラス—神武天皇のラインに相対する反朝廷サイドの人ってことだ」
「うん姉弟ではないな、間違いなく」
　始めは天照大神の正体を調べていたのだが、相殿五神のうち一柱が流れに反していることに気が付いた。もちろん一柱とは素盞嗚尊だ。
　健太がノートにまとめながら話し始めた。
「相殿の五神で、アマテラスは朝廷側の祖。スサノヲはアマテラスの弟。ヤマトタケルは景行天皇の子。ここまでは同じ血筋だろ。宮簀媛はヤマトタケルの奥さんとなり朝廷側入り。当然兄貴の建稲種も姻戚関係ができて力の強い方にくっついた。
　一応はこれで全部朝廷側ってことか。
　けど、スサノヲは出雲系で反朝廷ってことは事実だろ」
「そうだね。どうして一緒に祀るんだろう」
「草薙剣はもともとスサノヲが八岐大蛇の体内から取り出した剣だからだろ」
　神宝草薙剣は熱田神宮に保管されている。
「そうか。でも、だったら何で出雲の国を奪った敵をも祀るの、変じゃない」
　確かに変だ。
　一平が続けた。
「ねー健ちゃん。月曜日だっけ、氷上姉子(ヒカミアネゴ)神社へ行ったの。
　パンフにさあ、草薙剣は熱田神宮に行く前に氷上姉子神社にあったって書いてあったじゃない」
「うん、書いてあった。ここにあるよ、その案内。これ」

そう言って健太はテーブルの上に氷上姉子神社の案内を広げた。
　ここは熱田神宮のお社のひとつとされているが、所在地は神宮から直線にして約7kmほどある名古屋市緑区大高の地である。
　御祭神は宮簀媛命(ミヤスヒメノミコト)で、熱田神宮の元宮(もとみや)と言われている。
「草薙剣って三種の神器のひとつじゃん。ヤマトタケルが死んで、いつまでもここに置いといてもいいのかなあ、こんな大事なもの」
「なるほど。これさあ、尾張氏の系図を見ると建稲種って天火明命が祖になってるもんなあ。当然妹の宮簀媛もその血筋だろ。だったらいつまでも三種の神器を持ってるのおかしいよなあ、天皇家じゃないんだから」
「大体、何で置いて行ったんだろう、ヤマトタケルは草薙剣を。これから戦いに行くっていうのに」
　もっともな考え方である。
「それよりもさあ、一平。ヤマトタケルは草薙剣を伊勢神宮でヤマトヒメから預かったってことだけどさあ、天皇が天皇である証しの剣を持ち出させていいのか。
　だって途中で奪われたらどうすんの」
「その前にまだ変なことある。だってヤマトタケルは確かに景行天皇の皇子だけど、まだ天皇になったわけじゃないでしょ」
「そうか。じゃあヤマトヒメは勝手に渡したのか、ヤマトタケルに。
　そんなことしてもいいのかよお」
　確かに彼等のいう通りで、天皇が皇位継承の天璽(アマツシルシ)として受け継ぐ剣を、たとえ天皇の皇子といえども預けてしまっていいのだろうか。仮にそれが許されたことだったとしても、ヤマトタケルが死んだ後は天皇家に返すべきものである。姻戚関係ができたとしても天皇家から見れば建稲種や宮簀媛は地方の豪族であり、三種の神器を預け続ける理由などない。
「それにさ、変だと思わんか、一平」
「んー、何が」
「ヤマトタケルだってば。
　だってさ、兄の大唯(オオウス)の手足をひきちぎって殺したり、女装して熊襲(クマソ)タケルを討ち滅ぼしたりしてさあ、出雲タケルまでだまし討ちしてるもん。それが何で英雄なんだろう」

「ちょっとアマテラスは置いといてさあ、そっち調べてみない」
「そうだなあ。じゃあさ、オレが草薙剣調べるから一平はヤマトタケルな」
「判った。絞った方がいいな、これは」
　二階の健太の部屋で夢中になっている二人に階下から母が叫んだ。
「イッペークーン。ケンタも。もう12時過ぎてるよ。ミー子ちゃん心配してるから続きは明日にしなさい」
　ミー子ちゃんとは一平の母親のことである。翌日もまた来ることを約束して一平は自転車で帰って行った。
「あ、ほーら忘れてった。もー」
　急いで帰ったため、母に渡してくれと健太の母から頼まれた魚の干物の入った袋を一平はそのまま忘れていたのだ。

　一平が帰った後も健太は一人で、草薙剣について調べていた。
　部屋をのぞきに来た母は、まだやってるのかとあきれた顔で
「もう母さん先に寝るからね。
　あーあ、勉強もそれぐらい熱心にやってくれたらね」
　健太はチラッと母の後ろ姿を見ただけで、すぐに資料に視線をもどした。
　勉強じゃないから熱心になれるのだ。
　夢中になれるのは自発的だからであって、義務感のみでやらされることには夢中になれないのである。
　階下の時計がゴーン、ゴーン、ゴーンと三度鳴ったその直後、健太は熱田神宮発行の小冊子に聞き捨てならぬ、いや読み捨てならぬ一文を発見した。
「これだー。これこれ。これはすごい。
　これで明日が楽しみだぞ」
　健太はその文にアンダーラインを引き、ページの肩を折り、さらにしおりをはさんでから冊子を閉じた。

　翌朝9時すぎに一平はやって来た。
「おじゃましまーす。

あ、お母さんがいつもすいませんって。
　それでこれ」
と、母から預かったキムチの入った袋を健太の母に手渡した。
「なーにん、気い遣わんでもいいよってミー子ちゃんに言っといて」
　すでに一平は階段をかけ上がり二階にいた。
「おい一平、判ったぞ」
「健ちゃん見てん、これ」
　二人は顔を見るなり同時に叫んだ。
　が、一平の勢いが勝った。
「これさー、母さんが借りてきてくれた本なんだけどさー」
「どこで」
「そんなこと知らん。それより見てん。
　えーっと。あったあったここ」
　健太は本を受け取り、一平の指すところを読んだ。
「ヤマトタケルと景行天皇は…親子でなく…赤の他人…。
　赤の他人！」
「そう他人。ヤマトタケルは実在していたんだけど、本当は全然別の立場の人だったって」
　健太が手渡された本は吉井巌著『ヤマトタケル』である。一平の母が図書館から借りてきた熱田神宮関係の本の中にあったのだ。健太はしばらく天井を見つめ考え込んでいた。
「そうか、そういうことだったんだ。
　オレも見つけたんだよ、ゆうべ。
　ここ読んでみて、判る、どこか」
　そりゃ判るだろう。
　神宮発行の冊子に引かれた赤線部分に一平は黙って目を通した。視線を健太に移すと今度は健太が堰を切ったように話し始めた。
「変だろ。まずさぁ、天武天皇が病気になったから占った。そしたら草薙剣の祟りと出た。だからあわてて剣を熱田神宮に返したってことじゃん。
　草薙剣って三種の神器だろ。三種の神器を持ってるからこそ天皇なのに、何でそれが祟るんだ、天皇に」

「そうだね。変だよその話」
「でさあ、祟ったからといって何でわざわざ熱田神宮に返すの。
　それにだぞ、今の話は686年のことなんだけどさあ、熱田神宮が正一位になったのは966年って書いてあるぞ。
　それまではもっと低かったんだよ、社格が。822年に従四位下、833年に従3位。だから686年のころはもっと低いってことじゃん」
「従四位下ってどれぐらいなの」
「さっき爺ちゃんに聞いたら上から8番目か9番目ぐらいじゃないかって」
　実際は極位の正一位から数えて10番目の位である。さらに健太は
「三種の神器を預かるような神社が8番目か9番目なんてありうるか。
　天皇の居るところが離れているという理由があったにしても、2番目の位にはいないと。それと、これが最大の問題だと思うんだけどさあ、天武天皇が持つと祟られて、なんでヤマトタケルが持てるの」
「母さんが借りてきてくれた本にさあ…」
「誰に」
「だから知らんっちゅうに。ちゃんと聞け。ヤマトタケルは景行天皇とは他人って書いてあったじゃん。それで大皇が持つと祟られる剣をヤマトタケルが持ってたってことはさぁ、ヤマトタケルは景行天皇と他人どころか敵対関係にある反朝廷側の人ってことになるんじゃないの」
「それで、ヤマトタケルが死んでからも宮簀媛が剣を持ってたってことか。
　じゃあさ、宮簀媛も反朝廷サイドってことになるじゃん」
「どうして」
「だって祟られてないもん。
　ということはだぞ、宮簀媛や建稲種の祖の天火明命の流れは反朝廷の血筋になるってことか」
　少し飛躍しすぎのようだが決して間違いではない。高校生にしてはなかなかのものである。
「健ちゃん書いてくれん。オレ言うから。健ちゃんの方が字うまいからいいじゃん。
　いくよ。まず相殿五神。

アマテラス。スサノヲ。ヤマトタケル。宮簀媛。建稲種。
このうちアマテラス以外は全部反朝廷側の人ってことでしょ」
「そう。それと草薙剣が三種の神器じゃないってことと」
「うん。祟られたから返したってのはさあ、もともとは熱田神宮にあって、それを奪ったってことだもんねえ。
けど我が物にできなかった。
だから朝廷は毛嫌いして従四位下以下しか与えなかったってわけだ、熱田神宮に」
「とすると、アマテラスって誰だろう」
「それさあ、一番最初に調べ始めたけど最後まで残っちゃったね」
「ケーンタ。一平君と」
母である。
「サンドイッチ作っといたからちゃんとお昼食べるんだよ。スープは少し温め直してから飲んでよー」
一平は大きな声で礼を言おうと思ったが、すでに玄関の閉まる音がした。よく似た二人だ。
健太は開けてあった窓を閉め、クーラーのスイッチを入れた。
今日もすでに気温は30度を越えている。部屋の前にある桜の木で蝉がやかましく鳴いていた。これだけやかましく鳴かれると蝉しぐれとは呼べない。攻撃である。
「なぁなぁ一平。一宮の真清田神社も大神神社もニギハヤヒじゃん、祭神が。
それにさぁ尾張国の祖、尾張連（オワリノムラジ）や建稲種も系図の始まりが天火明命だろ。
熱田神宮にもニギハヤヒが隠れてるんじゃないかな」
「けどさ、ニギハヤヒは天忍穂耳尊（アメノオシホミミノミコト）の子で、瓊瓊杵尊（ニニギノミコト）の兄さんってなってるよ。
天忍穂耳尊はアマテラスの第一子だし、ニニギにしても出雲の国を奪ってるんだから自動的にニギハヤヒは朝廷側の……あれー。それきのう何かに書いてあったぞー、どれだったっけー」
一平は重ねた本の山の中から目的の本を捜し始めた。
健太はその間、台所へ冷えた麦茶を取りに行き、ついでに昼食用のサ

ンドイッチをほおばりながら戻ってきた。
「あったぞー。やっとあった。これだこれ。読むよ。
『大和大神神社の祭神・大物主命の本名がニギハヤヒで、大和の最初の大王であり、しかも出雲王朝の始祖・スサノオの第五子であった…』だって」
　一平が手にしているのは『抹殺された古代日本史の謎』（関裕二著　日本文芸社）。
「ヤッター、すごいすごい」
「続けるよ。『スサノオは西暦122年ごろ、出雲国沼田郷で生まれた』少しとばして『ニギハヤヒは西暦150〜151年ごろの生まれで…』」
「とすると、熱田神宮のアマテラスは」
「ニギハヤヒかも」
「多分ね。あとはそれが証明できればなあ」
「だから円空の彫ったアマテラスは男だったんだ」
　してやったりと誇らしげな顔をしている。
　二人は麦茶で乾杯した。
「そうか。剣はもともとスサノヲが大蛇（オロチ）から取り出した。それが実際何を意味してるのかは判んないけど、直接ニギハヤヒに託した」
「だから熱田神宮にあってしかるべきってことか」
「いや、それだけじゃないぞ。
　氷上姉子神社の案内にさ、『当社は、古代尾張の開拓神であった天火明命の子孫で、当時の尾張国造（オハリクニノミヤッコ）（現代の地方長官）として、氷上の地を本拠としていた乎止与命（オトヨノミコト）の館跡に、宮簀媛命（ミヤスヒメノミコト）を御祭神として仲哀天皇四年（195）に創建された由緒深い神社である』って書いてある。
　ニギハヤヒが150年ぐらいの生まれだとするとだいぶ年代にずれが出てくるけどもさぁ、今出てきた尾張国造、乎止与命、宮簀媛命って全部ニギハヤヒの子孫だろ。
　これは推測だけどさあ、ニギハヤヒの直系の子孫がそのまま草薙剣を受け継いでいたとするとだよ、ヤマトタケルは伊勢のヤマトヒメからではなく、尾張のこの地で宮簀媛から手渡されたんじゃないのか、剣を」
「そうかもしれないね」
「それか、ヤマトタケルも同じ血筋の中の人で、初めから剣を持てる立

場にあったかだな」
「じゃあさ健ちゃん。朝廷はヤマトタケルに剣を渡したんではなくて、本当は取り上げた。それで祟られたってことだ。
　すごい剣だなあ、一度見てみたいと思わない」
　思うのである。そして実際に見てしまった人がいるらしい。江戸時代のこと、何としても一目見たいとの衝動を押さえきれなくなった宮司ら何人かが、絶対に見てはならんとの掟をやぶり見てしまったんだとさ。
　後にバレて追放されたらしいが。でもよかったね、見れて。
　一平が続けた。
「じゃあさ、スサノヲがアマテラスに剣を献上したのもデタラメってこと」
「そうなるなあ」
「歴史は勝者の歴史か。むなしいなあ」
「なあ、腹減った。メシにしよう」

　二人はスポーツドリンクを飲みながらサンドイッチを食べていた。高校生はこんな暑い日に熱いスープなど飲まないのである。しかも自分で温めてまで。
　玄関でチリンチリン、ベルが鳴った。
「こんにちはー」
「おー、友ちゃん」
「あっ来たんだ、友ちゃんも」
　友音。岐阜県多治見市に住む高校1年生。
　健太の彼女である。
「あれ、おばさんは？」
「どうやって来たの、ここまで？」
「今日仕事なの、マコおばさん？」
「バスで来たの、友ちゃん？」
　会話になってない。
　友音はガスコンロの上に置かれた野菜スープを見て察した。そして火を付け温めた。
「どうせ、温めて飲みなさいよって言われてるんでしょう」

「うっ、するどい」
　健太は食べながらこれまでの経緯(いきさつ)を友音に話した。しかし聞いたところでニギハヤヒだの尾張連(オワリノムラジ)だのと聞いたことのない名前ばかりで楽しいはずもない。
　友音は、へーとかフーンと適当に相槌を打ちながら広げられた名古屋市の地図を見ていた。
「だからさあ、友ちゃん。尾張の国はニギハヤヒの国だったんだよ、本当は」
「へー、でも私ん家、美濃の国だもん」
「ニギハヤヒって人はさぁ…」
「ねえねえ、健太ん家のそばに尾張神社ってあるんだね。あ、オワリド神社か」
「うっそ、どこに。ああ、あれか。
　じゃあ今度行ってみよう」
　名古屋市の鬼門、東北のはずれの東谷山(とうごくさん)山頂にあるのが尾張戸神社である。オワリベと読む。東谷山は名古屋市内では最も高い山である。しかし標高はわずか198.3m。
　名古屋駅前にツインタワービルができるまでは名古屋市で最も標高が高いところであったが、それも今となっては過去の栄光となった。
「あれー、これってさあ」
　一平が何かを見つけた。
「尾張戸神社のすぐそばに白鳥塚古墳って書いてあるよ。これ、ヤマトタケル調べてたときに出てきたぞ」
　それは『天翔る白鳥ヤマトタケル』(小椋一葉著　河出書房新社)である。
「じゃあ、今から行こう」
「何で行くの」
「自転車さ。行けるよ山頂まで。あっ」
　健太は友音の自転車がないことに気付いた。
「じゃあバスで」
　一平は友音が来てくれたことに感謝した。
　もし二人だったら自転車で行く羽目になっていたからだ。この暑さの

その8　"名古屋と52"　233

中、自転車で山に登るなんて狂気の沙汰である。

　三人は白鳥塚古墳の前に立っていた。
　バス停よりわずか200m足らずのところにある白鳥塚古墳だが、しかし彼等が期待していたようなものは得られなかった。
「中へ入れないんだ」
　一平が言った。
　友音も少しがっかりした様子で、
「わりと小っちゃいのね」
とつぶやいた。
「仕方ない。山登るか」
　健太の声につられて三人は歩き出した。
「あー、あっぢー。水筒持ってくればよかった。あとどれくらい」
　今にも死にそうな口調で一平が聞いた。
　しばらく黙って歩を進めてから、やっと健太が答えた。
「多分、あと200mぐらい」
「まーだそんなにあるのー」
　何を言っているのだ、高校生が。
　健太はバッグにぶら下げたアウトドア用の腕時計を気温計に合わせた。
「ゲッ。38.7度」
「じゃあ、40度行くかもしれないなぁ、うちの方は」
　友音が言った。
　そう、多治見市は全国で最も高い気温を記録する日があるのだ。
　汗だくになった三人は尾張戸神社に到着した。

「やっぱりニギハヤヒだ。
　健ちゃん、ここもニギハヤヒだよ、御祭神は。ほら見てん」
　一平が拝殿前に置かれた案内を見て叫んだ。
「やっぱりここもそうだったのか」
「あっ」
「あっ」
　二人同時に叫んだ。

そして自分たちの推理が正しかったと確信した。
　そこにはこう記してあったのだ。
　「東谷山は熱田の奥の院である。……天火明饒速日尊は素盞嗚尊の五男に当たります。天照国照彦……」
「熱田の奥の院もやっぱりニギハヤヒ。
　ということは熱田神宮の天照大神の本当の名は…」

　９月になり、二学期が始まった。
　健太と一平の提出した自由研究のレポートは見事校内の最優秀賞を受賞した。
　それから２週間ほど経ったころのこと。
　二人はそれぞれの担任から校長室へ行くよう命じられた。
「何だろう」
　誉められるようなことをしていないことは確かだが、叱られるようなこともしてないはずだ。校長室へ入って15分後、二人は安堵の表情で出てきた。
　レポートの内容が優れていたため、校長の計らいで二人に図書券が送られたのだ。
　廊下を歩きながら一平が健太に尋ねた。
「どうする。言う」
「迷っとるけど…やめとこっかな」
　親に報告するかどうかである。
　なぜ迷うのか。
　その答えはこうだ。
　報告すれば親は必ずこう言う。
「よかったじゃないか。ちゃんとやればできるんだよ、立派立派」と。
　そして、その次にこうも言う。
「それで参考書でも買いなさい。
　勉強もそれぐらい頑張るんだぞ」と。
　大きなお世話である。
　夏休み、遊ぶ時間も惜しんで調べたレポートでもらったご褒美を、何が悲しくて参考書なんかを買わねばいかんのだ。

二人は帰り道、早速書店に行き、欲しかった本を幾冊か抱えてレジに並んだ。
『覇王転生　十一面観音とニギハヤヒ』
『消された覇王　伝承が語るスサノオとニギハヤヒ』
『天武と持統』
『封印された古代日本の…』

　熱田神宮の言霊数は、
　　ア＝1　ツ＝18　タ＝16　ジ＝60　ン＝1　グ＝53　ウ＝3
152であります。
52とは数霊横の理で繋がっており、共有する意味がございましょう。この152の中にいろいろと隠れております。
まずはヤマトタケルが隠れている。
　　ヤ＝36　マ＝31　ト＝17　タ＝16　ケ＝9　ル＝43
152です。
次に素盞鳴尊も隠れている。
スサノヲは93ですが、スサノヲのお祭りが隠れているのであります。
　　ギ＝55　オ＝2　ン＝1　マ＝31　ツ＝18　リ＝45
はい、152です。
ヤマトタケルも素盞鳴尊も剣と深い関わりを持っておりました。剣、刀の神様は天之御影神と申されます。
　　ア＝1　メ＝34　ノ＝22　ミ＝35　カ＝6　ゲ＝54
はい、152。
天之御影神は近江国の三上山を御神体とする御上神社の御祭神でありまして、三上山は「近江富士」と呼ばれております。
　　オ＝2　ホ＝27　ミ＝35　フ＝28　ジ＝60
少し細工してありますが、152。
天之御影神は今後の国造りで御活躍される一柱（ひとはしら）であります。
近江の国の一の宮は建部大社（タケベタイシャ）でありまして、御祭神はヤマトタケルであります。隠された歴史があるようです。
もうひとつ剣のお話ですが、素盞鳴尊が八岐大蛇を退治したとき、大

蛇のいたところには叢雲が棚引いていたため、大蛇より出てきた剣を叢雲剣（ムラクモノツルギ）と呼んだのであります。これがやがて草薙剣と呼ばれるようになる天叢雲剣（アメノムラクモノツルギ）です。

　　ム＝33　ラ＝41　ク＝8　モ＝32　ノ＝22　ツ＝18　ル＝43
　　ギ＝55

これは252であります。

"天明と木星"で少し触れましたが、一対でこそ陰と陽でことが成り立つのであります。大祓詞（オホハラエノコトバ）に出てまいりました神漏岐、神漏美。

　　カ＝6　ム＝33　ロ＝42　ギ＝55

136。

神漏美は116でした。

　　136＋116で252であります。

神漏岐＋神漏美が叢雲剣と同じになるということは、叢雲剣が意味するものは「陽と陰」「父と母」「火と水」などの結合であることを意味しております。

剣の意味するところはなかなか深きものなのであります。

152にはヤマトタケルと素盞鳴尊以外にもう一柱（ひとはしら）隠れております。裏側に。

裏側ですので152を反転させまして251とします。

天火明饒速日尊であります。

　　ホ＝27　ア＝1　カ＝6　リ＝45

これで79。

　　ニ＝25　ギ＝55　ハ＝26　ヤ＝36　ヒ＝30

172であります。

　　79＋172＝251。

熱田神宮＝152の裏側に火明饒速日（ホアカリニギハヤヒ）＝251が隠れておりました。

見ーつけたもんねー。

いよいよ饒速日尊の御柱が立つときが迫ってまいりました。

どういったカタチで立つのかは判りませんが、おそらく白山神界の合図と同じように火柱として立つことでありましょう。

　　ヒ＝30　バ＝66　シ＝15　ラ＝41

その8　"名古屋と52"　237

152です。
　愛知万博会場の東にそびえます猿投山(さなげやま)にはヤマトタケルの兄、大碓命(オホウスノミコト)が主祭神の猿投神社がございますので、火柱立ちし山となるのはこの山かもしれません。
　猿投神社は左鎌(ヒダリガマ)がたくさん奉納されております。左投げの火足り鎌であります。
　大碓命の正体も猿投の名も、いわれはございますが、実のところまだよく判っておりません。左鎌にしましても、何かカタとしての働きがあることでしょう。

　左足が前へ出るときは右足が支えとなり、右足が進むときには左足が支えとなるように、人がことを成すときは神が人を支えておるから、神が働く際には人が支えとなるんじゃぞ。
　木曽御嶽に鎮座まします神様からの教えであります。
　新たな国造り、火柱立つにもこのような支え合いが必要であります。
　どういったことを支えていただき、どのように支えさせていただくか、それは各々の神行であります。
　これが惟神(カムナガラ)の道(ミチ)であります。
　　カ＝6　ム＝33　ナ＝21　ガ＝51　ラ＝41

　日本全国の旧国一の宮は68ヶ国97社ございます。このうち饒速日尊を主祭神とするところはわずかに4社だけであります。
　大和国の大神神社。尾張国の真清田神社、大神神社。そしてもうひとつが丹後の国の籠(コノ)神社であります。
　ただし、信濃の国の一の宮、諏訪大社の建御名方神(タケミナカタノカミ)のように、実は饒速日尊のことかもしれない神様もおみえですので、実際の数はもう少し多いと思われます。
　籠神社の主祭神は彦火明命となっておりまして、もちろん饒速日尊のことであります。代々籠神社をあずかる宮司海部(アマベ)氏の系図は初代が天火明命から始まり、"現存する日本最古の氏系図"として国宝に指定されております。
　羽衣天女の伝説がある日本三景のひとつ、天橋立は籠神社の眼前に広

がっております。

　　ハ＝26　ゴ＝52　ロ＝42　モ＝32

　羽衣と饒速日尊を結び付ける訳ではないですけれど、丹後の国にも古代、文明を持った王国が存在しておりました。

　この王国もやはり饒速日尊が治める国だったのでしょうか。

　もしそうであるならば、近い将来きっと見直されることになることになりましょう。

　なぜなら、白山神界と富士神界の表裏が入れ替わり、今まで表に出ていたものは裏へまわり、裏で埋もれていたものが表に出るのでありますから。

　ですから、隠された熱田大神も、本来の姿に戻ることでしょう。

　今度は152の組み換え反(ガエ)しであります。

　125。この数は52と152の関係とは少し違ってまいりまして、日本全体を表しております。むしろ88に近いかもしれません。しかし、88が不変的な意味合いが強いのに対し、125は今が旬なところが少しあります。お楽しみいただけるとよろしいのですが。

　日本は瑞穂の国であることは以前触れましたが、瑞穂が、

　　ミ＝35　ヅ＝63　ホ＝27

125であります。

　伊勢神宮には内宮・外宮の御正宮の他、別宮が14、摂社・末社・所管社が109社ございまして、計125社からなっております。

　脊椎動物の寿命は、脳の発育年数の5倍だそうであります。

　人間の脳の発育は25年とされておりますので、空気も水もきれいなところに住み、風土のもの、旬のものを食し、精神的負担の少ない生活をしますれば、人間の寿命は125年になるかもしれません。

　このあたりは旬とは関係なかったですね。

　平成の今上天皇は、欠史八代も含めますと、神武天皇より数えて第125代天皇であります。

　内容がバラバラですがどんどんいきます。

　アトランティス大陸やムー大陸が海底に沈んでしまったのが今から

12500年前のことだそうであります。
　アトランティスのエネルギーは水晶に宿っているといわれております。
　ということは水晶のパワーはアトランティス時代のエネルギーなのでしょうか。
　　　ク＝8　リ＝45　ス＝13　タ＝16　ル＝43
125です。
　マヤ暦は52年周期とお話ししましたが、52年周期は1世紀としての単位だそうで、それ以外に大周期なるものが存在するということであります。
　大周期は5125年です。
　5125は125×41であります。
　意味深な数ですね。

　"イザナミと117"で毎月7の日は白山神界のお祭りだったことをお話ししました。そして、4月6日、シロの日で終わったと。
　1996年春のことでありました。
　ちょうど、時を同じくして宇宙より来客がございました。3月から4月にかけて百武彗星が440年ぶりに帰って来たのであります。地球上からは尾の長さが百度にも達しまして、「百丈彗星」になりました。
　このときは地球からわずか0.1Auの距離を通過いたしました。
　Auとは天文単位のことでして、地球と太陽の距離約1億5千万kmを1Auと定めたものであります。
　言霊数は
　　ヒ＝30　ヤ＝36　ク＝8　タ＝16　ケ＝9
99であります。
　ちょうど白山神界のお祭りでしたので、百武彗星もそれに合わせて来たのでしょう。
　99は「百」－「一」で「白」なのですから。
　百武の百をそのままにしますと、
　　百＝100　タ＝16　ケ＝9
125であります。

霊的存在であっても三次元世界に作用する場合は物理的現象を利用します。
しかも確実に人間が認識できる状況下においてであります。
神界も人間世界と共に動いているのですから。
ということで、彗星は箱舟の役割をしているのであります。
　　ハ＝26　コ＝7　ブ＝68　ネ＝24
125であります。
では、百武彗星にはどなたが便乗されていたのでありましょうか。
時期は白山神界のお祭り。
百武の言霊数は99なので「白」ということは白山の菊理姫かもしれません。
　　ク＝8　ク＝8　リ＝45　ヒ＝30　メ＝34
はい、125であります。
百武彗星に乗ってやって来たのは菊理姫だった…かどうかはまだ判りません。
宇宙人が乗っていたかもしれませんし。
　　ウ＝3　チ＝20　ユ＝38　ウ＝3　ジ＝60　ン＝1
でしょ。
宇宙人と申しましてもオリオンやプレアデスの使者といったところから、650万年前金星より飛来し、京都は鞍馬に降り立たれました神様も宇宙人でありまして、肉体を持ったグレイやＳＦ映画に出てくるものばかりが宇宙人ではないのであります。

どういった経緯からは判りかねますが、おとぎ話の桃太郎は菊理姫の御子だともいわれるのですが、どうでしょう。
　　モ＝32　モ＝32　タ＝16　ロ＝42　ウ＝3
125であります。
彗星に乗って来たのは桃太郎のモデルとなりました神様の御霊(ミタマ)なのでしょうか。
桃太郎のおとぎ話は実によくできておりまして、人間いかに生くべきかという説法であります。
お供として鬼退治について行きましたのは、

イ＝5　　ヌ＝23　　　　計28
　　　サ＝11　　ル＝43　　　　計54
　　　キ＝10　　ジ＝60　　　　計70
　三匹の言霊数を合計しますと152であります。
　犬は情を表し、猿は智恵を表しております。
　そして雉は意志を表しております。
　矢のように進む、で雉です。
　これを合わせて「情・智・意」であります。
　一般には「智・情・意」になっておりますが、智よりも情の方が大切であり、先に来ませんと具合がよくありません。
　なぜなら、情なき智恵は所詮他人事。冷たいものになってしまいます。
　愛がある智恵を生むには、まず情がなければいけません。それを愛情といいます。
　言霊数は順序違えど同じでありますが、
　　　ジ＝60　　ヨ＝37　　ウ＝3　　　計100
　　　チ＝20
　　　イ＝5
　3つ合わせまして125であります。
　　熱田神宮が152。
　　ヤマトタケルも152。
　　モモタロウは125。
　　犬・猿・雉で152。
　　情・智・意は125。
　もし健太と一平がこれを知ったら、間違いなくモモタロウはヤマトタケルだったと結論付けていたことでしょう。
　　桃太郎とヤマトタケルは一心同体であった、と。
　　　イ＝5　ツ＝18　シ＝15　ン＝1　ド＝62　ウ＝3　タ＝16　イ＝5

　　辻天水の『天言鏡』は
　　　テ＝19　ン＝1　ゲ＝54　ン＝1　キ＝10　ヨ＝37　ウ＝3
　これで125。

ニッポン、岡本天明、辻天水、これらのンにそれぞれ10を用いますと、すべて言霊数は125になるのでありまして、百武彗星の接近も、物理現象に乗じての神界劇の一部分なのであります。
　饒速日尊のミハシラ＝117が立ち、
　その合図がヒバシラ＝152となって表れ、
　天と地とを結ぶのであります。
　諏訪大社の御柱のように。
　　オ＝2　ン＝1　バ＝66　シ＝15　ラ＝41
　はい、125であります。

　尾張の国にも富士がございまして、標高わずか273ｍの尾張富士がそれであります。
　　オ＝2　ワ＝46　リ＝45　フ＝28　ジ＝60
　181であります。
　弥勒菩薩や大国主命、月読尊の言霊数と同じであります。
　また、霊界は181の層に分かれているそうでありますが、この数が出てまいりますのも地球神界において重要な意味合いを持った数なのでしょう。
　愛知万博です。ンに10を使います。
　　ア＝1　イ＝5　チ＝20　バ＝66　ン＝10　パ＝71　ク＝8
　181です。
　ンに10を使うのは身勝手だとおっしゃるのでしたら、ンは1でよろしい。
　すると、愛知万博＝172であります。
　龍は86でした。
　後ほど詳しくお話ししますが、日本の国土は登り龍と下り龍の二体からなっております。
　　86×2＝172
　それだけではございません。
　天照国照彦天火明櫛玉饒速日尊。
　　ニ＝25　ギ＝55　ハ＝26　ヤ＝36　ヒ＝30
　仏界には阿弥陀様もここにおります。

阿＝76　ミ＝35　ダ＝61
よろしいでしょうか。

　愛知万博は名前がついておりまして、
「愛・地球博」と申します。
　　ア＝1　イ＝5　チ＝20　キ＝10　ユ＝38　ウ＝3　ハ＝26　ク＝8
これは111になります。
ですから111のお話を少々。
神話のお話であります。
日本の国ができましたのは、伊弉諾尊と伊弉冉尊が天之浮橋(アメノウキハシ)に立ちまして、
　　ア＝1　メ＝34　ノ＝22　ウ＝3　キ＝10　ハ＝26　シ＝15
天沼矛(アマノヌホコ)をおろしてかきまわし、
　　ア＝1　マ＝31　ノ＝22　ヌ＝23　ホ＝27　コ＝7
やがては現在の日本であります大八嶋(オホヤシマ)が
　　オ＝2　ホ＝27　ヤ＝36　シ＝15　マ＝31
できあがったのであります。
どうですか。これが国造りの数霊であります。
天沼矛は「アメノヌホコ」でもよろしいのですが、ここでは「アマノヌホコ」にしてあります。
すでに新たな国造りのために不必要なものはどんどん自然淘汰されております。
　　シ＝15　ゼ＝59　ン＝1　ト＝17　ウ＝3　タ＝16
111でして、これも国造りの数霊であります。
　天之浮橋に立つということは、神の目で人を見、人を包み、人を育てるということであります。同じ目線で良し悪しを判断してギャーギャーと騒ぐことではございません。
　判りやすく申しますと、達観したひいお爺ちゃんが曾孫を見るような目のことであります。本質を見抜きますので、他の子よりも言葉を話すのが遅いとか、少々やんちゃであるとかといったことはどうでもよろしいのであります。そんなことは心に掛けず通り過ぎて行ってしまう。そ

れは、次にどうなり、将来はどうで、何を大切に生きるかが読めるからであります。天之浮橋に立つとは、そのように見極めることであります、本質を。そして、いちいちまどわされないことであります、現状に。

　宇宙飛行士が宇宙から地球を見ますと、
「今、自分は神の目で地球を見ている」
と実感するのだそうです。

　それは全体が見えるからです。全体を小さく見渡せるからであります。それゆえ尊さも判り、護りきらねばならないと実感するのでありましょう。

　では、なぜ全体が見えるとそのような思いになるのでしょうか。

　それはただひとつ。恐怖心がなくなるからであります。

　恐怖心をなくした分、人はやさしくなることができ、神様に近付くことができるのであります。

　宇宙飛行士は外宇宙をめざし、自らの中に神を発見した。

　信仰者は内宇宙を究明することで、自らの中に神を見出すのであります。

　それを今やる。今日からやる。

　そうでないと「瀬戸際」が「終まい」になってしまいます。

　第125代の天皇は平成・今上天皇であります。今、上がるのであります。天之浮橋に。

　　キ＝10　ン＝1　ジ＝60　ヨ＝37　ウ＝3

　111であります。

　仏においては大日如来(フツ)の数霊であります。

　　ダ＝61　イ＝5　ニ＝25　チ＝20

　同じく111です。

　もうひとつ仏のお話を。

　南無阿弥陀仏とは、阿弥陀仏を押し、自ら阿弥陀仏に帰依するということでして、平たく申せば阿弥陀仏のもとへ帰るということであります。死んでからのお話ではございませんよ。生きながらにして心が帰ることです。

　　ネ＝24　ン＝1　ブ＝68　ツ＝18

　やはり111であります。

阿弥陀様に帰依しましたなら、あとはすべておまかせしておけばよろしいのであります。今、自分のやるべきことを当たり前のようにやっておけば、あとはいかなる結果となろうとも阿弥陀様の意のままに。
　もがいても阿弥陀様の意のまま。
　おまかせしても意のまま。
　であるならば、心わずらわせずして、みーんな阿弥陀様におまかせいたします。
　このようなことを「本願他力」と申します。「本願他力」とは、すべては阿弥陀様の力の中にあり、ということです。
　それがいつのまにやら、自分は何も努力せずして人まかせに甘えることを「他力本願」というようになってしまいました。
　全く違います。本来の意味は「他力本願」も「本願他力」と同じ意味なのですから。
　余談です。
　南無阿弥陀仏と唱えることでそなたも救われる。であるから南無阿弥陀仏を唱えなさいと衆生に説いたのは浄土宗開祖法然であります。唱えるだけで救われるのですから、これは宗教の一大革命であります。
　しかし、念仏を唱えることで救済されるということは、今はまだ救われていないということでもあります。
　救われていないから救われたい。
　そのために南無阿弥陀仏を唱える。
　このようにして唱える念仏を「専修念仏（センジュネンブツ）」と申します。
　一方、法然のもとに学び、やがては浄土真宗を開いた親鸞の唱える南無阿弥陀仏は、
「ああ、自分はすでに阿弥陀様に救われていた。ああ、ありがたいことだ」
と感謝をこめての念仏であります。
　自分はすでに救済されていたことを発見し、救っていただいたことに対するお礼の南無阿弥陀仏。
　これを「報恩念仏」と申しております。
　法然あっての親鸞なのですが、これぞまさしく史上希有の大発見であります。

この発見は、数学での「０の発見」、物理学での「引力の発見」に匹敵する大発見ですぞ。

　ところで、引力を発見したのをニュートンと思われている方が多いようですが、引力はすでに古代ギリシア人たちが発見しておりました。ニュートンの発見したのは引力の法則であります。

　余談でした。

　52、152、125、111

　これらが今後どのように現れてくるかは判りませんが、悪しきことにて現れぬよう意乗るばかりであります。

　いずれにしましても大自然は数に玉し霊宿らせ人に知らせてくれるのですから。

　それが数霊です。

　　　カ＝6　ズ＝58　タ＝16　マ＝31

　そして、足し算ばかりしておらず、大自然に耳を傾けておりますと、その中にもメッセージはたくさん含まれていることに気付きます。

　それが音霊です。

　　　オ＝2　ト＝17　ダ＝61　マ＝31

　あっ、また足し算してしまいましたね。

　はい、お疲れさまでした。

コラム「数の妙味①」

　子供のころからずっと疑問に思っておりました。
　どうして直角は100度ではないのだろうか。
　どうして全方位は400度にしなかったのか。
　なぜバナナサンドのパンのふちっこにはクリームの入ってないところが3.5cmもあるのか。
　なぜ「当たり付き」と書いてあるアイスクリームにはずれがあるのかと。それなら「くじ付き」だろ。
　これらもっともな疑問のうち、はじめの二つのお話を。
　お小遣いに100円あげることはあっても90円はあげないでしょう。
　どうして直角を100度にしてくれなかったのでしょうか。
　それに、1メートルは子午線の4千万分の1なのだから全方位もグルリと一周で400度にすればいいのに。
　ついでに1分も100秒にした方が判りやすいではないですか。
　1分を100秒にして、1時間を100分にし、1日を10時間かまたは20時間にする。
　テニスの得点もちゃんと理由（わけ）が理解できるものにする。
　現在の単位ですと1日は8万6千4百秒になりますので、10時間は不可能だと思った人は運動場を10周走ってきなさい。
　1秒の長さを変えてしまえばよろしいのであります。
　現在使っております時間の0.864秒を1秒にすれば1日が10万秒になります。
　すると、1分100秒、1時間100分、1日10時間が可能になります。
　1秒をさらに半分の長さにしますと1日が20時間になりまして、春分の日と秋分の日は昼と夜がちょうど10時間ずつで大変すっきりいたします。
　なのになぜ先人たちは直角を90度にし、全方位を360度にし、時間1周を12や60に区切ったのでありましょうか。

全方位の360度か400度かを例にとってみてみます。
400を割り切る数は、

$$\begin{bmatrix} 1、2、4、5、8、10、16 \\ 20、25、40、50、80 \\ 100、200、400 \end{bmatrix}$$

以上15です。
では360はどうでしょうか。

$$\begin{bmatrix} 1、2、3、4、5、6、8、9 \\ 10、12、15、18、20、24 \\ 30、36、40、45、60、72 \\ 90、120、180、360 \end{bmatrix}$$

これが24もありまして、ひと桁の数は7以外すべてが入っております。どうも7は協調性がないようであります。
同じように100よりも60や90の方が割り切る数がたくさんあります。
ですから直角が90度であったり、1分が60秒であるのは、分けるときに分けやすいし色々な分け方ができるからなのでしょう。
やはり先人たちは賢かった。
かつてフランスでは実際に1分100秒、1時間100分、1日10時間の暦が用いられておりました。1792年から14年間ですが。これは一週間を10日にしてしまったので休みが10日に一度しか来ず、短期間で廃止されたのでありました。
やはり現在使用されてるものが一番自然の摂理に適ったものなのでありましょうね。

その9　"太陽と維新"

　久しぶりに9方陣を見ていただきましょう。
　中心41より左右両端の数のお話であります。
　　　サ＝11　ユ＝38　ウ＝3
　52であり…失礼。ひきずってしまいました。人の苦しみはすべて執着によるものなのに。
　はい。では気を取り直しまして、まずは61からであります。

　物事の重要なところや中心となる部分を体の部位にたとえて「肝腎要(かんじんかなめ)」と申します。
　肝臓、腎臓、それに腰のことであります。
　肝臓や腎臓は、胃や腸など消化器系と違い一度悪くしてしまいますと、回復させるのには年単位の月日を要します。また、悪くなりましても直接痛みを感じない臓器でありまして、それゆえ"モノ言わぬ臓器"といわれております。
　言霊数にしますが、今回もわがままをきいていただきます。
　まずは肝ですが、
　　　カ＝6　ン＝1
で7です。
　次に腎で、
　　　ジ＝60　ン＝1
で61。
　最後は要
　　　カ＝6　ナ＝21　メ＝34
　計61であります。
　ここでわがままです。
　肝を7にする以前の6＋1のままにしておきますと、
　　　肝＝6＋1　腎＝61　要＝61
　たいへんきれいな景色であります。
　腎につきましては他にも「神」「人」「仁」など、大切なものに「ジン」

という言霊が当てはめられております。

　61の説明をしやすくするために"六十一"といたします。
「六」の「ヽ」は神のことであります。
日月神示にも出てまいりました☉の、です。
「六」の「一」は人のことであります。
そして「六」の「ハ」は開くです。
「十」は縦と横が交わっておりますので、組み合わさることを意味します。
　最後の「一」は"ひとつになる"ことです。
　したがって「六十一」は、神と人との間が開かれ、組み合わさってひとつにくくられる、という数であります。
"くくる"のは菊理姫(ククリ)の働きでありまして、
　　ク＝8　ク＝8　リ＝45
61です。
これこそが真理であります。
　　シ＝15　ン＝1　リ＝45
同じく61。
数霊に現れる神様の智恵も真理であります。
菊理(ククリ)は数言霊ですので九九理でもあります。
九九とは81であり9方陣でもありまして、そこに理がある。9方陣の中に真理が詰まっているということであります。
神や血液やヘソが中心に鎮座するのも真理。胎児や先祖、人間や未来が光であることも真理なのであります。
「六十一」の神と人との間が開かれ、組み合わさってひとつにくくられるというのは体主霊従のままでは不可能であります。
体主霊従は、神と人との間が閉じております。霊主体従になって初めて開かれます。
　開かれたから霊主体従になるとも言えますが。
しかし、「六十一」はその先があります。
なぜなら、霊主体従というのは霊と体が主と従の関係にある。
「六十一」はひとつにくくられる、であります。したがって霊主体従の

その9　"太陽と維新"　251

さらに先、「霊体一致」を示しているのであります。

霊体一致とは、言い替えますと「神人合一」です。それが六十一の意味するところであります。

十干十二支の組み合わせは60通りあります。10×12で120通りのようにも思いますが、次のように、

1	2	3	4	5	6	7	8	9	10	1	2	3	4	5	6	7	8
きのえ	きのと	ひのえ	ひのと	つちのえ	つちのと	かのえ	かのと	みずのえ	みずのと								
甲	乙	丙	丁	戊	己	庚	辛	壬	癸	甲	乙	丙	丁	戊	己	庚	辛
1	2	3	4	5	6	7	8	9	10	11	12	1	2	3	4	5	6
ね	うし	とら	う	たつ	み	うま	ひつじ	さる	とり	いぬ	いのしし						
子	丑	寅	卯	辰	巳	午	未	申	酉	戌	亥	子	丑	寅	卯	辰	巳

何千年経っても偶数は偶数と、奇数は奇数としか組み合わさらないために60通りという訳です。この組み合わせのすべてをひと通り生きましたところが還暦であります。

61年からは2巡目に入る。

時間も60分でひと区切り、61分目からは次の時間に入る。

ですから61というのは再出発の数でもあります。

61歳は神とひとつにくくられて生きられるようになるための目安の歳です。

さて、霊体一致ですとか神人合一はともかくとしまして、霊主体従になってまいりますと、体から出るオーラが強くなってまいります。人からは判らずとも神様からはよーく判ります。太陽のようにまばゆい輝きを放っているのですから。

霊主体従や霊体一致というようなことが判らなくても、いきいきしている人も同じように太陽のような輝きを放っております。

タ＝16　イ＝5　ヨ＝37　ウ＝3

春分の日と秋分の日、9方陣を持って81を北極星に向けますと、61の指す方角はちょうど太陽が昇ってくる位置に向かっております。もちろん自分自身は41に位置してのお話です。

宇宙空間に渦ができますと、そこにガスやちりが集まってまいります。すると磁場や回転運動ができ、長い年月をかけ星へと成長していくので

あります。

　川の流れの中にも渦があるように、自然界にはあらゆる渦を見つけることができます。

　竹の内側にも渦があります。中が空洞の竹の内側でも空気は渦を巻いているのであります。

　体の中では三半規管にも渦がありますし、血管の中では赤血球も渦を巻いて流れているのだそうです。胎児も産道を通過するのに渦を巻きながら出てまいります。

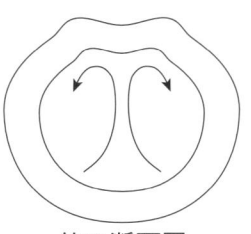

　松の木は枝の長さと根の半径が同じだそうでして、枝の先から落ちたしずくはそのまま根が吸収し、体内へと循環させております。松は、この◯能力がありますと松食い虫が寄って来ないらしく、◯能力によって"気"が出ているのでしょう。

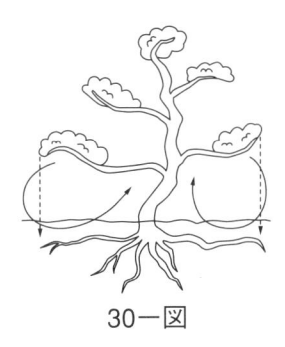

　ですから◯能力がなくなるということが"気枯(ガ)れ"となって松食い虫が寄りやすくなる。人が"気枯れ"ますと邪のモノが憑きやすくなるのと同じであります。

　鳥の上昇運動も水蒸気の回転エネルギーを利用して、31－図のように渦を巻いているのだそうであります。

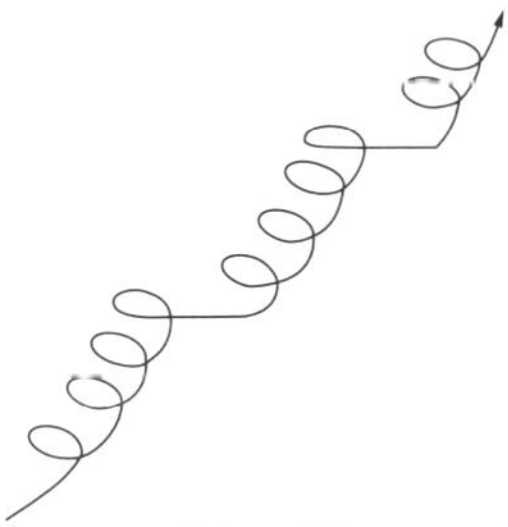

　渦とは、新たなる生命を育む元であったり、生命維持のエネルギーの循環であります。

　竜巻は渦を巻くことで自らのエネルギーを高めていきます。

　エネルギーの元です。

　　　ウ＝3　　ズ＝58

竹の断面図
29－図

30－図

31－図

"御中主、満ち足りて"では天宇受売命(アメノウヅメノミコト)を「うづめ」としましたが、仮に宇受売を"渦目"としますなら「うずめ」の方が適切であります。大自然の渦の目の神様なのでしょうか。

　宇宙空間のエネルギーも∞の形に回っておりまして、宇宙空間も地球

その9　"太陽と維新"　253

上の自然界も、そして人体におきましても渦、または回転運動が止まりますと、それは死を意味します。
　さて、あらゆるところで発見することができる渦でありますが、日本国内には渦のボスがおります。
　もしあの渦が止まってしまいますと、日本の国土のエネルギーは落ち、守護も弱くなってまいります。
　渦の親分です。
　　ナ＝21　ル＝43　ト＝17
　はい、鳴門の渦は81であります。
　鳴門海峡の渦は、人体での鼓動と同じなのであります。
　止まらないで下さい。
　鳴門に限らず海峡は、
　　カ＝6　イ＝5　キ＝10　ヨ＝37　ウ＝3
　鳴門や淡路のエネルギーの高さは、この地が生命エネルギーを生み出す地だからであります。なぜそうなのかは"雛型と118"で。

　人が何かを始める際に渦の替わりになるのが発心であります。
　"よし、やろう"と発する心のことです。
　　ホ＝27　ツ＝18　シ＝15　ン＝1
　61です。
　思い願うことが成し遂げられるか否かは、どういった発心によるものなのかが一番の問題であります。発心正しからざれば、こと成せませんし、正しき発心ならば、渦勢い増し力湧き起こってくるのでありまして、発心が成否の鍵となるのであります。
　　カ＝6　ギ＝55

　行動を起こすにしても、発心により縁が変わってまいります。相性良き縁、悪しき縁は発心次第であります。
　　ア＝1　イ＝5　シ＝15　ヨ＝37　ウ＝3

　発心正しく、良き縁に恵まれますと、人は玉し霊輝き自らの生命活かすために羽ばたいて行くのであります。

鶴が優雅に舞うごとく。
　　ツ＝18　ル＝43
鷲が力強く天かけめぐるがごとく。
　　ワ＝46　シ＝15

発心なき人生はすでに終焉を迎えておりまして、渦の反作用であります。
　　シ＝15　ユ＝38　ウ＝3　エ＝4　ン＝1
発せよ、心を。輝く玉し霊活かさんがために。

　９方陣、今度は61の反対側、21であります。
　明治維新によって日本が大きく生まれ変わりましたように、21世紀初頭は人類全体が生まれ変わる地球維新のときであります。
　　イ＝5　シ＝15　ン＝1
それは神々の力、神威によってもたらされたことであります。
　　シンイ。同じでして、21。

　現在西暦では21世紀ですが、日本は西暦以前から長い歴史がございまして、日本列島に土器が出現したのが約１万２千年前のことであります。おそらくは約１万2500年前に沈んだムー大陸の人々が日本に渡り定住したのがちょうどそのころであり、ムー大陸の文化を石器時代の日本に持ち込んだからかもしれません。
　ですから、それを含めますと現在日本は121世紀であります。
　61は二巡目に入った最初の数でした。121は三巡目です。日本は数年前、世紀単位での三巡目に入ったのであります。
　建国二百数十年の国家と同じ程度の物の考え方をしている場合ではございません。
　明治の時代の幕が開き、五箇条の御誓文が発布され、神仏分離令が出されたのが1868年であります。そこから十干十二支の三巡目に入る121年後は1989年であります。一八十開きとなりました平成元年がその年であります。
　三巡目というのは人も国家の文化も完成の域に入って当たり前であり

ます。
　ですがこの当たり前のことができておりませんので、数霊に反作用が現れてくるのであります。

　平成になったことで、1989年に一八十が開き、彗星の木星衝突の1994年7月より本格的に始まりました「終わり始まり」でありますが、「終わり始まり」の「終わり」は体主霊従の世界の終わりを意味するものでもあります。
　今までは体主霊従について、欲望のまま生きることだと申してきました。玉し霊の持つ課題も仏性もなくしてしまい、肉欲、物欲、食欲の求めるままに生きることだと。
　ですが、体主霊従とはそれだけではございません。
　ここで「体主霊従」のもうひとつの状態についてお話をしておきます。
　肉体は精神が支配しているので、精神いかんによって肉体はどのようにでもなる、と思われがちであります。
　確かに間違いではございません。
　病いは気からと申しますように、思いひとつで病気になることも、それを避けることもできます。
　ところが、一旦悪くなりました肉体、特に臓器でありますが、自己治癒力だけでは回復できないほどに働きが悪くなっていたり、治癒力そのものが低下してまいりますと、今度は精神が肉体の奴隷となってしまうのであります。
　いくら話をしてみたところで胃が悪い人は胃が悪い聞き方、捉え方をしてしまいます。何事に対しても肝臓の悪い人は肝臓の悪い状態の肉体が操作する思考パターンでモノを考えるのであります。
　呼吸が浅ければ、浅い呼吸で人の話を聞き、浅い呼吸でモノを考え、浅い呼吸で動く。
　そして浅い呼吸で結果を見るのです。
　胃が悪ければ捉え方がネガティブになり、肝臓が悪ければ落ちつきなく、特に自己を振り返ったり、反省することができないのであります。いえ、本人はしてますよ。しているつもりですが、ほんの浅きところで自己を見つめただけでもうおしまい。

また、臓器の疲れ以外でも、腕の疲れにより首が張る。指の使いすぎでも首が張る。
　ストレスでも目の疲れでも、別々の筋肉や部位ですが首が張ってまいります。
　すると感情をコントロールできなくなってまいります。
　最近のキレる少年、凶悪犯罪を犯す若者たちは、食生活の偏りとともに、この首の張りが大きな原因であると思われます。
　胃や肝臓の疲れからも首のいろいろな部分に強い張りが出てまいります。
　ですから臓器や首の筋肉の張り、そして張りによる頸椎(けいつい)の歪みを治さずして、言葉で言って聞かせても、悪い肉体に支配された思考でしかモノを考えることができないのであります。カウンセリングだけでは片ハタラキなのはこのためです。
　薬を飲み続けている体であるならば、片ハタラキさえ起こらないでしょう。
　こういった、肉体が精神に及ぼす影響について診てとることを身体精神医学と呼んでおります。
「健康な身体に健全な玉し霊宿る」のでして、精神が、悪くなった肉体に支配されているうちは、いくら思いを改め、心を入れ替えようとしましても、なかなか支配から抜け出すことはできません。
　したがって、どれほど玉し霊磨く努力をしようが、これでは体主霊従のままであります。体主心従霊属といった方がよろしいかもしれません。
　これは、霊主体従になるために知っておかないといけないことであります。
　これを知りませんと、肉体は体主のまま動き、気持ちは霊主の気分になり、実際は霊体が一致せず「霊体不一致」でありまして、何事もうまくいくのは始めの3週間だけであとは駄目ということをくり返してしまうのであります。

　数霊21に戻ります。
　渦と同じように21も自然界の中にありました。一部分ですけれども。
　地球上の空気中の酸素の平均はいつも同じ数値に保たれております。

21％です。
酸素は当然空気から摂取いたします。
　ク＝8　ウ＝3　キ＝10
鶏は21日間で孵化します。

科学者や天文学者たちが、科学的に宇宙人を探す世界的なプロジェクトがございます。ＳＥＴＩ（電波による宇宙人探し）と呼んでおります。
ＳＥＴＩでは他の星へ送るメッセージに21cmの波長の電波を選びました。
21cmの波長を使用するのは、水素の出す波長が21cmであるためでして、おそらくある程度の文明を持っていれば地球人に似ても似つかぬような生物であったとしても水素の波長ならばキャッチできるであろうとのことであります。
返事が来るといいのですが、どうもこのプロジェクト、最近は予算不足のため活動がままならないとか。
パトリオット迎撃ミサイルシステム一式分の予算だけでも回していただけないものでしょうか。200億円もするんですから。

それが一体誰であるのかは今考えないことにいたしまして、
天照大御神です。
　ア＝1　マ＝31　テ＝19　ラ＝41　ス＝13　オ＝2　ホ＝27　ミ＝35　カ＝6　ミ＝35
合計しますと210であります。
21が大きくなりました。
数霊の理(コトワリ)では縦とも横とも繋がっておりますので家族であります。
アマテラスオホミカミの名の言霊数はさすがに偉大であります。
ご覧下さい。
最近はほんの少しずつですが記憶力を最も必要とする勉強のあり方が変わってまいりました。一霊四魂のお話のくり返しになりますが、人間の脳の持つ一番の宝物は創造力であります。智恵というのは記憶力のことではございませんでして、創造性の中から生まれてまいります。創造力と感性、これが人類の未来を生むのであります。

少し操作します。
創造力。
　ソ＝12　ウ＝3　ゾ＝57　ウ＝48　リ＝45　ヨ＝37　ク＝8
これで210であります。
　2つ目のウは別のウを使いました。

発心がまっすぐで清らかであるほど豊かな創造性が育まれるのでありまして、すばらしい創造力はそれをカタチにするための原動力を生み出します。
原動力です。
　ゲ＝54　ン＝1　ド＝62　ウ＝3　リ＝45　ヨ＝37　ク＝8
やはり210であります。

創造力を働かせ、原動力に働かされ、ピタリと納まるくぼみを見つけて一隅を照らす。国造りのための一コマとなり、自ら課したお役を果たしていく。
それにはこれが必要であります。
これも操作いたします。
行動力です。
　コ＝7　ウ＝3　ド＝62　ウ＝48　リ＝45　ヨ＝37　ク＝8
同じく210であります。

過去に捉われず、未来を思いわずらうこともなく生きておりますと人はどんどん自由になれるのであります。苦しみや執着も次々に消えてゆきます。
ただただ現在の、今という瞬間の連続のみを見つめておりますと、今という瞬間が過去も未来も変えてしまう。支配してしまう。
過去さえもです、あなたの内側にある。
すると躊躇なく創造でき行動できるのであります。現在も過去も未来も、すべては今という一瞬のことなのですから。
　ゲ＝54　ン＝1　ザ＝56　イ＝5
116です。

その9　"太陽と維新"　259

カ＝6　　コ＝7
13です。
ミライは81でした。
　116＋13＋81は210であります。
210は今この瞬間の数霊であります。

　岡本天明の『ひふみ神示』のひつくの巻。
通算第210帖は"あまてらすすめ大神"の巻になっております。
数霊の力、偉大なり。
人は神社でお祓いをしていただきます。
では家や土地や街は。
それは台風が穢れを祓ってくれるのであります。雨と風で。
雨＋風は100でした。
被害が出るのは困りますが、台風が最も到来しやすい日。
それは立春より210日目であります。

　九州の中心、阿蘇郡に幣立神宮(ヘイタテ)はございます。幣立神宮は九州のみならず地球のへそとされており、境内にある樹齢6千年の巨杉は、樹齢7千2百年をほこる屋久島の縄文杉に次いで2番目に古い樹木なのだそうです。
　幣立神宮の伝承では、
　「太古地球上で人類が生物の王座に立ったとき、人類が大宇宙の摂理に合った生き方をしないと、"宇宙自体にヒビが入ってしまう"。これを天の神様がご心配になり、日の玉に移って御降臨になりました」
と残されております。御降臨は約1万5千年前のことでありますが、神様が心配されたことが現在現実のこととなりつつあり、それを端的に物語っている出来事も起こっております。
　1996年6月から7月にかけて大問題となりましたO-157がそれであります。
　このとき感染源となりましたのが"カイワレ"でした。
　「カイワレ」とは「界割れ」でして、先の伝承にある宇宙のヒビについて示しております。世界が、宇宙が、ヒビ割れてしまうぞ、このままで

はという警告であります。

　そして、この問題の舞台となりましたのが大阪府堺市でした。これも「堺」は「境」を示しております。

　ミロクの世とするか手遅れとなるかの境目ぞということであります。

　このヒビが本格的に割れ出しますと、修復が人の力では不可能になってしまいます。

　では何で修復するか。

　天変地異しかございません。

　誤解のないようにしていただきたいのですが、別に"カイワレ"や"堺市"に問題があるのではございません。全体の問題が言霊として一致する"カイワレ"や"堺市"に現れただけのことであります。

　本当に原因がカイワレかどうかは疑問が残りますが、一応現れとしてはカタですので、カイワレということにしておきます。

　世界が割れてしまうかもしれない境目に立たされた今日、人類は自然の摂理に適った歩みをすることでヒビ割れを修復し、"界閉じ"をしなければなりません。

　それを霊の元の国、日之本から始めようではありませんか。

　幣立神宮の御神木に神宿りされ、地球上の最高神として崇敬されてまいりました神様を

　　アソヒノオホカミ

とお呼びしております。

　　ア＝1　ソ＝12　ヒ＝30　ノ＝22　オ＝2　ホ＝27　カ＝6　ミ＝35

135であります。

135は桃太郎のモデルではなかろうかとされております神様、吉備津彦神の言霊数でもあります。

　　キ＝10　ビ＝70　ツ＝18　ヒ＝30　コ＝7

　先にも述べましたが、日本の標準時は明石を通る東経135度でして、135は日本の基準を指し示す数霊のひとつでもあります。

　9方陣では9霊界に現れる数霊でありまして、9霊界は縦・横・斜めの和が135であります。

その9　"太陽と維新"　261

大宇宙も本来は方陣と同じように秩序立ったものですが、そこにヒビを入れてしまうような秩序を乱す根元が今の人類なのであります。
　　チ＝20　ツ＝18　ジ＝60　ヨ＝37
　秩序を保ち、役割果たしておりますと、ヒビは入りません。
　　ヤ＝36　ク＝8　ワ＝46　リ＝45
　これが135の数霊力であります。

　ただし、次の言霊数も135になりまして、これをどう解釈してよいものかを言明することはやめておきましょう。
　　38 ＋ 61 ＋ 36 ＝ 135

　　4 ＋ 43 ＋ 11 ＋ 44 ＋ 33 ＝ 135

　15－表であてはめられたし。
　以前から言われておりますように、太古からのつながりがあるのでしょうね。
　　ツ＝18　ナ＝21　ガ＝51　リ＝45

　話を戻します。
　アソヒノオホカミは135でしたが、アソというのは阿蘇山の阿蘇であります。
　15－表を見ていただきますと、「阿」というのがございます。言霊数は76で。
　せっかく「阿」がありますので、
　　ア＝1　ソ＝12　サ＝11　ン＝1
で25とはせずに、
　　阿＝76　ソ＝12　サ＝11　ン＝1
で100としてはいかがでしょう。
　同じように、
　　阿＝76　ソ＝12　ヒ＝30　ノ＝22　オ＝2　ホ＝27　カ＝6　ミ＝35
にいたします。210になりました。

どうでしょうか。
　梵字の「阿」とは宇宙そのものを表しておりまして、なかなかよくできております。

　幣立神宮の幣立は、
　　ヘ＝29　イ＝5　タ＝16　テ＝19
69であります。
　九州には天孫降臨の地がございます。
　高千穂です。
　　タ＝16　カ＝6　チ＝20　ホ＝27
69であります。
　幣立神宮の伝承の中に神様が日の玉に移って御降臨、とありました。
　玉の降りたる地、玉の生まれます地のことを玉野と申しまして、日本各地にこの名は残っております。
　もちろん「玉」とは「霊(タマ)」「魂(タマ)」のことであります。
　　タ＝16　マ＝31　ノ＝22
69ですね。
　同じく伝承の中の「太古地球上で人類が生物の…」の"生物"はイキモノと読むのでしょうか、それともセイブツでしょうか。
　　イ＝5　キ＝10　モ＝32　ノ＝22

　それはどちらでもよろしいでしょうけども、割閉じの目的はしっかりと肝(きも)に銘(めい)じておかなければいけません。
　　モ＝32　ク＝8　テ＝19　キ＝10
　そして、目的を果たすために不退転の心でのぞまないといけないのであります。
　　フ＝28　タ＝16　イ＝5　テ＝19　ン＝1
　そのためにはまず心機一転をはかって。
　　シ＝15　ン＝1　キ＝10　イ＝5　ツ＝18　テ＝19　ン＝1
　もう一切の悪事は許されませんぞ。
　　ア＝1　ク＝8　ジ＝60
　して、人類に春が訪れるのであります。

ハ＝26　　ル＝43
　ともかく幣立という社地は歴史あるところなのであります。
　　　レ＝44　　キ＝10　　シ＝15

　天照大御神には他にもいくつか名前がございます。それぞれに意味するところは違っておりまして、天照大神（アマテラスオホカミ）、天照皇大神（アマテラススメラオホカミ）などがそれであります。
　同じように、天照皇太神とするものもございまして、アマテラシマススメラオホガミと読みます。
　少し長いのですが言霊数にします。
　354であります。

　新月のことを朔（さく）と呼びます。満月のことは望（ぼう）と呼びます。新月から日に日に満ちて満月になり、また少しずつ欠けていき新月に戻るまでのことを朔望月と言います。
　一朔望月の長さは29.5日であります。
　太陰暦の1ヶ月はこの一朔望月でして、1年12ヶ月ですと、
　　29.5×12＝354
になります。
　アマテラシマススメラオホガミの言霊数と同じ数が出てまいりました。
　これは何を意味するかと申しますと、天照＝アマテラスとは太陽の光のことだけではなく、元々は太陽の光ですけれども夜を照らす月の光をも含めてのアマテラスということであります。
　ですからアマテラスオホミカミ＝210も太陽神のことだけを指す言霊ではなく、陰と陽の合わさった状態を示す名前なのでしょう。
　（天之常立（アメノトコタチ）＝117）＋（国常立（クニトコタチ）＝93）
が210になり、
　（イザナミ＝117）＋（スサノヲ＝93）
が210になるように。
　陰と陽、火と水、左（ヒダリ）と右（ミギリ）、神（シン）と仏（フツ）、父と母、そして太陽と月、双方の力が合わさりことは完成するのであります。

あいまいな記憶が正しいとしますと、どこかで"3霊界についてはまた後ほどに"といってしまったように思います。
　21は3霊界に居をかまえておりますので、ここで触れることにいたしましょう。
　まずは3からといいたいところですが、数字に関する言葉の中では3に関するものは他よりも圧倒的にたくさん存在しております。
　数字言葉に関する本を見ておりますと、他の数に比べ、3に関するところだけが桁違いに多く、まるで国語辞典の"し"から始まる言葉のようです。「小暑」って何のことだろうかと辞典を引きましても、いつまでも"しゅ"が続き、ちっとも"しょ"が出てこないように、であります。
　また、ひと桁の数の意味付けは、範囲が広すぎまして具体性に欠けますのですべてを省きます。
　ただ、ひとつだけ数霊とは関係ないところで3について触れておきます。
　なぜ日本は数字を3ケタ単位で区切っているのでしょう。アホちゃうかであります。
　日本の数詞は世界で最もすぐれております。そのすぐれた数詞は4ケタ単位で次に進むにもかかわらず、どうしてそんなことまで欧米に合わせるのか。
　これは「カゾ」に対し、数詞に対しての侮辱であります。
「深田　剛史」を「深　田剛史」と書かれると気分悪いように、日本の数詞も不愉快な思いをしております。きっとね。
　英米ですと10万は、
　　hundred-thousand ＝ 100 × 1000
ですので3ケタ区切りでよろしいのですが、日本では、
　　10 × 10000
ですので4ケタ区切りでないとおかしいのであります。
　万は10^4、億は10^8、兆は10^{12}のように0が4つ増え次の単位に進んでおりますので。
　それが、万、億、兆、京、垓、秭、穣、溝、澗、正、載、極、恒河沙、阿僧祇、那由他、不可思議、無量大数と続くのでありまして、無量大数

は 10^{68} であります。

　と説明しましたところで 10^{68} というのは、テレビ中継のリポーターが、「みなさんご覧下さい、この広い温地帯を。この温地帯はですねぇ、何と東京ドーム210個分以上の広さがあるんですよー」
と紹介してくれましても、それが一体どれぐらいの広さなのか全く実感がわかないのと同じで、どれぐらいの大きさなのか判りませんが。

　中部新国際空港の案内にも、広さは「名古屋ドーム100個分」とありますが、判らんちゅうに。

　志段味東小学校の運動場で比較してもらえんでしょうか。

　ともかく来年度よりすべての数字は4ケタ単位で区切るようにしなさい。

30	75	12
21	39	57
66	3	48

32—図　9方陣3霊界

　12は自然界の運行の単位で、12ヶ月、十二支、12時間などでした。

　66は子宮の言霊数でしたが、57も近いものがございます。

　　卵子、卵巣も
　　　ラ＝41　ン＝1　シ＝15
　で57。
　　ラ＝41　ン＝1　ソ＝12　ウ＝3
　　同じく57。

　そして胎児は子宮で発育し、
　　ハ＝26　ツ＝18　イ＝5　ク＝8
　やがて笑顔を見せてくれる。
　　エ＝4　ガ＝51　オ＝2
という訳であります。

　胎児は時満つれば頭から自然に出てまいります。
　　ア＝1　タ＝16　マ＝31
　で48。
　　シ＝15　ゼ＝59　ン＝1
　75です。
　　はい、では次は48と75を。

48と75は言霊の種類においては共通した意味合いがございます。
　48は、
「いろはにほへとちりぬるを…」
　伊呂波歌47音＋ンで48。
「ひふみよいむなやこともち…」
　ひふみ47音＋ンで48。
　言霊の基本が48であります。
　ただし「五十鈴(いすず)」というのも五十音のことでして言霊の基本でありますが、現代では五十鈴と48音は同意語として扱ってもよろしいように思います。
「ヒフミの四十八音ですべてが回り、
　ヒフミの四十八音でこの世ができた」
の48でした。
　対して75は48音または五十鈴にガ行からパ行までを加えた数でありまして、自然界のすべての音は75音で表すことができます。
　スーウーアーの3音、これが3霊界の3でもあるのですが、この3音が75音に広がっていったのでした。
　"自然"の言霊数は75でした。
　75音には実はンが入っておりません。
　ですからンを加えますと76になってしまうのですが、五十鈴がカバーしてくれるのであります、言霊数で。
　　イ＝5　ス＝13　ズ＝58
76であります。
　ですから"五十鈴"は五十音のことだけでなく、75音＋ンも表しております。
　言霊を鈴の音として表現するところに美しさがあります。
　48と75、それに47、50、76といった数の共通点でありました。

　素盞嗚尊。スサノオですと48でした。
　スサノヲは母を求めました。母のことはイロハと呼んでおりましたので、スサノオ＝48でもよろしいのはこのためであります。
　釈尊の誕生日は4月8日とされております。ヤマトタケルの命日も4

月8日になっております。
　日本の国技は相撲であります。
　相撲の決まり手は四十八手ありまして、それもそのはず。
　　ス＝13　モ＝32　ウ＝3
48ですので。
　海外に出まして、"ヨハネ"は数言霊でありまして、四八音、または四八年ですが、管轄外なのでこれ以上は判りません。

　界割れを防ぎ地球維新に勇敢に取り組み、
　　ユ＝38　ウ＝3　カ＝6　ン＝1
くれぐれもうぬぼれぬように。
　　マ＝31　ン＝1　シ＝15　ン＝1
そうでないと世崩しになってしまいます。
　行うのは世直しであります。
　　ヨ＝37　ナ＝21　オ＝2　シ＝15
いよいよ時刻がまいりました、世直しの。
　　ジ＝60　コ＝7　ク＝8

　210の続きになります。
　といっても半分です。
　天照大御神は210ですが、アマテラスは105です。
　　ア＝1　マ＝31　テ＝19　ラ＝41　ス＝13
アマテラスは神話上、黄泉の国から戻った伊弉諾尊が禊祓(ミソギハライ)をして生んだ三貴神のうちの一柱であります。
　　イ＝5　ザ＝56　ナ＝21　ギ＝55
137です。
　41＝神と105と137のお話。
　1997年3月、また宇宙より来客がございました。ヘール・ボップ彗星です。
　この彗星は3月24日前後に最も地球に接近し、挨拶をすませた後、太陽に向かって旅立って行きました。そして4月1日太陽に最接近し、お役を果たした後にはまた宇宙の彼方へと消えて行ったのでありますが、

彗星がアマテラスに最も近付いたその日、彗星までの距離は地球から1.37億kmでした。

イザナギが乗って行ったのでしょうか。

そしてこの日、1997年4月1日は消費税が5％になった日であります。

商品価格に対して支払う金額は105％。

アマテラスと父イザナギの発動の日…なのかもしれません。

今まではスサノヲとイザナミのお話ばかりでしたので少しホッとしております。

同じく饒速日尊（ニギハヤヒノミコト）も頻繁に登場しておりますが、一度も瓊瓊杵尊（ニニギノミコト）が出てきておりませんので、ここで登場。一応、饒速日尊の弟なのですから、神話では。誰も信じておりませんが。

瓊瓊杵尊は、天照大神が高天原で栽培した神聖なる稲穂を携え地上に天降った神様であります。

天饌石国饌石天津日高日子火瓊瓊杵尊（アメニギシクニニギシアマツヒコヒコホノニニギノミコト）と申します。

この名前を憶えるのはボイル・シャルルやフレミングの左手の法則を用いて物理学の問題を解くよりも難しいのであります。

ニギハヤヒといいニニギといい、はじめはいやがらせかと思いました、この名前。

天孫降臨の主役であります瓊瓊杵尊は、

　　ニ＝25　ニ＝25　ギ＝55

105であります。

天孫ということで、日本を守護する神々でありましょう。

　　シ＝15　ユ＝38　ゴ＝52

これも105であります。

それも当然でして、日本の神々の源なのですから。

　　ミ＝35　ナ＝21　モ＝32　ト＝17

105。

神々から生命の源にエネルギーをいただき、人々も一念発起しお役を果たしませう。

　　イ＝5　チ＝20　ネ＝24　ン＝1　ホ＝27　ツ＝18　キ＝10

その9　"太陽と維新"　269

105であります。
　東方より昇るアマテラスのパワーは東方の守護神青龍のエネルギーでもあります。
　　セ＝14　イ＝5　リ＝45　ユ＝38　ウ＝3
　アマテラスに同じく105であります。
　やがてこの力が東方の国日本から世界に伝わり、世界平和が実現するために意乗って。
　　セ＝14　カ＝6　イ＝5　ヘ＝29　イ＝5　ワ＝46
　やはり105。
　お見事でした。
　これで九州の神社から出入り禁止を食らわずとも済みそうであります。

　もう少し続きを。
　日本で生まれた人ならばどなたも必ず産土神(ウブスナノカミ)を持っております。
　産土神は守護する地域で生まれた人の寿命を司る神様とも言われております。
　最近は産土神と氏神が混同されておりますが、氏神は同じ氏族の祖先であるのに対し、産土神は居住地の鎮守の神のことであります。
　最も大切にすべき神社です。
　　ウ＝3　ブ＝68　ス＝13　ナ＝21
　105です。
　アマテラス、源、産土などから察するに105は原点の意味合いが強いようであります。
　神社に参拝にまいりますと、あちこちにおみくじが結び付けてあります。
　おみくじは、本気で迷いごとに答えを求めてのことでしたら産土神でお引きになるのが一番よろしい。
　ところが、吉凶のみを見てすぐに枝に結びつけてしまったり、待ち人──静かに待て、旅──控えるべし、しか見ない。
　大切なのはそこに示された教訓であります。あれを課題として日々生活しますと、一年もすればものすごい成長を遂げるのであります。100円のおみくじが、やがては百万円を生む力となってまいりますので一度

おためし下され。
　それと、吉凶について一喜一憂しておりますが、大吉というのは「このまま今の目標に向かって精進すればよき結果招く」ということでありまして、努力も向上もせずして福来たるということではありません。
　凶が出ればいやなものですが、これも「今のままだとあかんぞ、目先を変えて歩んでみよ」ということでして、すぐに災いやってくるということではないのであります。
　願い叶えるために、一度自らを振り返ってみよ。忘れとることあるだろ、と気付かせてくれるための凶であり、大吉にするための凶であります。
　むしろ大吉が出たことにより、うぬぼれたままの自分に気付かず、大きくつまずくよりも、凶が出たことで新たな気持ちになり再出発する方がいい場合もあります。
　ですから、大吉であろうが小吉、末吉、凶であろうが訪れる境遇のことでなく、自分のあり方を指しているのであります。辛抱のない木に実はならず、努力のない木に花は咲かないのであります。耕さずして花咲かせようとしても無理ですよ。
　ということで、おみくじは自身のあり方を指し示してくれるものであります。
　　　オ＝2　ミ＝35　ク＝8　ジ＝60
　もうひとつお小言を。
　おみくじを持ち帰らないのでしたら、結び付けるのは専用の縄だけにしておいていただけないでしょうか。木の枝はそのためにあるのではございませんので。
　それと、手や口を清める手水舎（ちょうずや）に小銭を投げ入れ穢すのもやめていただきたいのですが、トレビの泉じゃないんですから。

　先ほど幣立神宮の伝承の、
「太古地球上で人類が生物の…」
で、生物を"イキモノ"と読み、言霊数は69でしたが、"セイブツ"でもよろしいですよ。
　　　セ＝14　イ＝5　ブ＝68　ツ＝18

おめで鯛ところでおしまいにします。
　　タ＝16　イ＝5
お頭付きの鯛は漆(うるし)塗りの器で。
　　ウ＝3　ル＝43　シ＝15
太陽と維新でした。

その10 "富士と88"

　富士山＝100は"御中主、満ち足りて"に出てまいりましたが、ここでは富士山の"山"を取りまして"富士"といたします。
　　フ＝28　ジ＝60
で88です。
　もちろん阿蘇山も"山"を取りますと、
　　　阿＝76　ソ＝12
で88になります。
　富士はもともと「不二」でして、二つとないことの意でありますし、阿蘇の「阿」は宇宙そのもののことですので、阿蘇は宇宙の蘇り、宇宙再生を意味しております。
　共にすごい名前であります。

　日本人の主食の米は、言霊数では41でしたが文字自体は「八十八」です。
　田を耕し、水を確保し、田植えをする。水を調整し、雑草を取り、稲を刈る。
　さらに刈り取った後までもの手間を含めますと、米が米としてできあがるまでには88回もの手がかかるから米を八十八と書くのだぞ、と祖母から聞きました。

　弘法大師こと空海の霊地は四国が代表的ですが、小豆島や知多半島にも同じように札所が設けられておりまして、どれもが八十八箇所であります。
　なぜ空海は八十八箇所に決めたのでしょうか。おそらくは数霊としての意味合いを持っての八十八箇所であるはずです。
　お遍路さんは一番から八十八番までをぐるりと回って終えますが、あれは最後にもう一度一番札所まで戻った方が円が繋がってよろしいのであります。八十八番で終わりますと環が途切れた状態でありまして、めぐりになりません。最後にもうひとふんばりし、はじめの一番に戻る。こ

れで環の完成であります。

　お大師様が伝えられたいことで最も大切なこと、それが札所から次の札所までの道中での在り方であります。道中はお参りよりもずっと重要なのであります。

　札所では前の道中何に気付いたのか、何を悟ったのかを報告し、次の道中でさらに自らの内側を探ることで己を知っていく。

　己を知った者ほど自分が小さく見えるものであります。それをお大師様と対話しながら歩む。そこにお遍路さんの大いなる意義がございます。

　そして見えてきた己についてを次の札所で報告する。御仏はそれを一番お喜びになります。すると望みは御仏の方から勝手に叶えて下さるようになります。

　神仏は人の望みを知っております。ところが人がその望みの方ばかり見ておりますと、そこには神仏の力は現れません。向きたいのをこらえて自らを磨いておりますと、磨けた分だけ神仏の方から望みを叶えて下さるのであります。

　ですから、お遍路さんの大切なところは点と点の間であります。八十八箇所の点は、間で気付いたことを報告する場であります。

　八十八番から一番に戻る道中を含めますと、点と点の間も88になります。一番に戻りませんと道中が87になってしまう。トンネルを掘るにも残り1％ができなければただの長い穴です。トンネルにはなりません。

　屋根にはしごをかけるのでも、わずか1cmでも長さが足りなければ屋根には登れないのであります。

　ですから道中こそを88にし、ひとつひとつで智恵を授かる。「同行二人（どうぎょうにん）」でお大師様から88の数えを受けますと、「二人といない自分」、「宇宙に蘇る我の玉し霊」ができあがるのであります。

　そして、道中悟った分だけが、前の札所の御仏への恩返しになってまいります。

「道中生かせねば、札所も生きぬ」

　天河の弁財天様であります。
「何もしなくてもお腹はすきますでしょ。先ほどの食事から今の食事ま

で、どれほど向上しましたか。お世話ごとのひとつでもできましたか。
　できた分だけが前の食事の食材への恩返しになるのですよ」
　そして
「今の食事から次の食事までに、生命活かした分だけが今の食事への恩返しですよ。
　今までどれほど返してきましたか。
　返されなければその食材、捨てられたことと同じですよ」
　ありがたき御教えであります。
　ンは10にします。
　　テ＝19　ン＝10　カ＝6　ワ＝46
81です。
　弁財天様は、神界でのお名前を市杵島比売と申されます。
　　イ＝5　チ＝20　キ＝10　シ＝15　マ＝31
　やはり、81です。
　先の「今の食事から次の食事まで…」の"食事"を"お参り"に置き換えてみましょう。

　岐阜県中津川市の恵那神社であります。
「お参りしたからといって、これでよしと気をたるませるな。
　心を締めておく分、神の力と一体でおられるのじゃ。
　（お参りしたことで安心して）ダラダラと気をたるませてしまうので（神から受けた気が）霧散してしまい、（思い望むことが）叶わんのじゃ。
　お参りしてからが始まりじゃ。
　社に背を向けてからが第一歩じゃ。
　手を合わせとるうちは行ではないぞ」
　厳しい教えでありました。
　人間行というのは「人と人との間にある行」ですので、手を合わせ神様に向き合っているときは人間行ではないのであります。お参りが点であり、次のお参りまでの間の生活、これが行なのであります。
　本来はお遍路さんの歩き方も自由なのでしょうが、札所で「祈り」、道中で「意乗り」で、願い叶いますよう。

夏も近付く八十八夜は立春から数えての八十八夜でありまして、間もなく立夏です。
　八十八夜は晩霜の時期にあたりまして、農家では最後の霜に警戒する「八十八夜の別れ霜」と呼んでおります。
　88日というのは暦のうえで区切りのよい数でして、大陰暦での12ヶ月＝354日の4分の1に相当します。
　つまり、ひとつの季節は88日ということであります。

　男性の精子は88日間かかってつくられるといいます。医学的な見解ではどうか判りませんが、生活の智恵としてはそのようにいわれております。
　ですから男性の場合、子づくりの前約3ヶ月は食生活や精神面での汚れ穢れなきよう心掛けることが必要であります。
　女性の場合は授精してから出産までが288日間であります。
　育児は出産後よりもこの288日間の方が大切でありまして、この時期の母親の負の感情や精神的な乱れ穢れは胎児の病いの元をつくりあげ、玉し霊を萎縮させてしまう大きな罪になってしまいます。
　産婦人科医にお聞きしますと、実際の妊娠期間は少し短く、平均265日から270日ぐらいではないかとのことです。
　最近は栄養状態がいいから短くなってきたのでしょうか。生理の周期も短くなってきておりますし。
　それとも数霊的な方便としての288日なのかもしれませんが、妊娠期間は0週目から数えますので288日目は第41週目に当たります。神秘的なことには違いありません。
　仮に妊娠期間の平均が260日としますと、マヤ暦の1年がこれに当たります。
　いずれにしろ、自然の摂理に逆らわず生活してきた時代の人たちが導き出した言葉や数は、理に適ったものばかりであります。

　『古神道入門』の著者小林美元先生によりますと、イタリアやフランスから招かれ神道をお教えに行った際に、各国の海岸で波の数を数えたところ日本と同じで1分間に18回だったとのことであります。

そして、１分間に18回の波の数は地球の呼吸の数であるとおっしゃっていました。
　この18を２倍にしたのが「36」。
　これは人の体温を表しており、36を２倍した「72」は人の脈拍の数であるとも。
　これを勝手に２倍しますと「144」になります。干支ひとまわり12年は144ヶ月であります。また、桁が増えますが１日24時間は1440分であります。
　話は違いますが人の背骨の数は１日の時間と同じ24です。
　話を戻しまして、144を２倍しましたのが「288」であります。
　ですから、現在では否定される数字かもしれませんが、妊娠期間が288日とされるのも、先人たちの智恵によるものなのでしょう。
　288は81方陣では大九霊界の中心、45霊界で、369の左上方に現れております。

　胎児は母体の中で胎盤を通して栄養を送ってもらっております。
　　ボ＝67　タ＝16　イ＝5
88です。
さらに、
　　タ＝16　イ＝5　バ＝66　ン＝1
これも88であります。

　次にいきます。さて一体何の話をしているのでしょうか。
　　顕微鏡、彫刻室、彫刻具、時計。
判りましたか。続けます。
　　蠅、とかげ、鳩、山猫。
まだ判りませんか。
では面白いからどんどんいきます。
　　ポンプ、羅針盤、コップ、祭壇、定規…
これらはすべて星座の名前であります。
　よくご存じの乙女座や天秤座、獅子座などは黄道12星座と呼ばれるものでありまして、それ以外にあと76の星座があります。

そうです。人は宇宙空間を88に区切ったのであります。
　太陽系内におきましては、太陽に最も近いところで公転しております水星の1年が88日です。

　数言霊としましては「母」は88であり、和風でないのが嫌ですがパパも88になりますし、音霊では人を褒め称える拍手の音、木が燃えあがるときの音が共にパチパチなので88であります。大したことでないか。
　さて、富士に戻りましょう。
　蝦夷富士、岩手富士、菰野富士、全国には富士の名を施した大小さまざまの山が約130を数えます。それも富士山の美しき姿ゆえのことでありましょう。
　富士山は火口を囲んで八つの峰が屹立しておりまして「芙蓉八朶（ふようはちだ）」と呼ばれております。
　出来の悪い亭主は奥様から「不用、恥だ」と呼ばれます。
　また、どこから見ても美しく鮮明であるという意味の「八面玲瓏（はちめんれいろう）」という言葉は富士山から生まれたのであります。
「恥め、寝ていろう」と言われないようにしよっと。
　富士の言霊数は88ですが、数言霊としましては22であります。
「二二八八れ十…」の二二です。
　二二も八八も富士ですが、二と八を組み合わせますと、
　　二＋八＝八
　これぞ富士の山であります。

　世界で最も高いビルはクアラルンプールにありますペトロナスツインタワーでして、これが88階建てであります。2003年1月現在。
　では世界で最も高い山は、そうエベレストでして、標高8850mを誇ります。
　最近までは8848mでした。
　数霊的には8848mの方が面白かったのですが修正されたのでは仕方ありません。
　エベレスト山頂を目指す登山家が、8850mになったことを聞いて、
「えー、ってことはあと2mも余分に登らないといけないってこと？」

ところで「エベレスト」の名であの山を呼ぶのは非常に大きな問題がございます。
　エベレストという名は、インドに派遣されておりました測量技術者ジョージ・エベレストの功績が称えられたことにより、世界一高いあの山に彼の名が冠されたのであります。
　しかし、あの山にはそれ以前からの名前が付いておりました。
　チベットではチョモランマ、ネパールではサガルマータと。
　元々名前があるのですから、後から来た外部の人間の名で呼ぶのは失礼極まりないことではないでしょうか。
　日本の測量技術がまだ発達してなかったころロシアから一人の測量技術者がやってきて功績を残した。したがって彼の名を冠して、日本一のあの山をマウント・マリノフスキーと呼ぶ。ということと同じです。
　やって来たのがオーストリア人でしたらザルツゲーバー山と呼ぶことになっていたかもしれません。スイス人ならハインツァー山と呼ぶはめになっていたかもしれません。
　大体、地図帳の富士山の位置に▲セバスチャン山（3776 m）と書いてあったら嫌でしょ。
　「女神の山」の意のチョモランマ。
　「世界の頂上」の意のサガルマータ。
　どちらかで呼びましょう。
　ペトロナスツインタワーは88階建て、チョモランマは8850 m。
　愛知万博に登場する観覧車も高さが88 m。
　なのに富士山には88がパッと表面的には出てきておりません。
　しかし、ちゃんとあるんですね。隠れております。
　富士山は3776 m。
　これをスパッと半分に割ってみますと、桃から桃太郎が生まれたように、富士山から88が顔を出すのであります。
　　　$3776 \div 2 =$
でしょ。
　かつては会津富士と呼ばれた磐梯山が大噴火を起こし、今の姿になってしまったのが1888年のことでありました。

ここ須弥山にて飽くことなき行を積むこと幾星霜、すでに数百年のときを過ごす行者がいた。行者にとってこの行場は、修行のためだけでなく寝食さえも離れることなきほどに自分のからだと一体と化した空間であり、そのためか、この行場から放たれる気は邪悪のモノには一歩も近付けぬほどに高まっていた。
　派手さのないおちついた、そして宇宙の果てまでも貫くほどの深みを持った幽玄なる紫の光の玉が行場に現れたのは、地球人類が21世紀を迎えてからまだ幾年も経っていない日のことであった。
　光が現れてからというもの、すでに半時が過ぎたというのに行者は金縛られたかのごとく微動だにせず光に見入っていた。
　（これはただごとではないぞ）
　行者は心の中でそうつぶやいた。
　紫恩宝(シオンボウ)。
　行者がこの紫の光の玉につけた名前である。
　というのも彼にとってこの紫の光を目にするのは初めてのことではなかったのである。

　肉体を持ちながら己を高めることに精を出していたころのこと。彼はいわれなき罪をきせられて、伊豆は大島に配流され、厳しい監視下におかれていた。
　が、しかし彼は、夜な夜な島を抜け出すと、波の上を走り抜け、富士の山中に達すれば龍樹菩薩から授かった秘法を行い、夜が明ける前には島へ戻るといったことをくり返していた。彼が紫恩宝を目にしたのはこのころのことであり、今から1300年以上前のことである。
　その日も海を渡り富士の山中を駆けていた。
　すると、突如として彼のすぐ目の前に紫の光の玉が現れ、彼の行く手を遮った。
　そして光の中から一人の天狗が現れた。
　天狗は無言で懐から長さが二尺はあろうかと思われる扇(おうぎ)を取り出すとサッと拡げ、行者をひと煽りするとまた無言のまま光の中に消え、ほどなくその光も天高くものすごい速度で飛び立って行った。

ただそれだけのことであった。
　しかし行者にとってはそれだけで充分だった。
　彼は天狗の拡げた扇に北極星と北斗七星が描かれていたのをはっきりと見て取っていたからだ。
　そして、それまで謎であったことが次々と行者の中で氷解していったのである。

　まだ行者が幼少のころのことであった。
　ある時期から突然体の内部に別の意志を感ずるようになった。四六時中そのようなものが現れるのではなく、朝目覚めてしばらくすると現れてくるのだ。
　彼はそれに抵抗し、押さえつけようと努力したが、その意志は日に日に力を増し、どうにも押さえきれなくなってきた。
　ある日、彼はその意志に身をまかせてみようと抵抗するのをやめた。
　すると体は彼の暮らす葛木山麓を勢いよく走り出し、ひとつ山を越え、さらに次の山も越え五里も走ったであろうか、大きな原っぱに来て止まった。
　原っぱは四方を山に囲まれており、その場所だけが平坦で広く、彼にとっては妙な安らぎを覚える地であった。
　人の暮らした形跡は何も残っていないのだが、かつて、それもずいぶん昔に大勢の人が暮らした気配を彼は感じていた。
　地面は踏み固められたままで残り、手つかずの野原にしては雑草も少なく、ときおり獣が駆けて行く姿が見えた。
　彼の体は原っぱの中央に立つと天を仰ぎ、何かを懐かしむように涙があふれ出てきた。
　どれほど天を見上げていただろう。やがて涙は止まり、高ぶった感情も落ち着きを取り戻すと今度は一心に地面を掘り起こし始めた。
　来る日も来る日も同じことが続いた。
　だが、彼にとっては、なぜ地面を掘り起こすのかということよりも他に気にかかることがいくつかあった。
　まず、原っぱに着き天を仰ぐと、必ず真上から風が吹いてくるのである。

しかもその風は彼の体のみに吹くのであった。
　まわりの雑草も彼と同じ風を受ければ当然揺れ動くであろうに、全くそれがないのである。
　そして、風が吹き終わると今度は腹の底から
「オン　ベイシラ　マンダヤ　ソワカ」
と声が響き、必ず３度くり返されるのであった。
　オン　ベイシラ　マンダヤ　ソワカとは毘沙門天の御真言であるが、彼がそうと知ったのはもう少し後になってからである。
　そして気にかかることがもうひとつ。
　彼が原っぱへ向かうために山野を駆け抜けていると、まわりの草木や鳥たちが、
「今日は見つかるかな」
「ニギハヤヒの玉、見つかるかな」
とささやき合っているのである。
　陽が暮れ、帰路につくと、やはり同じように、
「今日も見つからなかったね」
「ニギハヤヒの玉、見つからなかったね」
と聞こえてくるのだ。
　彼はある朝、草花に、木に、小鳥たちに尋ねた。
「おい、一体ニギハヤヒの玉って何のことなんだ」
「おい、誰か教えてくれよ」
　だが彼の問いかけに答えるものはいなかった。
　以来彼は二度とそれを尋ねることなく、ただ彼の知らぬ意志に身をまかせ地面を掘り続けていた。

　月は満ち、そして欠けていく。
　幾度それがくり返されたことであろうか。
　うらめしく思えるほど陽ざしの強いある夏の午後、彼はいつものように地面を掘り起こしていたとき、キラリと太陽の光を反射する何かを見つけた。
　握っていた木の枝を置き、土に埋もれた中からそれをていねいに取り出して土を落とすと、それは見事な翡翠の玉であった。

なめらかに削られた曲線はやわらかく、完璧な丸い玉であった。
　彼はその玉を見た瞬間に理解した。
　自分はこれを探していたのだと。
　すると天から風が彼の体のみに吹き、
「繋がっておるぞ」
　ただそのひとことが聞こえてきた。
　気がつくと体から彼を支配してきた意志は消え、いつもならばどれだけ疲れていても走って帰るその道を、初めてゆっくりと歩いて帰った。
「やっと見つかったね」
「ニギハヤヒの玉、見つかったね」
　草木が、鳥たちがささやき合っていた。

　あれからすでに五十余年の歳月が流れ、彼は幼少のころ経験したことの意味は大方(おおかた)理解はしていたが、富士山中で天狗に扇で煽られたことで、ぼんやりとしていたことがはっきりと確信に変わった。
　まず何者かに操られて探し出した翡翠の玉は、かつてこの国を支配していた大王、ニギハヤヒが持っていたものであるということ。
　自分は大王ニギハヤヒの意志を継ぐために、この世に生を受けたのだということ。
　腹の底から毘沙門天の御真言を唱えていたのは大王ニギハヤヒその人であったということ。
　掘り起こした原っぱには、翡翠の玉を御霊代(ミタマシロ)として毘沙門天を祀った社が立っていたということ。
　毘沙門天の真の姿は京都鞍馬山に住む天狗、魔王尊であるとされている。
　富士山中で紫の光の中から現れた天狗は、持っていた扇からして鞍馬山の魔王尊に間違いない。そして魔王尊は扇で自分を煽った。
　そのときの風は幼少のころ、ニギハヤヒの玉を探していた原っぱでいつも真上から吹いてきた風と同じだったのである。
　自分にニギハヤヒをかからせ翡翠の玉を探し出させていたのは魔王尊だったのだ。
　これで自分からニギハヤヒ、毘沙門天、魔王尊が一本の線で繋がった。

（このことであったのか）
　行者は幼少のころ聞いた「繋がっておるぞ」と発せられた声を思い出していた。
　翡翠の玉は行者が後に自らの意思で大峰山中のある社の下に他の埋具（マイグ）とともに埋めた。今でもそこにひっそりと翡翠の玉は埋まっており、そのことは誰も知らないはずである。

　風を送ってきた主が魔王尊であることは判明したのだが、行者にはまだひとつ疑問が残っていた。
　魔王尊は確かに紫の光の玉から現れた。だがそれは紫の光の玉自体が魔王尊に変化（ヘンゲ）したのではなく、魔王尊が現れているそのときも背後にはそのまま紫の光の玉として存在していたということが。
　（あの光は魔王尊様そのものではなかったのか。とすると…まさか…）
　それ以来である。行者があの紫の光の玉を紫恩宝と呼ぶようになったのは。
　だがそれ以後は1300年後まで紫恩宝が行者の前に現れることはなかった。

　須弥山にて紫恩宝を前にした行者の体に緊張が走ったのは無理もない。もし彼の憶測が正しければ、いや間違いなく正しいのだが、かつて中から魔王尊が現れたこの紫に光る玉こそ、約650万年前に金星より飛来し、鞍馬の山に降臨した魔王サナートクマラの本体なのである。
　他の惑星からやって来る霊体及び肉体宇宙人たちも、この方の許可なくしては地球ではことが起こせぬというあのシャンバラの大王。
　鞍馬の天狗魔王尊はこの方のミタマの一部が肉体を持った姿なのだ。

　（これはただごとではないぞ）
　行者は心の中でつぶやいた。
「小角（オヅヌ）よ」
　行者の名である。
　役小角（エンノオヅヌ）。修験道の開祖である。
「小角よ」

オ＝2　ヅ＝63　ヌ＝23
＝88
「いよいよ須弥の峰を離れるときがまいったぞ」
　　　シ＝15　ユ＝38　ミ＝35
＝88
「サナートクマラ様でございますね」
「小角よ。お主の力を望んでおられる方が待っておる」
　厳かな語り口調である。
　高まった気が満ちた空間にずっしりとした声が響く。
「用意するがいい」
「…と申しますと」
「まずは天竺へ行け。行けば判る」
　　　テ＝19　ン＝1　ジ＝60　ク＝8
＝88
「天竺でありますか」
「……」
　すでに紫恩宝は消えていた。
　小角は天竺へ向かうにあたり、さらに気を高めようと須弥山での最後の行に入った。

　天竺の中心に近付くにつれ、凛とした空気が漂い始めていた。
　小角は懐かしさを憶えた。
　彼はかつて一度だけ、ここ天竺を訪れたことがあった。訪れたといってもほんの一刻通りすぎて行ったにすぎないが。
　それはやはり大島に捕われの身であったころのことである。富士の山中に向かう日が続いていたある晩、思い立って天竺まで飛んでみたのだ。
　小角といえども肉体のまま一晩で天竺まで行って帰ってくるのは不可能であったため、肉体に荒魂(アラミタマ)のみを残し飛翔したのであった。

　凛とした心引き締まる空気の中から自分を迎える御仏のやわらかな思いを小角は感じ取った。
　　　ミ＝35　ホ＝27　ト＝17　ケ＝9

＝88
　その思いが発せられる真上にさしかかったところで地に降りた。
　小角は頭を垂れたまま言葉を発した。
「初めてお目にかかります。
　役小角と申す者でございます」
「この日このときを今か今かと待ちわびておりました、神変大菩薩様。
　私は般若菩薩と名のる者であります」
「誠に恐縮であります」
　神変大菩薩とは小角のことである。
　して般若菩薩とは、諸仏がこの御仏の智恵により悟りを開くとされ、諸仏の母とも呼ばれる方である。
　小角が恐縮したのは、そのような御仏から神変大菩薩様と呼ばれたためだ。
　　　　ハ＝26　ン＝1　ニ＝25　ヤ＝36
＝88
「神変大菩薩様は天竺には初めてで」
「いえ、かつて一度だけ。
　ほんのいっときでありますが」
「それはいつごろのことでございましょう」
　小角はそのときのことを強く思い浮かべた。
　すると、小角の念を感じ取った般若菩薩が、
「ああ、あれはあなたでしたか。
　確か、もうかれこれ千二、三百年も前かと」
「お気付きでしたか」
「ええ。すごい勢いで駆け抜けて行ったかと思えば、先にも増す勢いでもと来た方へと戻って行った者がおりましたから」
「恐れいります。ご存じでしたとは。
　それよりも気が付かず通り過ぎてしまい…」
「そのようなことは気にされなくともよろしいのです。
　そうでしたか、あのときの。
　今はこうして神変大菩薩におなりになりまして」
　小角は幼少のころ母に抱かれていたときのような暖かみを感じていた。

そして、何と情感の深いお方なのであろうかと思った。
　情感とは感情と違い、だた縁に触れると湧いてくるだけのものではない。
　それは花火と火花の違いによく似ている。
　火花というのはそれを発する因を持ったものが、火花を出させる縁に触れれば勝手に発生する。感情も同じで、縁に触れたとき意識に関係なく発生するものである。
　しかし、花火は火花と違い、見る者の心をうつように丹精こめ作りあげるものだ。細心の注意をはらいながら。
　情感というものも、相手を思う心遣いをしながら丹精こめて育てていくものなのである。
　小角はこれこそが御仏の思いやりであることを悟った。

「般若菩薩様。して私にどのような申しつけを」
「是が非でも力をお貸し願いたいのです。
　他でもありません。太一様のことです」
「天帝太一様ですか」
　"御中主、満ち足りて"にも登場した北極星のこと。または北極星を司る神。
　この場合は後者である。
　　テ＝19　ン＝1　テ＝19　イ＝5　タ＝16　イ＝5　イ＝5　ツ＝18
＝88
「ええ。今お困りなのです」
「やはりそうでありましたか」
「察しておられたのですね、神変大菩薩様」
「いえ、そうではないのですが、最近北天よりそそぐ気がほんのわずかですが弱くなっておりました」
「実に。おっしゃる通りです。
　ご存じでありましょうけども、地球は今まで幾度も地軸の移動が起こってきました」
「ポールシフトと呼ばれるものでございますね」

小角が答えた。
　般若菩薩はだまって頷いた。そして続けた。
「いかにも。
　地球人類の発する波動が乱れてまいりますと地軸にズレが生じ、それでもなお生きざまを改めずに欲にまかせておりますと、一旦すべてを真っ白にするために地軸が大きく傾きました。
　ですが一度地軸がずれますと、極地の氷は溶け、温暖な地は凍え、海流が変わり、無数の生命が奪われることになります。そうなりますと地球上の生命体が安穏な暮らしを取り戻すのに最低でも数千年はかかってしまいます」
「般若菩薩様。するとまたその時期が」
「そうです。太一様のお力が弱くなっているのもそのためなのですよ。
　地軸に変動が起きれば、太一様のお役目が終わってしまいます」
　地軸がずれれば北極星は北天の中心でなくなり、現在他の星がそうであるように、北極星もまた地軸が向かう先の星を中心に円を描くようになる。だがしかし、次に北天に来る星が地球を守護するのに相応しいとは限らない。
　その点北極星は地球が安心して身を委ねることができる星なのである。
　小角が尋ねた。
「人類はそれが避けられぬところまできてしまっているのでしょうか」
「…まだ判りません。
　しかし、このところ様子が変わってまいりました」
「といいますのは」
「気付く者が現れ始めているのです。
　十数年ほど前から少しずつ悔い改める者が出始め、今では全世界で千万を越えるほどになりました。
　人類が本気になり始めたのです。
　ですから、彼等の手助けをし、何としてでもくい止めなければならないのです。
　地軸の移動を」
　　　チ＝20　ジ＝60　ク＝8
　＝88

「神変大菩薩様。引き受けていただけますね、そのお役。
　あなたの力がやがては人類の破局を防ぐということを、あなたの育った国日之本(ヒノモト)の神界の皇(スメラ)も感づいておられますよ」
　　　ス＝13　メ＝34　ラ＝41
＝88
「しかし私では力不足かと」
「ニギハヤヒが立たれるのです」
　躊躇する小角に間(ま)をおかずに般若菩薩は返した。
「封じられること一千と数百年。
　いよいよお立ちになるのです。
　今度は日之本(ヒノモト)の大王としてではなく世界の…」
　般若菩薩は途中で止めた。今はそれ以上口にすべきでないと判断したからである。
　小角はグッと口元を引き締め目を閉じている。
　しばらくの沈黙の後、小角が尋ねた。
「では私はどのようなことをいたせば」
「気を整え直すのです。
　宇宙のエネルギーは"∞"このように流れております。"∞"こう流れることで浄化と育成双方の働きをしています。
　そして"∞"の流れは広大無辺の大宇宙に無限に広がっています」
　　　ム＝33　ゲ＝54　ン＝1
＝88
「ですが地球のまわりの"∞"が乱れてしまいました。それを整え直していただきたいのです」
　小角は覚悟を決め頷いた。
「ますは日之本の福井にある荒島岳上空から始めていただきたいのです。九頭竜(クズリュウ)の龍神たちが山頂で待っております」
　荒島岳は九頭竜湖にほど近い日本百名山88番目の山。
　　　ア＝1　ラ＝41　シ＝15　マ＝31
＝88
「そして次には韓国上空を整えていただきます」
　　　カ＝6　ン＝1　コ＝7　ク＝8

その10　"富士と88"　289

= 22
「そこからアジア、ユーラシア、アフリカへと進みます。オセアニアを通り南アメリカ、北アメリカ、大陸の最後はカナダで終えるといいでしょう」
　　　カ＝ 6　　ナ＝ 21　　ダ＝ 61
= 88
「次は海です。海が済みましたらまた日之本に戻り、神変大菩薩様が長く行を積まれました大峰山ですべてを終えます」
　　　オ＝ 2　　ホ＝ 27　　ミ＝ 35　　ネ＝ 24
= 88
「最後にあなたが埋めた翡翠の玉を取り出しておいて下さい。近々必要になることでしょう」
「…そんなことまでご存じとは」
　般若菩薩のこと細かな段取りに小角は感服して聞き入っていた。
「般若菩薩様。どれほどの歳月が必要なのでありましょう」
「いえ、それほど長いものではありませんよ、あなたにとっては。
　次の 2 月 2 日より始め 8 月 8 日までの 188 日間で完了させるのです」
　言われる通り小角にとっては特別長いものではない。3 年間ぐらいであろうと腹を決めていたので小角は少し気が楽になった。
　般若菩薩が続けた。
「あなたにはお供をお付けいたしましょう。今、地球のまわりには怨霊がうごめいておりますので」
　　　オ＝ 2　　ン＝ 1　　リ＝ 45　　ヨ＝ 37　　ウ＝ 3
= 88
「ありがたきお心遣い感謝します」
「では鷹の背に乗ってこの行、成されるといいでしょう」
「鷹でありますか」
　　　タ＝ 16　　カ＝ 6
= 22
「そうです。鞍馬の山と深い繋がりを持っております木曽の御嶽にその鷹はおります」
　　　キ＝ 10　　ソ＝ 12

= 22

「この鷹は、西・鞍馬三十六神、東・御嶽四十八神の霊団と共に地球を守護しております。
　鷹を神変大菩薩様のお供に、とはサナートクマラ様じきじきのおはからいなのですよ」
　小角は感極まっていた。そして紫恩宝を思い浮かべた。何という鋭い眼力、何という深い思いやり。
　小角は自身の行がまだまだ至らぬことを思い知らされた。
「きっとあなたのお力添えになることでしょう、神変大菩薩様」
　小角は深々と頭を下げた。
　それからしばらくの間、小角は般若菩薩から天竺の話を聞いていた。その話というのが数十万年に及ぶ物語なので小角は興味が尽きなかった。
（さぁ、そろそろ切り上げねば）
　小角はそう思った。
　般若菩薩にその旨(むね)を伝え、最後にこう尋ねてみた。
「このたびのお役、最後は大峰山で終わるというのは翡翠の玉のこともございますので納得できますが、なぜ始まりの地が九頭竜にほど近い荒島岳からなのでございましょう」
「そのことですか。
　神変大菩薩様。サナートクマラ様はあなたが富士の山中で行を積まれておられるころより今日(こんにち)のことを見抜いておられました。
　富士山中であなたが行った秘法もこのたびのお役のためのものだったのです。
　ですから、このお役は富士からすでに始まっておりました。そのお役を木曽御嶽の鷹と共に行い、白山神界菊理姫のご眷族の龍神たちが迎えることでくくり始めとなります。くくるというのは結ぶことです。
　ですからこれで一富士、二鷹、二結び、という繋がりになるのです。
　そして188日間のお役を成し終えますと、一富士、二鷹、三成すび、になるのですよ。
　あれは、富士、御嶽、白山のことを指してのことなんでしょうね」
　これはもちろん冗談である。
　小角の生真面目で硬い表情を崩すために般若菩薩が咄嗟に思いついた

御仏流ユーモアである。
　小角もそれを察したのか、口元をゆるめて、
「次の正月はいい夢を見させていただけそうですね」
と返した。

　それから約1年後の8月8日、無事小角はお役を果たした。
　地球を取り巻く気の流れは整い、地軸のズレも回避した。
　北極星は輝きを取り戻し、地上では全世界一斉に武器を全廃しようではないかという案が多数の国と地域の署名で国連に提出された。その中にはイスラエル、パレスチナの両首相のサインも含まれていた。
　そして世界各国の名だたる山の頂には、ニギハヤヒの御柱が…

「お客さん。お客さん。終点ですよ」
　車内を見回りに来た車掌に肩を揺すられて気がついた。まわりにはもう誰もおらず、あわててホームに飛び出た。
　あれ、ここはどこだろうか。あたりを見まわしても見憶えがない。
　改札口に向かう途中に案内板があったので目をやると、えっ、中津川。やってしまった。
　フーッとため息をつき左手にかかえた本をチラリと見た。
「あ、そうか」
　訳の判らぬ夢をみていたのはこれのせいだったんだ。
『役小角』。かかえている本だ。
　車内で読み始めたのだが、酔っていたため幾ページも読まないうちに寝入ってしまったようだ。それでこのありさま。それにあの夢。
「すみません。次の上りは何…」
「もう終わったよ」
　駅員はあきれた顔でニベもなく言い放った。
　乗り越し料金を払い外へ出てみたが行くあてもない。それにここからタクシーで帰ったらいくらかかるか判ったもんじゃない。
　仕方がないから駅を出て南東へ向かう正面の坂をとぼとぼと歩きながら何げなく天を見上げた。
　天の川の明かりに恵那山(エナ)のシルエットが浮かびあがって見え、見知ら

ぬ街に一人でいるんだと実感した。
　（久しぶりだな。こんなにたくさんの星をいっぺんに見るなんて。
　これも終点まで来たから見られたんだよな）
　　自分自身を弁護して、この失敗が有意義なものであったと納得しようとしている。
　　しかし、この夜は本当に美しい星空であった。
　　それもそのはず。
　　今宵は月明かりのない新月の晩なのだから。
　　　　シ＝15　ン＝1　ゲ＝54　ツ＝18
＝88
　　おしまい。

その11 "土星を以って貴しとなす"

　1994年7月　シューメーカー・レビー第9彗星の木星衝突は「終わりの始まり」でありました。
　1996年3月　百武彗星の飛来は、彗星が箱舟であり、乗って来たのは宇宙人か桃太郎か菊理姫か、ということでした。
　1997年4月　ヘール・ボップ彗星がやってきたのはイザナギとアマテラスの発動開始の合図でありました。

　20世紀末は21世紀を迎えるにあたり、毎年神界劇を地球上から見ることができた貴重な時期だったわけです。
　これは1995年のお話であります。
　1995年には土星の環が消えてしまいました。5月22日、8月11日、11月19日、翌年96年2月12日の4回にわたり。環が消えたと申しましても、物理的にどこかへ消えて無くなってしまったのではなく地球上から見えなくなってしまったのであります。
　第1回目　5月22日
　第2回目　8月11日
　第4回目　2月12日
　この3回は地球が土星の環に対して真横に位置するために、環が見えなくなってしまいました。
　土星の環は小さな岩が集まってできておりまして、大きいものでもせいぜい直径が10m程度なのだそうです。
　これらの岩がドーナツ状に集まりまして幅約7万5千kmの環を作っているのでありまして、この環の上には地球が約6個並んでしまうという巨大なドーナツなのです。
　ところが、これほど広い幅を持つドーナツの厚みはわずか数10mしかないために、地球が真横に来ますと見えなくなってしまい、環の消失ということになるのであります。
　11月19日の第3回目の消失につきましては、太陽が環に対し真横に位置するために太陽光が環に反射せず、地球からは見えなくなってし

まいました。
　土星の環の消失は約15年周期で起こりますが、今回のように複数回が一度に起こる好条件のものは2039年まで待たなくてはいけません。
　2039年といえばＪＦＫ暗殺の真相が公表される予定の年であります。
　国家ぐるみででっちあげたウォーレン委員会の報告書の嘘があばかれるのは楽しみですが、彼(か)の国は21世紀に入ってからも巨大なる嘘にて国民及び全世界を欺いております。
　ＪＦＫについてでも実際に真実が公表されるかは疑わしい限りであります。
　気付いて下されよ　さもなくば　崩れん
であります。

「倭」とは日本国のことであります。
　かつては村落のことを「環」と呼んでいたそうです。
「和を以って貴しとなす」は日本の精神文化の代表格であります。
　すべて「ワ」です。
　土星の環の消失で何に気付き何を学びとるべきなのでありましょう。
　それをこれからお話しいたします。

「環が消える」を「倭が消える」にしますと日本が消えてしまうことになります。
　それは困る。
「和が消える」にしますと調和が消えてしまい、争いが起こることにもなりかねません。
　それも困る。
　約15年に１度起こる現象で何もそこまで深刻に考えずともよさそうなものでありますが、「天のとき」というものがございまして、今回は真摯に受け止めねばなりません。
「天のとき」を感じず、「地の利」を生かせず、「人の和」が乱れてまいりますと、宇宙エネルギー∞に狂いが生じてまいります。
　この狂いを大自然から感じ取り修正することを怠りますと、人は災いを受け入れたことになるのであります。

その11 "土星を以って貴しとなす"

むかーし昔の5月22日。

1335年（元弘3）　北条高時が自決しまして、鎌倉幕府が滅亡いたしました。

1903年（明治36）　千島海域を測量中の軍艦「操江（そうこう）」が沈没し、乗組員は全員亡くなってしまいました。

1917年（大正6）　米沢市が大火にみまわれました。

1995年5月22日の第1回目の環の消失の翌日、23日のことであります。

　　北海道北部から中西部にかけて震度5の地震が発生いたしました。
　　翌24日も震度4の揺れを記録しております。
震源地よりまっすぐ北上いたしましたところは北海道の角、稚内であります。
これは言霊です。
稚内は「環っか無い」です。
馬鹿にしてお笑いになりましたけど、そうやって人を見下してはいけません。
まじめに話しているのですから、今は。
数日後、5月27日であります。環の消失後初めての土曜日のことでありました。
　　サハリンでマグニチュード7.6以上の大地震発生。
　　死者1841人という大惨事になってしまいました。
なぜサハリンか。
やはり言霊であります。
サハリンの"リン"は「輪」に同じであります。「輪」は「ワ」でもあります。
ワの言霊数は46でした。
ではリンは。
　　リ＝45　ン＝1
やはり46で同じであります。
「環っか無い」「サハ輪」で何に気付くべきなのでしょうか。

2回目の輪の消失は8月11日です。
　この年の8月15日は終戦50周年であります。あの愚かしき殺し合いから半世紀の時が流れようとしているのであります。
　環の消える直前の土曜日、8月5日のことです。
　沖縄県で地震がありました。
　揺れは小さなものでしたが、実はこれも言霊として大きな意味がございます。
　よろしいですか。沖縄でありますよ。
　これは「大きな環」であります。
　土星の環も大きいですがそのことではなく、村のことを「環」と呼びましたので、「大きな環」は地域、国、はたまた人類全体のことを指しているのかもしれません。
　一体何を意味しているのでしょうか。

　沖縄は
　　オ＝2　キ＝10　ナ＝21　ワ＝46
で79であります。
　神戸は
　　コ＝7　ウ＝3　ベ＝69
で79。
　79とは「縦」と「横」を合わせた数であります。
　　タ＝16　テ＝19
＝35
　　ヨ＝37　コ＝7
＝44
　合計79であります。
　79が現れるときはいつも分岐点であります。
　今回の「天の時」は分岐点にさしかかったぞという「天の時」なのであります。
　　ブ＝68　ン＝1　キ＝10
　はい、79。

分岐点にさしかかった「天の時」というのは百年も二百年もダラダラ続くものではございません。このたびの「天の時」は約25年間に限定されております。
　この限定されました時間の中で人類は大変革を遂げなければならないのであります。
　　　ゲ＝54　ン＝1　テ＝19　イ＝5
＝79。
　限定された「天の時」。暦のうえではすでに半分以上が過ぎました。
　　　コ＝7　ヨ＝37　ミ＝35
＝79。

　神話で伊弉冉尊は火之迦具土神（ホノカグツチノカミ）をお産みになったためにミホトを焼かれて死んでしまいました。しかし火之迦具土神からたくさんの神々が生まれておりまして、ミホトを焼いてまでして神をお産みになった伊弉冉尊は偉大であります。
　　　ミ＝35　ホ＝27　ト＝17
　79です。
　人の命が止切れたか否かを確認するのは脈を取ります。脈があれば生きております。
　　　ミ＝35　ヤ＝36　ク＝8
＝79。
　沖縄や神戸は日本の脈なんでしょうか。

「ありがとう」は117でした。
　では「こんにちは」は。
　　　コ＝7　ン＝1　ニ＝25　チ＝20　ハ＝26
　これは79であります。
　こんにちはもありがとうと同じぐらい大切なことであります。「挨拶（あいさつ）」とは「愛を察する」しるしなのですから。
　発音通りに「コンニチワ」ですと、
　　　コ＝7　ン＝1　ニ＝25　チ＝20　ワ＝46
　合計99になってしまいまして、99は白、また白山神界のお話になっ

てしまいますので省略いたします。
　伊弉冉尊が最後にお産みになりました火之迦具土神は火の神様ですが、こちらは明るく照らす神様です。
　　天火明命
　　　　ホ＝27　ア＝1　カ＝6　リ＝45
　79であります。どうしてもお出になりますニギハヤヒ尊は。

　2回目の環の消失が8月11日に起こり、終戦50周年を迎えました翌日、8月16日のことでありました。
　　パプア・ニューギニアでマグニチュード7.8の地震発生。
　パプア・ニューギニアの地震と沖縄、あるいは「大きな環」とはどのように繋がるのであろうかと震源地を調べましたら、椅子からずり落ちそうになってしまいました。
　沖縄に等しいかそれ以上の苦しみ、悲しみ、無念さ、そしてむなしさが残る地が震源地でありました。
　その地とは、ガダルカナル島、ソロモン諸島ラバウル。
　「大きな環」が崩れ、第2次世界大戦へと発展していったその過ちは二度と犯してはいけません。
　しかし、今の人類には再びそれを犯そうとしている連中がおります。
　環の消失と合わせてこのような現象が起こるのは、無念さを抱いて戦死された方々と大自然からの警告であります。
　本気で全人類の「大きな環」をつくるべき「天の時」がまさに今なのであります。
　今はまだ「環っか無い」状態ですので、数霊としての現れが反作用ばかりなのであります。
　相手がそれを返すか否かは別にして、自分は人に会ったら挨拶ぐらいは笑顔で元気にいたしましょう。こんにちは、と。
　保育園児相手にしているのではないのですからこんなことは言わなくともよかろうものなのに、それさえできてないのにはどうすればよろしいのでしょうか。

　昔の8月11日です。

1256年　九条頼経鎌倉幕府四代将軍没
　1338年　足利尊氏、征夷大将軍となる
　1639年　江戸城本丸全焼
といった日でありました。
　そして20世紀に入り、
　1903年　ギリシャでマグニチュード8.3の大地震。
　1931年　中国でマグニチュード7.0以上の大地震。
　1974年　タジキスタンでマグニチュード7.0以上の大地震。

　また8月11日は、日にち別での統計によりますと、1年のうちで飛行機事故が最も多い日であります。
　月別では最も多いのがやはり8月。
　最も少ないのは10月であります。

　3回目の環の消失は11月19日です。
　せっかくやり始めましたので、環の消失とは関係ございませんが、歴史を振り返ってみますと、
　1183年　木曾義仲が法住寺殿を襲撃
　1827年　小林一茶（65）没
　1840年　第119代光格天皇逝去
　1841年　日向沖でマグニチュード7.0以上の大地震
　1958年　指宿市大火
　1970年　シャルル・ドゴール（80）没

　11月に入りましてまた「大きなワ」が出てまいりました。今度は「大きな和」です。
　「大きな和」が消えてしまいました。
　地震などではございません。
　消えたのは大和銀行の信頼であります。
　大和銀行がアメリカから追い出されました。
　同じころ、イスラエルのラビン首相が暗殺されました。11月4日、土曜日のことでした。

イスラエルのラビン首相といえば1993年9月13日、クリントン大統領のもとでパレスチナのアラファト議長と暫定自治宣言に調印し、歴史的な握手を交わした勇気ある政治家であります。これを機にイスラエルとパレスチナは互いに歩み寄り、中東に和平をもたらす第一歩となるはずでありました。
　しかし、それを望まぬ者たちもいるということは悲しいことであります。

　ラビン首相とアラファト議長が握手を交わす日までの道のりは決して平坦なものではありませんでした。多くの困難を乗り越えてのことであります。そして二人がこの日を迎えることができましたのは、ある男性の限りない努力があったからであります。
　ノルウェーのヨハン・ホルスト外相、その人です。
　彼は何度も何度もイスラエルとパレスチナの代表を秘密裏にノルウェーに呼び寄せ、双方の説得に尽力いたしました。
　しかし、長く憎しみ合う双方がそう簡単に相手方の主張を受け入れることなどできるわけもなく、険悪な雰囲気になるたびに代表団を外へ連れ出し、ノルウェーの森の中を散歩しながら気分が静まるのを待ちました。その努力実ってのあの日の調印です。
　この調印は彼の努力なくしてはあり得ませんでした。
　ところがです。調印が済んでわずか3ヶ月後、新聞の片すみにこんな記事が小さく出ておりました。
　ノルウェーのヨハン・ホルスト外相急死。
　急病のためと発表。
　いい加減にしてもらいたい。
　心労祟り突然死、とでもいいたいのでしょうが、そんなことを信じる訳にはまいりません。和平を望まぬ、つまり戦闘状態を欲する者たちの仕業に違いありません。
　西側の悪の枢軸は平気でこのようなことをやらかすのであります。
　ヨハン・ホルスト外相が亡くなったのは93年12月16日です。旧暦11月4日になります。そして約2年後の11月4日、今度はラビン首相が。
　隠したつもりでも手懸かりは残るものです。

その11 "土星を以って貴しとなす"　301

このような策略が天変地異を招くことに気付けない人たちは、幸魂（サキミタマ）、奇魂（クシミタマ）の成長が止まってしまっているのであります。

　11月中ごろ、チョモランマで日本人13人を含む63人が雪崩により遭難いたしました。つらいニュースです。
　しかし、ご存じですか。登山隊が捨てっぱなしにしているゴミの量を。
　野口健氏が「ゴミ拾い登山」を始められる前まではチョモランマもゴミ捨て山になってしまっておりました。
　ネパール政府に支払った補償金は返らなくてもいいからゴミも捨てていくというのは、罰金を払うから速度違反をしてもいいというのと大差ありません。いつも思うのですが、彼等はゴミ捨て登山から帰った後も子供や孫に「ゴミはちゃんとゴミ箱に捨てなさいよ」と教えるのだろうか。それとも山での罪ほろぼしに他でゴミ拾いをされているのだろうか。
　大きなことに挑戦することはすばらしいことでありますが、私の大切な地球を汚さないでいただきたい。
　もし私が山を守護する立場にあったならば、それまでの人間の行為に対し、意図的に雪崩を起こすことはないにしても、起こる雪崩を止めて人間を救うこともしないかもしれません。
　山が人間に征服されることはございません。未だに新聞の見出しにもエベレスト征服と出ますが、征服されているのは人間の心であります。登りたい、登らねばならない、と。
　今後もずっと永遠にチョモランマが人間に征服されることなどございませんよ。
　　謙虚さ忘れたその身に刺さる
　　自然からの望まぬ牙

　3回目の環の消失から初めての土曜日。
　11月25日のことであります。
　ニカラグアのセロネグロ火山が大噴火いたしました。
　詳しくは"雛型と118"でお話ししますが、日本は世界の雛型であります。日本で起こったことは世界でも起き、世界で起きたことは日本でも起こるのであります。

同じ日、太平洋南硫黄島の海底火山福徳岡の場でもやはり海底噴火がありました。
　次もやはり11月の出来事であります。
　大阪などでセアカゴケグモと呼ばれます毒蜘蛛が大量に見つかりました。
　言霊では「毒蜘蛛」は「毒雲」にも繋がります。つまり毒蜘蛛の発生は毒雲の発生の暗示とすれば、化学兵器かあるいは核兵器によるきのこ雲が現れることを示すのであります。
　雛型日本の大阪は、世界地図の中東界隈に当たります。中東には化学兵器も核兵器も存在しておりますし、兵器売買の一大市場であります。
　中東地域の和平を望むのでしたら、早急に近畿地方の気を整えることが必要でありましょう。本当の毒雲が発生する前に。

　いよいよ最後、四回目の環の消失です。
　2月12日は
　729年　長屋王（54）没
　991年　第64代円融天皇逝去
　1603年　家康、江戸幕府を開く
　1918年　第一次大本弾圧
　1984年　植村直己　マッキンリーの下山途中で行方不明に。
と、このようなことが起こっております。
　環の消失の直前の土曜日、10日のことでありました。
　北海道の古平町と余市を結ぶ道路でトンネルが崩落し、20名の方が命を落とされるという悲しい事故が起こりました。
　ただし、この事故についての解釈は判りません。
　土星の言霊数は
　　ド＝62　セ＝14　イ＝5
＝81であります。
　これらの出来事もすべて81の持つ反作用として愚かしき人類が招いてしまっているのでしょうか。それとも土星は悪魔に乗っとられた星なのでしょうか。
　　土星＝Saturn

その11　"土星を以って貴しとなす"　303

悪魔＝Satan
　日本人にとってみれば言霊としては同じようなものであります。
　トンネル事故と同じ日、雲仙普賢岳で1年ぶりの火砕流が発生いたしました。
　ちょうど1年前と同じように。
　1年前　1995年2月11日。
　この日は火星の小接近の日でありまして、火星は地球のわりと近くにおりました。そこへ火砕流が発生したのであります。
　前の月に起きました阪神淡路大震災は火曜日のことでありました。
　2003年8月には火星が大接近いたしました。火による事故でなしに、霊(ヒ)による喜びとなればよかったのですが。
　96年に戻りまして、4回目の環の消失後初めての土曜日のことであります。
　アフリカのガボンでエボラ熱が発生しました。
　ヨーロッパではルーマニアのホームレスが150人凍死し、
　ニューギニアでマグニチュード8.0の大地震が起きました。
　この地震では日本にも津波が押し寄せてまいりました。

　世界中では土曜日以外でも事故は起こりますし、土星の環が消えなくても事件は起きます。ですが、今回の土星の環の消失に合わせて前後の土曜日に、このように今の人類の行く末を象徴するようなことばかりが起きてしまうのは、大自然からの警告として受け止めるべきでしょう。仮に、大自然にはそのような意志がなかったとしましても、やはり今の人類は改めるべきことが多すぎるのですから。それで人類の行く末に光明射せばすばらしいことではありますまいか。
　以前お話ししました年対称日を年対称月として今回の土星の環の消失を見てみますと、起きたのが5月、8月、11月、2月ですので33－図のようになります。
　どれを基準にしましても年対称、前後の四半対称がピタリと当てはまります。これぞ大自然の運行の神密さであります。
　ですが、本来は同じような神密的な存在であるはずなのに、それを失ってしまった生命体がおりまして、それが現代の地球人類なのであります。

人類は何を失い、何を取り戻せばよろしいのでしょうか。

　それは「和」であります。
　調和の和です。
　　調和なくして平和訪れず、
　　平和なくして和ぎなし
なのであります。
　これは言葉で言うぶんにはたやすいことでございます。特に他人事に関しましては。

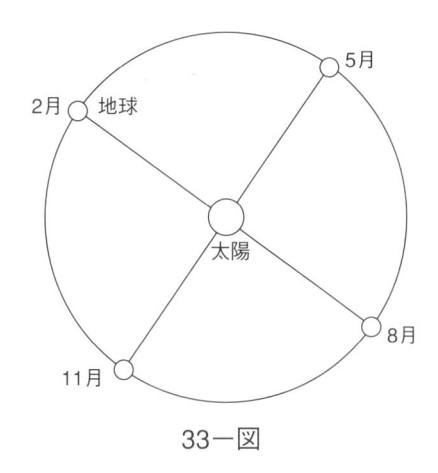

33―図

　ですがそこに自分の利益やら名誉がからんでまいりますと、そうはうまく和することなどできなくなってしまいます。
　ましてや自分に損失や危害が及ぶかもしれないこととなれば、なおさらであります。
　ではまず調和とは一体どういうことなのでありましょう。
　少し嫌な言い方ですが、これが実状であります。
　『調和とは、許すことであり、妥協することであり、嫌いなものまで受け入れることであり、利益が減ることであり、隠しておきたいことまでオープンにすることでもある。さらに、自分の信ずることよりも相手の信ずることを優先することであり、被害・損害を受けたことを水に流して相手を思いやることまでもができる状態をいいます』
　できればもっと美しい言葉で飾りたかったのですが、きれいごとを述べるだけで本当の調和が実現できるのであれば、人類はもう殺し合いを卒業しております。
　できないのでその実状を嫌らしい言葉で表現したのであります。

　損得抜きにして同じ志を持って歩み始めた者同士でも育ちが違えば体質も違います。したがって求めるものも違ってくるわけでして、同じことを成すにも優先事項が違ってまいります。するとそこに争いが生まれます。
　近くにいる人、近いと感じる人に対してほど期待は大きく、ですから

一旦争いが生じますと心の中はより争いごとに支配されてしまいます。
　それは、判り合えると感じた者同士ほど、相手は私を判ってくれるとの前提で進みますので、優先順位のズレだけでも裏切られたと感じてしまうからであります。
　あの人は私の理想通りの人で、私をすべて判ってくれると思ったのにと。
　私の考えを全面的に認めてくれて、私と全く同じ方向に向かう人だと思ったのにと。
　しかし地球はまあるいのですよ。
　丸い地球に一人一人が立っておるのです。
　するとそれは巨大なウニのようなものでありまして、隣の人は同じ方向に進むものだと信じましてもウニのトゲは先に行くほど向かう角度がズレてまいります。
　人に対して理想を求めましても丸い地球に立っている以上、自分の真上はどなたも異なっております。そこを無理に人の進む先まで自分の真上に持ってまいりますので不都合が生じるのであります。第一不自然です。
　自分の真上を向いているのは自分だけ。
　したがって自分の理想通りになる可能性のある人は世の中に自分しかいないということなのであります。
　それを知りませんと、調和の第一歩が踏み出せません。
　なぜなら、自分の期待通りになってくれていない相手の一部分に対し不足ばかりを心の中でくり返すのですから。

　鎌倉時代の僧、日蓮宗の開祖日蓮は日々内側への求明と外側への救済に励んでおりました。内側への求明とは自己を追求することで己の本質を見抜いていくことであり、判りやすくいえば自分を知るということであります。
　一方、外側への救済とは苦しんでいる人々に救いの手をさしのべる社会福祉、社会事業のことであります。この両方をバランスよく行うことが自己の完成に近づくことでありまして、片方だけですと玉し霊の活かし方としては片ハタラキであります。

社会事業、国造りには無関心で、自らの悟りのみを求むるはこれ無責任なことであり、内側を求明することなく外側への救済に夢中になっておりましても、ただむなしさが残るだけですから。

　外側への救済というのは大々的に行おうとしますと莫大な費用が必要となってまいります。日蓮がどれほど国を思い民を思おうが、先立つものが無ければ民を救うにも限度があります。日蓮はそこに苦しんでおりました。
　同じ時代に忍性(ニンショウ)という僧がおりました。
　忍性もまた民を救うために生涯尽くした人でありますが、日蓮とは手段が違っておりました。
　忍性は社会事業に必要な費用を捻出するために、宮中貴族や幕府の人々を利用いたしました。利用すると申しましても、だまくらかして金をまきあげたのではございませんで、法を説くことにより自分に帰依させ、社会事業のための費用を賄(まかな)ったのであります。
　そうでもしなければいつまでたっても民を助けるための活動ができず、思うだけで終わってしまうからであります。
　こうして集められた資金にて、寺を建てること80以上、約190の橋を架け、33の井戸を掘りと民のために限りない努力を惜しまずして社会に貢献いたしました。
　ところがこれをこころよく思わぬ者がおりました。いえ、むしろ憎んでいたといってもいいでしょう。
　それは誰あろう日蓮であります。
　貴族に取り入り資金集めをするとは何事ぞ。同じ仏の道を歩む者として許し難きことじゃ。

　救済される側に、毎日ぶらぶら遊んでばかりおり、ときには悪事をはたらく者がおりましても日蓮はその者を憎みません。
　なのに同じように民の救済を心掛ける忍性を、物の考え方の優先順位や手段が自分のものと異なるために憎んでおります。
　遠くから離れてみれば、憎むべき相手はブラブラ遊んでいる方なのに、なぜそちらを憎まず忍性を憎むのでしょうか。

この問題は21世紀に入った今日(こんにち)も人類は解決しておりません。
おそらくほとんどの人は同じことをくり返しております。
話を戻します。
日蓮はたとえ資金の調達が思うように進まぬとも、僧として誇りを持って歩むべき道があるとする頑(かたく)なな人でありました。
日蓮宗系の学者には忍性を"売僧(まいす)"とする方もおられるようであります。
では日蓮と忍性、一体どちらが正しいのでしょうか。
別にどちらも間違っておりません。
日蓮も忍性も己の歩むべき道を歩んだのですから。
掌(てのひら)をこすり合わせてあたためます。
その手で膝(ひざ)を包みこむようにする。
あたたかいと感じたならばそれは膝で掌を感じているのであり、冷たいと感じたのなら掌が膝を感じているだけで、共に間違ってはいないのであります。
しかし、どちらか一方に立ってみますとそれが判らない。して、あいつはおかしい、自分が正しい、と判断してしまうのであります。
もしお二方がご健在のうちに背骨を触ることができましたら、今後の参考になったでしょうけども今となっては叶わぬ願い。
おそらく日蓮の方が背骨に可動性が少なく、右手首は硬かったことでしょう。
一方忍性は頸椎5番6番に歪みがなく、腰が柔らかかったのではないでしょうか。
日蓮のいらだちは忍性との優先順位が違ったにすぎません。
一方は手段からしてしっかりと重んじ、一方は結果を優先するために手段を合わせたと。
一般の企業に当てはめてみますと、利益を得るために奇をてらった手段を用い戦術とするか、あくまで正攻法で中身の充実と信頼を図るかの違いであります。
ただし、あまり邪道な手段を用いますれば、いっときはよろしいでしょうがすぐに衰退してしまうものです。
では忍性の手段は邪道であったのでしょうか。そんなことはございま

せん。
　歴史に残っておりますよ。
　桑ヶ谷療養所において20年間に治療したうちの約8割、4万6千8百人の方々が病いを克服したのだそうです。
　おそらく当時としては驚異的な数字でありましょう。

　ここで調和についてであります。
　まず忍性ですが、忍性は自分の取った手段に心の底から納得していたのでしょうか。
　案外日蓮のように、できれば正攻法でいきたかったのかもしれないのであります。
　けれどもそれではカタチになりません。
　したがって手段よりも結果を優先するために、仕方なく貴族や幕府の人々を取り込んだのかもしれないのであります。
　ではなぜ忍性がそれを実際に行えたのか。
　おそらくは日蓮のおかげでありましょう。
　日蓮が頑（かたく）なに浮かれたところなき姿を貫いてくれたからではないでしょうか。
　そして日蓮も、信ずる道を貫き通せたのは忍性が社会事業をタカチにし、経国済民を行っていたからこそ安心して我が道を歩めたのではないのでしょうか。
　もし忍性までもが日蓮よりもさらに救済に対する考えが保守的で、農民であっても自分のことは自分で責任持てというようなことを説いてまわっておりましたならば、日蓮こそが業を煮やし貴族・幕府から資金を調達していたのかもしれません。
　忍性にしても、日蓮をはじめ多くの僧が資金調達のために手段を選ばぬようなことをしておれば、忍性こそが日蓮の歩んだ道を貫いていたかもしれないのであります。
　自ら信ずる道を歩み続けられるのは、反対側の道を本気で取り組む者がいるからこそできるのであります。
　さんざん西洋医学に悪態をついておりますが、東洋医学に本気で取り組めるのは、西洋医学が進歩し続けているからでもあります。大怪我し

たら外科医にお世話になるのですから。足がちぎれ内臓がはみ出た人を整体に連れて来られても困るでしょ。

　科学者と宗教家の関係はその最たるところにおります。何もかもを現在の一面的な科学において解決しようとすることは大自然への冒涜であり、もしそのような社会になったのならば必ず人類は取り返しのつかない大失敗をすることでしょう。しかし、すべての人がことあるごとに「これは神の力だ」「これは邪霊の仕業だ」と結論づける世もやっぱり変であります。もしそうなってしまったら宗教家自身が危機感を持ち、科学者になる人も出てくることでしょう。

　科学者は宗教家の暴走をくい止め、宗教家は科学者の驕(おご)りに歯止めをかけながら共存しているのであります。

　ただ山の登り口が向こう側とこっち側の違いだけでして、目指すところは同じなんですから。

　天之浮橋からながめて見れば切磋琢磨して成長する双方の姿は共に愛しいことでしょうに。

　調和というのは案外「調和するために努力する」ことではなく、ときには争いながらも我が信ずる道をそれぞれが貫き通している状態の全体をいうのかもしれません。

　とはいえ、戦争は含んでおりませんよ、これには。

　だとすると、憎むべき相手は全体でバランスを取るためのものであり、非難の対象どころか、相手のおかげで自分は我が道を歩むことができるという、陰と陽の一対の片割れなのであります。

　実は大切な人なのです、反対側の登山口から山頂目指している人は。

　土星の環の消失は、人類の和の消失を気付かせるための宇宙からの警告であります。

　和を以って貴しとなせよと。

　ですから"土星を以って貴しとなす"というわけなのであります。

　土星の言霊数は81ですので81年単位で歴史を振り返ってみます。
　環の消失は1995年が中心でしたので基準はこの年にいたします。
　1995年の81年前。

　　1914年　第一次世界大戦が勃発。

桜島が大噴火。
　さらに81年前。
　　1833年　天保の大飢饉。この年より凶作が続き、各地で百姓一揆が。
　　　　　　享保、天明と並ぶ江戸時代の三大飢饉のひとつ。
　次の81年前は特に何もありませんでしたので一気に810年前まで遡ってみます。
　　1185年　壇の浦の戦い。
　　　　　　源義経はいよいよ平家を追いつめ、壇の浦の決戦にてついに平氏を滅亡させた。
　このときわずか8歳でありながらお付きの者と入水(じゅすい)しました幼帝安徳天皇は第81代天皇であります。
　このころは何か現代を暗示しているような符合がありまして、これが歴史はくり返すの見本のようなものであります。
　まずはこの数字だけを。

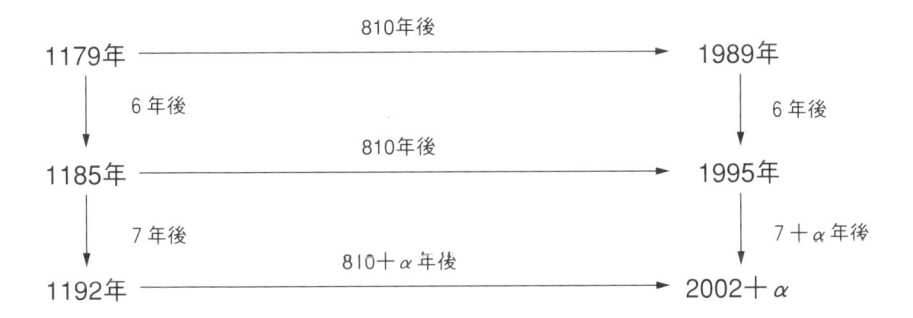

```
1179年 ——————— 810年後 ——————→ 1989年
  │                                │
  │ 6年後                      6年後 │
  ↓                                ↓
1185年 ——————— 810年後 ——————→ 1995年
  │                                │
  │ 7年後                    7＋α年後 │
  ↓                                ↓
1192年 ——————— 810＋α年後 ——————→ 2002＋α
```

　ご説明いたしましょう。
　　1179年　平清盛がクーデターを起こし平氏が政権を取る
810年後
　　1989年　平と成ったのであります。
　　　　　　平成時代の幕明け。

　平清盛が独裁政治を開始してから6年後
　　1185年　壇の浦の戦いで平家滅亡。
810年後

その11　"土星を以って貴しとなす"　311

1995年　阪神淡路大震災で神戸の街が壊滅状態。

壇の浦の戦いより7年後
　1192年　鎌倉幕府が成立。
810年後
　2002年　……（相当するものなし）
　　少しズレるのでしょうか。
別に鎌倉で何かが起こるわけではございませんですが、一応言霊数に。
　カ＝6　マ＝31　ク＝8　ラ＝41
＝86
86は次章に出てまいります。

　土星が主人公でありましたので土曜日の出来事ばかりが目立ってしまいました。が、もう少しだけ続きを。
　1995年の36年前、亥の年1959年に本土に上陸し、死者5千人以上、被害家屋57万戸という大災害となりました伊勢湾台風は土曜日にやってまいりました。
　さらに36年前、同じく亥の年1923年に起こりました、死者・不明者13万人ともされております関東大震災もやはり土曜日でありました。
　2003年9月の十勝沖地震は、伊勢湾台風と同じ9月26日でした。旧暦ですと9月1日になりまして、関東大震災は9月1日の出来事であります。
　けっこう嫌なもんですよ、こういうことを発見しますと。
　日月神示の岡本天明は、この世に誕生した日も自動書記が始まった日も土曜日でした。
　大正10年の第一次大本弾圧、これも土曜日の出来事であります。
　昭和の時代が終わったその日。
　昭和天皇崩御も土曜日でありました。
　しかしこのようなことは挙げだしたらキリがございません。何しろ世の中で起こった事件・事故の7分の1は土曜日に起こっているのですから。
　ですので、もうこれで最後にいたします。

大きな和のお話であります。
　昭和20年4月7日。
　当時世界一の46cm巨砲を装備し、4月6日呉(くれ)軍港沖から出撃した「戦艦大和」が沈没されました。
　土曜日の午後のことでありました。

その12 "雛形と118"

　日本の国土は龍の姿そのものであります。言い替えますと、日本に住む人は龍体に住まわせていただいているのであります。
　知床、根室で大きく口を開き、宗谷岬は力強い角で天高く舞い上がる雄姿であります。と、申しますと一部から大反対が沸き起こります。日本国龍体説否定派からではございません。賛同派の一部からです。
　日本の姿は龍体である、というところまではよろしいのですが、それからがいけない。
　龍の頭は九州であり、桜島は龍が火を吐く姿だぞ、と九州の方がおっしゃるのであります。
　もし地図が南を上にする決まりだったら九州の頭が上を向く龍だろ。
　バカいっちゃいけない。北を上にするのも自然の摂理。誰がどう見たって北海道が頭に決まっておるわ。
　アホなことを。北海道はシッポ。北方領土はシッポの先。
　というように、まるで邪馬台国どっちにあった議論のようになってしまうのであります。それにみなさんやはりシッポよりも頭の方がよろしいようですが大人気ないからおやめになったらどうでしょう。
　北海道の方も九州の方もご安心下さい。日本の国土は「登り龍」と「下り龍」の二体が重なった姿なのですから。
　登り龍のことを「火龍」と呼ぶことにいたします。火は上に向かいますので。
　そして、水は下に流れますので下り龍のことは「水龍」と呼ぶことにいたしましょう。
　火龍のシッポは九州。
　水龍のシッポが北海道。
　いや、言い方を間違えました。
　火龍の頭は北海道。
　水龍の頭が九州です。
　そして、本当のことを言いますと、北海道も九州もシッポではありません。

胴体につきましては幾通りにも考えられまして、ここでは限定することは避けることにします。
　先ほどの"渦の親玉"の鳴戸＝81で生命の源が発生し、淡路と琵琶湖が交わることで新たな生命が誕生するのであります。ですからピタリと納まる形であります、淡路島と琵琶湖は。

　火龍は地から天へ、人から神へと思いを伝える龍神様であります。
　水龍は天から地へ雨が降るごとく、神から人へ思いを伝える龍神様です。
　二体合わせて陽と陰、一対であります。
　火龍は陽、水龍は陰ですが、神界から見れば陰陽は逆になります。何しろこちらが裏の世界なのですから。
　火龍の角は宗谷岬であります。水龍のそれは佐世保から五島列島あたりです。
　龍神様にとりまして角は大変大切なものでして、角がないと力が出ないのだそうであります。
　角が力の源であるならばヒゲはどうなるか。龍神様にとりましてのヒゲは方向性を指し示すものでして、これも大切なところであります。火龍のヒゲは国後（クナシリ）、択捉（エトロフ）などの北方領土でありまして、水龍はもちろん沖縄諸島を中心とした島々がヒゲにあたります。
　かつていっとき、日本の神界が人間界と同じように乱れたことがございました。
　それは正統な神々が封印されていたためでありますが、平成の岩戸が開いたことにより、封印が解けました。今はそれまでの人類の歪んだ生きざまが溜めこんだ膿を出している最中であります。
　双方が乱れておりましたころ、日本は近隣諸国に対し許されざる蛮行をふるまい文化までをも取り上げてしまいました。
　進むべく方向性に大きな過ちを犯したのであります。
　その結果、火龍はソヴィエト連邦に、水龍はアメリカ合衆国にヒゲを取られてしまいました。
　ヒゲを取られたから方向性を間違えたのではございません。進むべき道を誤ってしまった結果、その報いとして日本人及び日本を司る日本神

界は、方向性を表すヒゲを取り上げられてしまったのであります。
　地球全体を司る神からなのか、宇宙からなのかは判りませんが、方向性を見失っておるのでしっかり見極めよとの警告だったのであります。
　やがて日本を守護される神々の世界には秩序が戻り、進むべき方向を正されました。
　正すことにより天から地への働きをされる水龍にヒゲが戻ってまいりました。
　1972年5月のことでありました。
　まだ完全な状態ではなく、沖縄では苦しい闘いが続いておりますが、これは神々の問題ではなく、人間側の問題であります。
　火龍の働きは地から天へのものでして、未だ日本人の進むべき方向性が定まっておりませんのでヒゲは戻って来ておりません。
　これも、ヒゲが戻らないから方向性が定まらないのではなく、定まらないので戻って来ないのであります。
　火龍のヒゲを戻すためには2つのハタラキが必要であります。
　ひとつは今申しましたように世界に対し、そして人類の未来に対して日本国の歩む方向性をはっきりと示すことであります。
　国民一人一人が体主霊従から霊主体従になれるような国家のあり方のことです。
　もうひとつは「祭政一致」であります。
　政と書いて「まつりごと」とも読みますように、政治とまつりごとは別々のものではなく、これも陰陽と同じように本来は一対であります。しかも「政祭一致」ではありません。
「祭政一致」です。祭が先であります。
　祭としますと、わっしょいわっしょいのお祭りのイメージが強いですので神示事としてもよろしいと思います。
　政につきましては火龍のヒゲを取り戻すために政治家ら専門の方々が動いておられましょうが、それだけでは片ハタラキであります。
　祭(サイ)が抜けてしまっております。
　と申しましても、ただ神示事を行うだけではありません。
　政(セイ)を執り行う方々にはさっさと封印してしまいたい話でしょうが、ならば多分ずっと戻って来ないでしょう。

火龍のヒゲを戻すのに必要な祭（サイ）とは、アイヌの神をお祀りすることであります。
　ほら、いやでしょう。
　独自の文化、独自の言語、受け継がれた風習を持った民族を、都合のいいように抹殺してしまった天津罪に対し、まずは懺悔をすることであります。
　人間の定めた法律では罰せられずとも、神の定めた法には罪になっております。
　ほかりっぱなしにしておきますと、自然の摂理により、同じことをされますぞ。
　81方陣でお話ししましたように、同じひとコマ同士なのですから、日本民族もアイヌ民族も。
　懺悔した後はアイヌの神々を丁重にお祀りすることであります。
　いや、お祀りしてから懺悔した方がいいか。
　それで、お祀りするのは地鎮祭のようなその場限りでのことではなく、できればお社を建ててずっとお祀りするということであります。失礼のないよう丁重に。
　すでに火龍ののど元にあります有珠山は動き出しております。噴火の際には見事な黒龍様が天に向かい登られまして、テレビにもはっきりと映っておりました。
　準備は整っております。
　あとは人がどう動くか、本気で動くかだけであります。
　ただし、ひとつめの条件の進む方向性を定めることが先です。
　それをしませんと、また大きな罪をつくることになってしまいますから。

　北方四島は何ともすばらしい島々であります。どこか他の惑星のような美しい海岸線。雪を頂き優雅にそびえる西単冠山（ニシタンカップサン）。
　大空にはオオワシが舞い、樹木の枝にはシマフクロウが戯（たわむ）れ、カラフトマスを追いかけキタキツネが走る。
　愛くるしい子供たちの瞳は輝き希望に満ちております。大人たちは決して裕福でなくとも笑顔を絶やさずよく働く。

そんな島なのであります。
　そこへ節操のない大手の業者が入り込みますと、すぐにも乱開発をし始めることになってしまうことでしょう。
　リゾート、温泉、避暑、スキー。
　サケだイクラだどんどん獲れよ。
　気が付きゃここも軽井沢。
　そんなことにもなりかねないのであります。
　それと、開発話が持ちあがりますと、それまでは平和に暮らしていた村人たちが一変し、買収された賛成派に補償金欲しさの人が加わり、本当に大切なものは何かを知っている人たちとの間に大きな大きな溝ができてしまいます。それまでは静かだった村が、ねたみそねみに憎しみ恨みといった負の感情渦巻く波動乱れた村になってしまうのであります。
　今までどれほどの村がそのような策略に陥れ（おとしい）られたことでしょうか。業者はそれをニヤリとしながら眺めているのですよ。
　その村に暮らす人が日本人であってもロシア人であっても、もうやめましょう。そのようなことは。

　俳優菅原文太さんの奥様、菅原有悠さんの著書によりますと、択捉（エトロフ）には日本人の墓守をするロシア人がいるそうであります。
　本文をそのまま引用させていただきます。
　「だれに命じられたわけでもないのに彼はこの墓地を守り掃除している。もちろん報酬などはない。ただ彼の意志と奉仕なのだ。ロシア人の墓にまじって日本人の墓が、墓石のあるものは倒れ、あるものは運よくその形をとどめて残っている。『これもだんだんきれいにしてゆきます』と彼は語る」（『エトロフの青いトマト』菅原有悠著・山と渓谷社より）
　ありがたい話ではありませんか。
　さらに続きます。
　「『ここはもとアイヌの墓でした。それを日本人がこわして自分たちの墓を建てました。次にロシア人が来て日本人の墓をこわし、自分たちの墓にしました。次はだれのものになるでしょうか』
　彼は、いつも笑っているような細い目をいっそう細くして笑った」

ああ、情けない。いや、ロシア人の青年のことではないですよ。日本人がです。
　人の心のよりどころになっているものは、たとえ敵対する相手であっても奪ってはいけないのであります。
　それに、
　　力で奪ったものは力で奪い返され、
　　金で取ったものは金で取り返され、
　　欲で手に入れたものは欲で持って行かれる
　これは自然の摂理であり、天の法であります。
　そのままじゃないですか、やってることが。
　そのころからいくらも進歩してないのですから、島はもうしばらくこのままにしておいた方がいいのかもしれません。
　しっかりとしたビジョンを持って進む方向を指し示すことができるまでは。
　龍体日本が世界の雛型であるといいますのは、ただ抽象的だけのものではなく、ある程度具体性のある型であります。
　次ページの34－図、35－図は共に世界の大陸や島々を日本の国土のように並べ換えたものでありまして、北アメリカは北海道、ユーラシア大陸は本州といった具合にです。
　南アメリカ大陸は台湾とされておりまして、霊的世界ではそのようになっているのかもしれませんが、今そう考えますのはちとマズイ。ですから、先人に逆らうようで申し訳ございませんが、別の解釈をすることにいたします。
　尺度が他と大きく違ってしまい必ずしも納得できる案ではございませんが、形について重要視いたしますと、南アメリカは淡路島に当てはめることができます。
　どちらか一方を180度回転させて並べてみますと、瓜二つ(うりふた)でありますので。

　神界で起こりましたことは、時期は一定しておらずとも必ず現界に現れてまいります。同じように雛型日本で起こることは世界で起こり、世界で起こったことは日本にもその対照となることが起こるのであります。

北アメリカ＝北海道
小樽
襟裳岬
奥尻島
青森
ユーラシア大陸＝本州
牡鹿半島
仙台
富士山
伊豆諸島＝東南アジア
東京
出雲
愛知
大阪
神戸
オーストラリア＝四国
雲仙
アフリカ＝九州

34—図

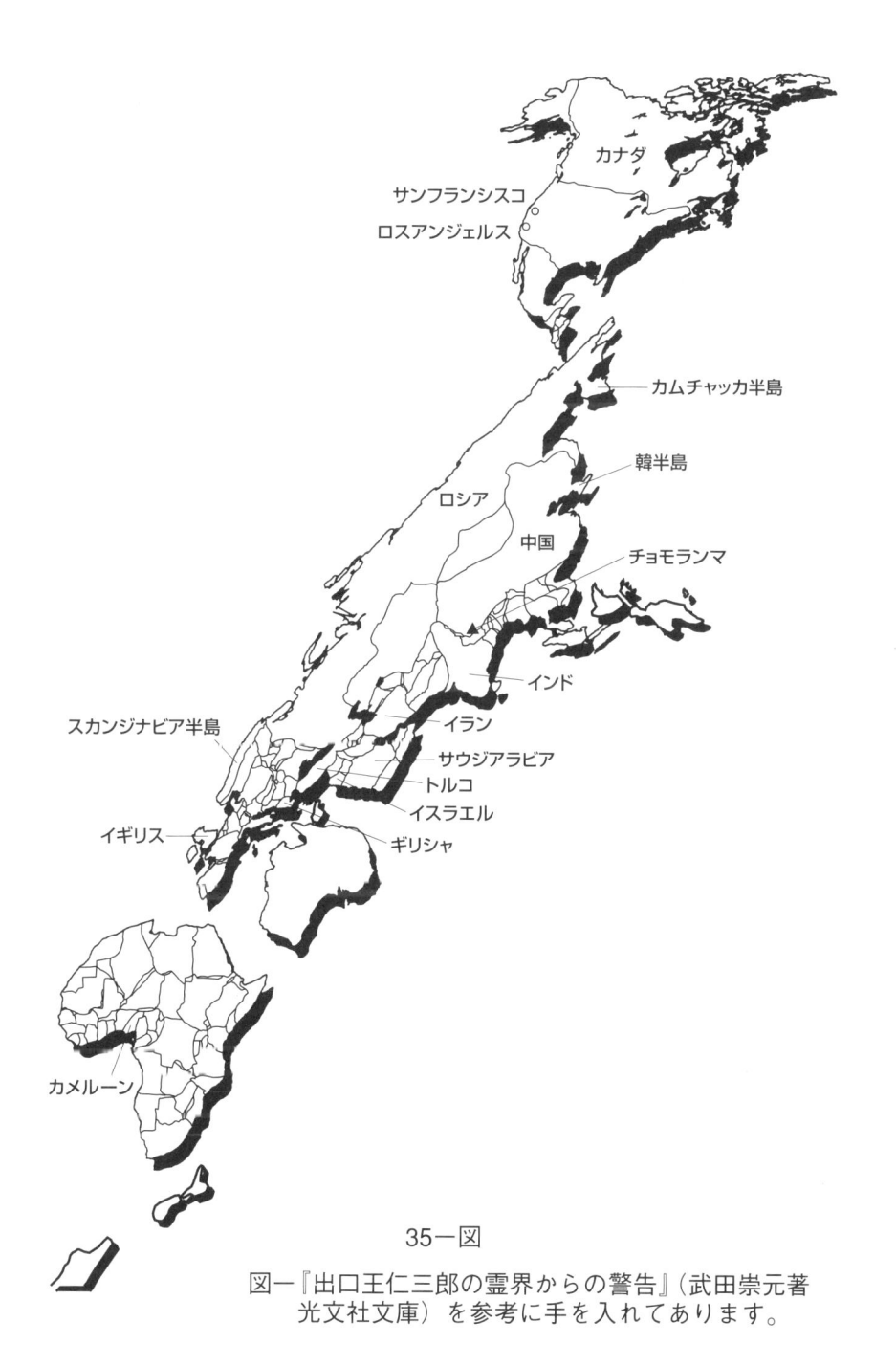

カナダ
サンフランシスコ
ロスアンゼルス
カムチャッカ半島
韓半島
ロシア
中国
チョモランマ
インド
スカンジナビア半島
イラン
サウジアラビア
トルコ
イスラエル
イギリス
ギリシャ

カメルーン

35―図

図一『出口王仁三郎の霊界からの警告』（武田崇元著 光文社文庫）を参考に手を入れてあります。

数霊的にはすでに"イザナミと117"でさんざんお話しいたしましたが、
　　1994年1月17日にロサンジェルスで大地震が起こり、
　　1995年1月17日に阪神淡路大震災が起こりました。
　　1996年1月7日、これは旧暦の1995年11月17日でありますが、つくばに隕石が降ってまいりました。そして
　　1996年11月17日にはチリ沖にプルトニウムを積んだロシアの火星探査機が降ってまいりました。
　これらは雛型としての典型的な現れでありますけども、必ずしも数霊として捉えるべきものばかりではなく地理的な雛型としての現れも起こっております。
　喜ばしいことでしたら日本と世界の双方でじゃんじゃん起こってもらいましてもよろしいのですが、何しろ世の「立て替え立て直し」の最中であります。これまで犯した天津罪、人の罪の膿み出しはもうしばらく続きそうであります。
　今後のことにつきましては何も判りません。すでに起こってしまったことのみについてお話しいたします。
　地理的に完全な一致はいたしませんので、あまり厳密には考えずして、地域的に一致するということであてはめてあります。
　34－図は世界の大陸でつくった日本を何とか都道府県別に分けたものでありまして、35－図は本来そこにある国をそのままにして日本の国土を形成させたものです。
　二つの地図を見比べてみますと、神戸に当たるのがトルコであります。
　トルコでは頻繁に地震が起こっておりまして98年6月27日、7月4日にそれぞれマグニチュード6.3と5.1。
　99年8月17日のものは死者1万7千人以上でした。
　99年10月12日にも死者5百人を越える地震があり、
　2003年5月1日にも死者3百人以上のものが起こりました。
　隣の国ギリシアでもアテネで99年9月17日に多数の死者を出す地震が起こりました。
　どの地震が日本のものと相対（あいたい）するのかは判断できませんが地理的雛型の現れであります。

322

アメリカ西海岸で1989年と94年に大きな地震がありましたが、西海岸に相当しますところは北海道の日本海岸であります。
　やはり93年に奥尻島に大被害をもたらしましたマグニチュード7.8の北海道南西沖地震が同じ位置に当たります。
　北海道ではこの地域でトンネルが崩れたり火山が噴火したりしておりまして、これらも雛型としての現れであります。
　1994年の年末、マグニチュード7.5を記録しました三陸はるか沖地震は、世界地図に置き換えますれば95年のサハリン大地震か、97年のマグニチュード7.6のカムチャッカ大地震でありましょう。
　ただし、地震は世界中で起こっておりますので、わざわざ日本のそれと結び付ける必要はないかもしれませんが、日本が世界の雛型であり、日本人の行く先が世界中に影響を与えることになるという自覚を確立するための比較であります。
　1993年のピナツボ火山の噴火は三宅島での大噴火に相対（あいたい）しております。
　三宅島とは「身開け」島です。
　欲に支配されてしまっておりましたる身を、霊に明け渡すことでありまして、霊主体従になることであります。
　そして、身開け島の噴火を機に霊主体従の者と体主霊従の者の振り分けが始まりました。三宅島の住民に対してではありません。全体に対してであります。

　雲仙普賢岳の火砕流に対しては、アフリカのカメルーンで地面から毒ガスが噴出し、大量の動物たちが死亡しましたことに相対（あいたい）します。
　先人のおっしゃる通り南アメリカ大陸は台湾だとしますと、南米では96年にペルーで99年にはコロンビアで大地震が起こりました。同じ年、99年の9月には台湾に大地震が起こっております。
　他にもまだたくさんございますが、悪いことばかりなのでもう止めます。
　しかし、ただ雛型であるということだけでは、だからどうしたということになってしまいます。雛型なんだから仕方ないかとただ見てるだけでは雛型であるということを知った意味がありません。

その12　"雛形と118"　323

ではどうするか。
　気を整えるのです。日本中の気を。
　するとやがては気の整った地域に相当する世界各国各地域も感化され、同じように整った気となっていくことでしょう。
　気が整いますと、大自然と人がピタリと一体化しまして、起こるべき災いは最小限にくい止めることができ、人災・事故・事件についても減少させることができます。
　その手始めがまず自身の気の整えからであります。
　気を整えるには呼吸です。呼吸からすべてが始まります。
　大自然は決して浅き呼吸をいたしません。
　ゆっくりと、おちついて、深い呼吸をしております。
　　浅き呼吸はせっかちになります。
　　浅き呼吸は見落とします。
　　浅き呼吸は生き急ぎます。
　　浅き呼吸では読めません。
　　浅き呼吸では一致できないのであります、大自然と。
　ですから大自然の息＝生きを感ずることができず、大自然の摂理に適った生き方もできないのであります。

　雛型には人種としてのそれもございまして、ひとつだけ取り上げます。
　火龍のヒゲにてお話ししました北海道のアイヌ、そして北海道に相当する北米のインディアン。人種的にも近いのですが雛型的に見ますと双方とも潰されてしまいました。
　このように数霊的にも地理的にも、そして人種におきましても日本は世界の雛型なのであります。
　それでは数霊にまいりましょう。

　現在世界のいくつかの国々は定期的に戦争が必要な国家運営をしておりまして、表側では平和的活動をしておきながら、裏側では武器を売り、争いを起こさせ、戦争状態をつくり出すのに躍起になっております。
　表側と裏側、どちらの力が強いかと申しますと、間違いなく、確実に、絶対に、何が何でも、どうしようもなく裏側の方が強い。

表側に立つ人間は、裏側で牛耳る者の子飼いたちばかりであり、彼らが裏側の意図に反して本気で平和を求めた行動に出ますとすぐに表舞台から消し去られ、次の人間が送り込まれるようになっております。
　ですから油断することは許されないのであります。
　日本は雛型です。
　　ヒ＝30　ナ＝21　ガ＝51　タ＝16
118であります。
　油断できないのは核のことでして、核の被害を受けたのは日本だけであります。
　　ヒ＝30　ロ＝42　シ＝15　マ＝31
やはり118であります。
　広島で核爆弾が爆発いたしました。
　　バ＝66　ク＝8　ハ＝26　ツ＝18
同じく118。
　これを、尾張で始まる「終わり始まり」で終わりにしなければいけません。
　尾張は93でした。
　ですから「終わり」も93であります。
　　ナ＝21　ガ＝51　サ＝11　キ＝10
長崎も93であります。
　核は長崎で終わり。そのようになればいいのですが。

　"天明と木星"にて少し触れましたけれども、広島に原爆が落とされた日は8月6日であります。
　火龍と水龍の体で成る日本の国十は龍そのものでして、
　　リ＝45　ユ＝38　ウ＝3
86です。
　原爆を落とされまして、龍体を傷付けられた8月6日と同じ数霊であります。
　龍のエネルギーが日本に降り注いだのが2001年11月19日未明に出現しましたしし座の大流星群であります。
　数年前から出現が期待されており、実際ヨーロッパなどでは流星雨が

現れたのですが、日本では時間帯が日中であったり、さほど現れなかったりとかで期待外れの年が続きました。やっと2001年に1時間で約6千個の流星雨となって現れたのですが、これも天の時であります。

　　シ＝15　シ＝15　ザ＝56
＝86

何が天の時であったのか。

臨月だったのであります。

　　リ＝45　ン＝1　ゲ＝54　ツ＝18
＝118

新たな天寿の始まりの。

　　テ＝19　ン＝1　ジ＝60　ユ＝38
＝118

そして約2週間後、敬宮愛子様が誕生されたのであります。

しし座の大雨流群は天のくす玉が割れ、龍神様のエネルギーが地に降り注いだということだったのであります。

龍神様の思いというものを知るために、龍神様に気を合わせておりますと、だんだん観えてくるものがございます。判らなければ雨に気を合わせてもよろしい。

そこにある思いというものは知るほどにどんどん奥まで入り込んで行くことができます。愛想笑いや浮わついたところのない厳かさ。観音様の御心とはまた少し違った慈愛の念といったものが。

これを「龍心(りゅうしん)」と申します。

そして、龍心の入口は親心(おやごころ)であります。

龍の心は親心。ここから限りのない深い思いが始まっているのであります。

龍心を感じてまいりますと、次には少しずつ龍神様の動きが読めてまいります。

龍神様の動きが判るということは、世の中がどう動くか。いつごろ動くか。その人がどうなるか。どうしてそうなるのかというものが判るということでありまして、これを「龍眼」と申します。見抜く力のことであります。

龍眼を身につけましたならば、あとは自ら「龍体」となる。龍体となり「龍の道」を歩んでいけばよろしいのであります。
　と、口で申すのは簡単なんですがねぇ…
　ともかく、龍心を知るために気を合わそうと集中しておりますと、やがては龍の心と波長がピタリと一致してまいります。
　　　ハ＝26　チ＝20　ヨ＝37　ウ＝3
　はい、86です。
　龍心と同じ波長のオーラが出ている人を守護するお役の者たちもおります。
　空からはもちろん龍神様が。
　山に入れば虎が。
　水中においては鯉がそれであります。
　ドラゴン、タイガー、カープと何だかプロ野球のチームのようですが、龍神様の変化(ヘンゲ)です。
　波長を合わすのも一時的では駄目でして、絶えず一致した状態にて自身の定めた龍の道を歩むことが「霊心体一致」であります。
　　　霊、レ＝44　イ＝5　　計49
　　　心、シ＝15　ン＝1　　計16
　　　体、タ＝16　イ＝5　　計21
　合計しますと86であります。
　人は龍神様に対しても龍神様が描かれた姿に対しても、もっと慎しみ深くなること。そしてもっと敬意を払うことが必要であります。ファッションの道具じゃないんですよ。
　また余談であります。
　鯉のぼりというのは龍神様に「ここに男の子がおりますよ」という合図であります。
　そして我が子もやがては龍のように成長してほしいと願いを込めてのことなのでしょう。
　鯉が瀧を登り龍となっていくように。
　ですから初夏の青空に泳ぐ鯉のぼりは、龍が天を駆ける姿そのものを表してもおります。
　では、どうして龍のぼりにしなかったのか。

それは今から成長していくのでありまして、まだ龍になっていないからであります。
　さて、龍神様と竹というのはなかなか深い縁がございます。
　筍(たけのこ)が地面の中から天に向かいまっすぐに伸びていく様はまるで龍が天に登る姿のようであります。筍の皮はさしずめ龍の鱗といったところでありましょうか。
　その様子を見て、ああ龍は竹藪の中にひそんでいるのかと考えられたために「こもる」という字は竹カンムリに龍と書く…のかどうかは判りませんけれども、龍神様の変化(ヘンゲ)の虎が描かれた書画にもたいてい竹が一緒に描かれておりますのはそのためかと。
　ですから鯉のぼりも竹を立てて泳がすのが最も自然な姿ということになるのであります。
　余談その2。
　雨のことを古語では「たち」と申しておりました。夕立(ゆうだち)の「たち」であります。
　「たち」とは元々「たつ」のことでして、雨は龍神様が降らせるものであることを知っていたがために付けられた呼び名です。
　大自然の恵みというのは数えきれないほどございますが、それら全部をひっくるめて何かひとつで象徴するといたしますと、それは雨であります。雨が大自然の恵みの代表なのです。その雨は龍神様が司っておりまして、雨が降るということは龍神様のお心遣いというわけであります。
　このことを「天雨龍心」と申します。
　雨が上がりますと空に虹がかかりますが、「虹」という字も「虫」は龍のことを示しておりまして、「エ」は横にかかるという意味ですので虹も龍神様のお姿と見なされております。

　　　龍心の　天雨の後に　あらわるる
　　　空彩(そらいろど)りなす　龍の御姿

ということで、余談おしまい。

　"天明と木星"にて59が何度も出てまいりました。木星は龍神様の星であり、言霊数は59ですので、59は龍神様の霊数でもあります。
　龍体日本は火龍と水龍の二体から成っておりますので、

59×2でやはり118であります。
　雛型の日本は二体の龍神様の姿であることが数霊からも伺い知れるということです。
　では龍の言霊数86はと申しますと、火龍、水龍合わせて、
　86×2で、172であります。
　172は"名古屋と52"に出てまいりましたニギハヤヒの言霊数でありました。
　龍体日本を司る神様の正体なのでしょうか。

　旧諸国にはそれぞれ一の宮がございまして、その地の代表的な社が建っておりますように、今後は日本が世界の一の宮になっていかねばなりません。
　　イ＝5　チ＝20　ノ＝22　ミ＝35　ヤ＝36
　はい、雛型に同じで118であります。
　一の宮とは一番気が高くないといけません。
　まずは日本が世界中で一番気の高いところとなる。それが使命であります。
　使命とは「命の使い方」のことです。
　それがしっかりとできてまいりますと、やがては火龍のヒゲも戻ってくることでしょう。
　日本が一の宮になりましたならば一休どこに社を建てるのか。
　社はもうすでにございます。
　一人一人が神の住まう社となるのであります。
　今そこにいる社に神が宿ればそれでよろしいのです。
　ですから、社はすでにあります。
　あとは札(ふだ)を入れることです。
　どんなお札を入れるか。
　それは各々の命の使い方によるのでありまして、神様対自分の中で神返えるべきことであります。
　惟神(カンナガラ)の道とはそういうことなのであります。
　　惟神の道歩む者
　　日之本(ヒノモト)の中の雛型じゃ

なのだそうです。

　人は一人一人が小宇宙であります。

　大宇宙が、すべての小宇宙を孕んでおりますように、一人一人の小宇宙もまた大宇宙を内蔵しております。

　ということは、異国の地で異民族が争っているのも我が小宇宙での出来事でありますし、遠い国での戦争や独裁者の横暴による人々の苦しみさえも我が恥なのであります。

　手の届かぬところで行われていようが大宇宙を内蔵する我が小宇宙。それらの愚行の因も我が内にあるのであります。

　ですからまず我が小宇宙の気を整える。

　　それが雛型としての自覚じゃぞ

とのことであります。

　20世紀末には終末論がずいぶんと騒がれましたが、予言が当たらなかったといってもあまりそれを見下さない方がよろしい。

　なぜなら、予言というものは外すためにあるのですから。

　まず、予言とはたいていが良からぬことであります。地震がくるとか火山が噴火するといった具合に。また、誰ぞが暗殺されるとか、会社が倒産するとか、だから小遣いが月に3万円から1万円に減らされるというものであります。

　ですが、一部を除きまして、これらの予言がなされますと、そうならないように対処しましたり、そうなった場合にはどうするかといった策が練られることになります。

　事実、450年も前に予言されましたノストラダムスのそれも、人に危機感を持たせ、環境問題から自身の生きざままでをある程度本気になって神返させてくれました。

　仮にあの予言がなかったとしますと、人類はさらに好き勝手し放題で、地球生命体の自然治癒力の及ばぬところまで破壊しつくしていたかもしれません。

　しかし、ぎりぎりのところで人類の思いが改まったのだとしますと、それはあの予言のおかげであり、人類が滅亡するとの予言が人類を救ったことになるのであります。

ですから、悪しきことについてのみでありますが、予言は外すためにあるものなのです。
　ただし、これを真似て力なき者が予言者を気取っておりますと、それこそ大変なことになってしまいます。
　予言というものを言葉にして発してしまいますと、言ってしまった以上はそうなるよう願う心が芽生えます。
　予言通りのことが起こりませんと、何だ何も起こらないじゃないかと思われまして、本人はそれでは困る。
　したがって何としてでも当てたい。
　当てて人の上位に身を置き崇拝されたい、注目されたい、と自分の言った通りになることを願うのであります。
　喜ばしいことならよろしいですよ。
　それは祈りとなるのですから。
　しかし、悪いことですと、予言通りになってほしいと望む心は、人が苦しむことを希望する心であり、大切な家族を失って悲しみにくれる人々を利用して自分の名誉を得ようという心であります。
　それを本気で望みますと本当に起こるのです、ハルマゲドンが、自分自身に。
　それでは神の宿る社を穢す一方でありまして、命の使い方も間違っております。
　それなりの行を積み、ちゃんとお役を授かった人でもない限り悪しき予言なんぞは口にすべきではございませんし、仮に言挙げせねばならない立場になってしまいましたならば、悪しき予言に限りそのようなことが起こらぬようにと、全身全霊をもって祈り続けることが必要であります。
　やがて騒がれだすであろう2012年、2013年の予言につきましてもうろたえず、それらをうまく利用し、未来に向き国造りに役立ててまいりましょう。

　では320ページの地図に戻ります。
　予言をするのではありません。
　また相対するであろう地域を絶対視するわけでもございませんが、一

応対照となりそうなところを見ておきます。
　ハワイはおそらく西表島、宮古島、石垣島あたりでしょうか。
　共に南国ムード漂う島同士でありますし。
　対馬はイギリス及びアイルランドでしょうか。
　タスマニア島とマダガスカルは屋久島と種子島になりそうです。それともニュージーランドでしょうか。
　北方四島及び千島列島はキューバやドミニカなど中南米の島々とも考えられますが、気候を同じくすればやはりカナダ東部でしょうか。
　カスピ海、これは琵琶湖であります。
　佐渡ヶ島は日本で一番大きな島ということになっておりますので、世界で一番大きな島グリーンランドでよろしいのでは。
　静岡県はインド、ネパールに当たりまして、富士山の位置にちょうどチョモランマがそびえております。
　実際にはどうなのか判りかねるところもございますし、地理的にこれほど細かく当てはめる必要もないかもしれませんが、まあ平和な島々はどこがどこであってもよろしいのであります。
　問題なのは大国並びに今にも爆発しそうな火種を抱え込んだ地域であります。
　関東地方は中国及び東南アジア諸国に当たります。この地域は人口増加の問題、食料事情などが大きな問題でありますが、最も必要なことは拝金主義からの脱却でしょう。
　関東地方の使命であります。
　ただし、東京に関しましては、どこが東京に当たるのかという地理的なものではなく、ニューヨーク、ロンドン、上海、モスクワといった世界の大都市の象徴としての雛型であると捉えた方がよろしいでしょう。
　近畿地方はアラビア半島、中東諸国であります。この地域が最も魂鎮（タマシズ）めが必要でありまして、近畿地方のお役は重要であり、ことは急を要しております。連日のようにテロが続き、核及び化学兵器も大量に存在しておりますので気を抜くわけにはまいりません。
　雛型としての近畿も信じられないような事件が神戸、大阪、和歌山などで起こっておりまして、中東の安定は近畿の平穏さにかかっております。

中部地方は東アジアから北へ伸びロシアの一部分がそれに当たります。
この地域にも核が存在しておりますし、宗教戦争も激しいため東海地方の役割も大きいのであります。
アフガニスタンでは大規模な地震も頻発しております。
飛騨地方に住む知人から、
「おい、幼児虐待のニュースは愛知県ばかりだなあ」
と言われましてショックを受けました。
愛知県人としてこれほど恥なこともございません。これも雛型だとしますとパキスタンやアフガニスタン、イランあたりの子供たちが危ない。冗談じゃありません。人類の宝ですぞ子供たちは。愛知県人は毎日子供にお礼を言うようにしましょう。誰のおかげで親でいられるのかを忘れてはいけません。これほど無条件で、限りなく、出し惜しみなく尽くすことができる自分がいたことに気付かせてくれたのは子供なのですから。
夫婦の間柄は条件付きです。取引と同じであります。私がこれほどやってやったんだからお前もこうしろと。ところが子供にはほぼ無条件であります。
ほぼというのは、ひとつだけ条件が付いているからであります。それは「お前を思う気持ちを判ってほしい」ということ。
まあそれは仕方ないでしょう。
ならば子供に対して「こういう子供であって欲しい」と望む前に思い出さなければいけないことがございます。自分が子供のころ「こういう父であってほしい、こんな母であってほしい」と望んでいた気持ちを。その望み忘れて子供に「親の気持ちを判れ」というのは身勝手であります。親は子供をやった経験がありますが、子供は親の経験がないのですから。

気を整えますには一度に大きなことを考えても無理でして、まずは自身の内側を整えることからであります。自分自身の世話もできずしてどうして世界が救えるものでしょうか。大事というのは小事の積み重ねであります。戦争を止めさせるには、まず自身の内側の争う心を鎮めなければいけません。
恐怖、不安、怒り、妬みといった負の感情が渦巻くうちは世界の平和どころか自身の平和さえやって来ませんので。

気の整った小宇宙が現れた分だけ、相応する地域の気も清まってまいります。
すぐに結果を出すことは難しいでしょう。
しかし、耕し続けておりますとやがて芽が出て実が成る日がまいります。
雛型であることの喜びをかみしめて、甦らせようではありませんか。
　　ヨ＝37　ミ＝35　ガ＝51　エ＝4　リ＝45
＝172。
思いやりのある人類を。
　　ジ＝60　ン＝10　ル＝43　イ＝5
＝118。
けれど人類のンはやはり1ですね。
少々無理がございました。
では、ちゃんとしたやつを。

　　　鉄クズや　兵どもの　武器のあと
　　　　　　　　　つわもの

　　ツ＝18　ワ＝46　モ＝32　ノ＝22
＝118。
うまい。

その13 "もうひとつのミロク─37"

　小難しいお話は抜きにして、しばらく数字のショーをご覧いただくことにしましょう。
　エレクトリックパレード並みに美しいですよ。
　用意するものは10桁または12桁の電卓、折りたたみ傘、ビニールシート、お弁当にお茶…判りましたからもういいです。

　第一幕の主人公は花組トップの
"12345679"であります。
　あっ、花組ではありませんでした。八無組みでした。
　12345679に3の倍数を掛けてみますと愉快な反応を示してくれます。
　ただし、今は9の倍数以外の3の倍数にして下さい。そうでないと次の話が面白くありませんので。それと78以下の3の倍数にしておいて下さいね。その方がきれいですので。

　　12345679 × 3 ＝

　　12345679 × 12 ＝

　　12345679 × 33 ＝

　　12345679 × 75 ＝

いかがでしょう。しかしこの程度では座布団はもらえません。
　では次に9の倍数を掛けてみましょう。
　えっ、もうやっちゃったの。

　　12345679 × 9 ＝

　　12345679 × 18 ＝

12345679 × 27 =
　　　　　・
　　　　　・
　　　　　・
　　12345679 × 81 =

山田くーん。座布団一枚さしあげて。
最後の81＝光は9×9です。
9×9を掛けますと9がここのつ並ぶ。
これが九九の理、菊理です。
菊理姫は数学の先生をしておったのであります。
やめなさい。信じる人がいるから。

　実は3の倍数以外にも掛けると面白いものがございまして、本日は特別にお教えいたします。

　　12345679 × 19 =

　　12345679 × 46 =

　　12345679 × 73 =

どうですか。これら19、46、73は9の倍数に1を足した数であります。
（9X＋1）ですね。
　では逆に9の倍数から1を引きました数、
（9X－1）を掛けてみましょうか。

　　12345679 × 17 =

　　12345679 × 35 =

12345679 × 62 ＝

　どうしてこうなるのでしょうねえ。
　美しいものであります。
　小難しくならないように続きを。

　　12345679 × 62 ＝ 765432098

　答えに出てまいりました数を全部足しますと、
　　7 ＋ 6 ＋ 5 ＋ 4 ＋ 3 ＋ 2 ＋ 9 ＋ 8
は44になります。
　　さらに4＋4で8。
　掛けた数も6＋2で8であります。
　　もうひとつ。

　　12345679 × 15 ＝ 185185185

　出てきました数を全部足しまして、
　　3 ×（1 ＋ 8 ＋ 5）＝ 42
　　さらに4＋2で6。
　　掛けました数も1＋5で6。
　他でも同じ結果になります。すごいでしょう。
　まだまだ続きます。
　見たことはないのですが、ここまではひょっとすると何かの本に出ているかもしれません。ここからが秘密にしておいたことでして、今度は割り算をしてみます。

　　12345679 ÷ 1.1 ＝

　　12345679 ÷ 1.11 ＝

　　12345679 ÷ 1.111 ＝

どんなもんです。
ではさらに

　12345679 ÷ 1.1 ÷ 1.1 =

　12345679 ÷ 1.11 ÷ 1.11 =

　12345679 ÷ 1.111 ÷ 1.111 =

べっぴんですね。
では次にこんなこともやってみましょう。
　12345679のうち、どれかひとつを抜いてしまいます。それに9の倍数を掛けてみましょう。

　1234679 × 18 =
　　（5を抜いて）

　1345679 × 36 =
　　（2を抜いて）

抜いたところが他の2倍になってしまいましたね。ああ愉快であります。
　では今度は二つ抜いてみましょう。

　123679 × 9 =
　　（4と5を抜いて）

　123459 × 27 =
　　（6と7を抜いて）

　3つ4つ抜いてしまいましょう。

12379 × 9 =
　　（4、5、6を抜いて）

　15679 × 18 =
　　（2、3、4を抜いて）

　1279 × 9 =
　　（3、4、5、6を抜いて）

　2つ抜きますと他の部分の3倍に、3つ抜いて4倍に、4つ抜いたら5倍になって現れてまいりました。
　もちろん別々で2ヶ所抜きましてもよろしいですよ。

　134579 × 36 =
　　（2と6を抜いて）

　12459 × 18 =
　　（3、6、7を抜いて）

　お見事としかいいようがございません。
　ところでどうして8が無いのでしょうか。
　所定の位置に8を入れて計算してみましょう。

　123456789 × 45 =

　123456789 × 72 =

　どうしたものでしょう。8＝ワ＝和のくせして調和を乱してしまいます。
　割り算ですとどうなるのでしょうか。

123456789 ÷ 1.1 =

123456789 ÷ 1.11 =

ほんの少しだけ足りなくなってしまいました。何かをたくらんでいるのかもしれません。
　例えば天地を引っくり返すような。

12345679 × 8 =

あーあ。引っくり返ってしまいました。
　9方陣は81マスでひとつの完成した方陣であります。全体を1としますと、1マスは81分の1になります。1を光（81）で割ると

$1 ÷ 81 = 0.12345679$

また出てまいりました。びっくりしていただけましたか。
ということは、

$12345679 ≒ \dfrac{10^9}{81}$ でも表せ、これも訳ありげな顔ですね。

この12345679の正体やいかに。
ひとつは地球と月の関係を表しております。
月の質量は地球の81分の1
地球を81とすれば月は1
地球を1とすれば月は0.12345679

12345679を因数分解してみますと、
　37 × 333667
になります。もうこれ以上はできません。
　37は12番目の、333667は28693番目の素数であります。
　出てまいりました37も333667も共にミロクを表す数であります。
　37の言霊は「ヨ」でありまして、ですから37は「ミロクの世」を表し

ております。
　一般的にミロクを表す数といえば「36」「369」そして6が3つで「666」がそれであります。
　また出口王仁三郎は「567」でミロクとしております。
　釈尊入滅の56億7千万年後、如来となってこの世に出現し衆生を救うとされておりますのが弥勒如来ですので、567をミロクとするのはここから来ているのでありましょう。
　369も567も
　　3 + 6 + 9 = 18
　　5 + 6 + 7 = 18 です。
　18は3×6ですのでやはりミロクであります。
「567」はコロナとも読みます。太陽のコロナのことでもありますが、2003年春に世界各国で猛威をふるいました新型肺炎ＳＡＲＳはコロナウイルスの変形したものが原因であります。これは弥勒如来が人類を攻撃してきたのではございませんでして、西側の悪の枢軸の仕業であります。
　では、37はなぜミロクか。
　37はミロクの陰身（カクリミ）であります。
　37 ≒ 36.9 のことです。
　36が表のミロクならば37は裏のミロクであります。
　富士神界と白山神界が表裏の関係にあるのと同じことです。
　そして1989年ごろを境に表裏が入れ替わりました。
　おそらくは36と37の数霊力も同じでありましょう。ですから"満ち足りたる数"である100から37を引きますと、36が向こうを向いて背中側から出てまいります。
　　100 − 37 = 63
　陰と陽、双方合わせてミロクの世が成り立つのであります。
　先ほど37と共に出てまいりました333667は当然333666.999のことでありまして、ミロクが3つ重なった数です。
　同じように10^6から333667を引きますと、

　　1000000 − 333667 =

どうしても37をミロクと呼ぶのに抵抗があるのでしたら37を自乗していただけばよろしい。ミロクが姿を現しますので。

　37 × 37 ＝

　9方陣では一霊界の中心に裏ミロク37が鎮座しております。
　世界の王室が37であるというのも、この数が国造りと関わりがあるのでしょうか。
　では、37の働きはと申しますと、ミロクの世を築くために悪しき風習、必要なき生きざまを一旦破壊することにございます。
　"光と81"でも申しましたシヴァ神のハタラキに同じであります。
　　ハ＝26　カ＝6　イ＝5
　これで37。
　何だ、悪い数ではないかと思うなかれ。
　神＝41、この数にしましても反作用としましては崩壊ですとか、
　　ホ＝27　ウ＝3　カ＝6　イ＝5
＝41。
　廃棄ですとか、
　　ハ＝26　イ＝5　キ＝10
＝41。
　これらは、41の持つ数霊力の反作用です。
　真理＝61にしましても、真理に背いた生き方を続けておりますと、やがてその人の人生は生きながらにして終焉を迎えます。
　　シ＝15　ユ＝38　ウ＝3　エ＝4　ン＝1
61でしたね。
　マリちゃんに背いておりますれば、やがて恋も終焉を迎えますし。
　もういい、もういい。
　これが表と裏の関係、陰と陽のハタラキであります。
　ですから37も、悪しきものが破壊され、自我を破壊しますと、円満な暮らしをすることができるのであります。
　　エ＝4　ン＝1　マ＝31　ン＝1
　ね。でしょ。

縁結びの神ハタラキは、同時に縁切りの作用を起こします。
　良き縁を得るためには身辺整理をしなくてはいけません。乱れた縁の中に身を置いたままで良き縁をいただこうと願いましても、どだい無理なお話であります。
　相手方にも守護者がおられます。
　あなたが守護者ならば自分の守護する者に、乱れたところに身を置く者と縁を結ばせますかってこと。
　良き縁をいただくためにはまず悪しき縁を切る。乱れた環境を抜け出して初めて良き縁を得る資格ができるのであります。
　次のいい会社、いい人見つかるまで我慢してここにいよ。これは破壊への道のりですぞ。そもそも「我慢しよ」とは失礼であります。我が慢心しております。
　くどいようですが神様は保身がお嫌いでして。これが縁結びの仕組みであります。

　悪しき縁を切るのはもちろん本人の腹づもり次第でありますが、決意いたしますと背後に縁切りの神ハタラキが作用いたします。
　縁結びの神ハタラキはそれからでありまして、これが縁結びの仕組みの裏と表のハタラキなのであります。
　ミロクの世を築くための悪しき風習、悪しき考え、悪しき流れからの脱却、これが裏ミロク37の数霊力です。
　どんどん自分をあばいていきまして、見えてきた汚なさ醜さを受け入れた分だけ表ミロクの神ハタラキを受けるようになってまいります。自らをあばかずして36番付けましても神ハタラキは作用しませんですよ。
　41番も神様の意乗りに背いて生きておりますと崩壊してしまいます。
　数霊力を得るために自らの出す波動を合わせるというのはこのようなことなのであります。

　666というミロクにつきましては、西洋ほど毛嫌いする必要はございません。
　現在日本で使われております硬貨、1円、5円、10円、50円、100円、

500円。
　これらを全部足しますと666円になります。
　お金自体は汚いものではございませんでして、問題はお金に対する見方、稼ぎ方、使い方であります。使う人間側がそれを汚くしてしまった。
　アルファベットにA＝1、B＝2、C＝3と当てはめてまいりますと、
　　COMPUTER
の言霊数は、いや、アルファベットは言霊ではなく記号ですので形霊と言った方がよろしいかもしれませんが、
　　C＝3　O＝15　M＝13　P＝16　U＝21　T＝20　E＝5　R＝18
で、111になります。
　9方陣1霊界の縦、横、斜めの和が111でした。
　これを少しいじくりまして、A＝6、B＝12、C＝18のように6の倍数を順に当てはめてみますと、COMPUTERは666になります。当然ですが。
　お金にしろコンピューターにしろ、確かにそれらに頼りすぎますとよろしくありませんでして、666も悪魔の数字になってしまいましょうが、666ミロクはそれだけではございません。
　1から順番に表ミロク36までの数をすべて足してみますと、

　　1＋2＋3＋4＋5＋6＋・・・・・33＋34＋35＋36＝

これがピッタリ666なのであります。
　ですから我が日之本(ヒノモト)では毛嫌いする必要はないのであります。

666ついでに少し6のお話をいたしましょう。
　6を割り切る数で6以外は何があるでしょうか。
　　1と2と3です。
　これを足しますと、1＋2＋3で6になります。28でもやってみましょう。28を割り切る数で28以外は。
　　1、2、4、7、14ですね。
　全部足しまして、

1 + 2 + 4 + 7 + 14 は 28 です。
　このような数を完全数と申します。
　完全数はけっこうめずらしい数でして、28の次は496、次は8126、そして5番目が33550336 までないのであります。
　これこそコンピューターがなければ調べられないのではないでしょうか。
　その珍しい完全数の第1番目が6であります。
　6は1 + 2 + 3でした。
　しかし面白いことに、
　6は1 × 2 × 3でもあります。
　そして、
$6^2 = 1^3 + 2^3 + 3^3$ でもあります。
　　$1^3 + 2^3 + 3^3$
　　　　= 1 + 8 + 27
　　　　= 36
　さらには、
$6^3 = 3^3 + 4^3 + 5^3$ にもなります。
　　$3^3 + 4^3 + 5^3$
　　　　= 27 + 64 + 125
　　　　= 216
　美しいですね。

　369ミロクの3、6、9をそれぞれ因数分解してみますと、
　　3 = 素数なのでそのまま3
　　6 = 2 × 3
　　9 = 3^2
になりまして、6のみが因数に偶数を持っております。他は奇数のみで成り立っています。
　では、ひと桁の偶数2、4、6、8も因数分解いたしますと、
　　2 = 素数なので2
　　4 = 2^2
　　6 = 2 × 3

$8 = 2^3$

今度は6のみが因数に奇数を持っております。

6というのは少し変わった人、いえ、変わった数のようであります。

3、6、9の中でまん中の6のみが違った性質を持っておりました。
37と333667の中間にも仲間がおりまして、それは3367であります。
3367 = 3366.99 ですので。

3、6、9と同じように37、3367、333667を因数分解してみますと、

37 = 素数

3367 = 7 × 13 × 37

333667 = 素数

やっぱり6に当たる中間の数のみが別の要素を含んでおります。
もうひとつ。
37、3367、333667の本当の姿、36.9、3366.99、333666.999の小数点を無視して並べ替えてみます。

36.9 → そのまま369

3366.99 → 369369

333666.999 → 369369369

これらも因数分解してしまいます。
少し順番を変えます。
まずは369

$369 = 3^3 × 41$

41は説明しなくともよいですね。

次に369369369にいきます。

$369369369 = 3^3 × 41 × 333667$

このようになります。
要素がピュアです。
サラブレットですね。いい血筋であります。

最後に369の二つ並んだ369369は。

$369369 = 3^2 × 7 × 11 × 13 × 41$

やっぱり別の要素が入り込んでおります。

3、6、9／37、3367、333667／369、369369、369369369のそれぞれの3つの数のうち、中間の6、3367、369369だけが他の数と違った血が混じっておりますが、前後の数は純粋そのものですので37と333667で構成されております12345679も、大変ピュアな数なのであります。

ただし、3367の名誉のために付け加えておきますと、この数もかなり美人になる要素を持っております。

　　3367 × 9（または9の倍数）＝

　　3367 × 33（または33の倍数）＝

　　3367 × 333667 ＝

なかなかのもんであります。
もうひとつ。
37 × 37でミロクが現れてまいりました。
　　37 × 37 ＝ 1369
では次はどうでしょう。

　　111333666999 ÷ 333667 ＝

ほぼ完璧でしょ。
同じように、

　　11336699 ÷ 3367 ＝

かなりのもんでしょ。

三重県の菰野(コモノ)町にまいりますと菰野富士と呼ばれる山がございまして、標高が369ｍという実におめでたい山であります。

その13 "もうひとつのミロク―37"　347

この地は「龍宮神示」「天言鏡」の辻天水の出生地であります。
　辻天水は昭和36年9月に帰幽しました。
　大本はどこまでいってもミロクづくしであります。
　27方陣の最終界、9霊界には中心に369が座しております。また、27方陣は729の陣で成っておりました。

$$729 = 3^6$$

　729は3の6乗ですので27方陣は七福神であると同時に「ミロクの世」を表した世界でもあります。
　ミロクの世とは霊主体従の世界であることは何度もお話しいたしました。自身が霊主になりますには、"光と81"の初めにお話ししましたように、まずは「我が玉し霊」の叫びに耳を傾けることからであります。一人になったときこそそのチャンスなのですが、ピッピッピッピッと親指でメールを打つことに精を出しているうちは、どんどんチャンスを逃してしまっております。一人になったときぐらいは玉座にお戻りになられませんと体主のままで終わりますよ。
　ケータイが悪いのではありませんよ。用い方の問題です。電気も刃物も、そして欲望さえも使い方に問題があるから問題が起こるんですね。
　玉し霊の叫びに耳を傾けましても肉体の歪み、疲れが大きすぎますと、叫び自体が歪んで届いてしまいます。精一杯聞き取ろうと努力しましても歪んだレンズを通過する光のように、変な方向を指したままのものをキャッチしてしまいます。すると、これぞ玉し霊の叫びと思い、そのように行動しましてもやはりうまくいきません。
　ですから、霊主になる以前に健体康心、これが大切であります。

　このたびの岩戸開きはいよいよこれで最後であります。7回目、これでおしまいです。
　今回の霊主体従になるための岩戸開きに失敗しますと、大自然は人の及ばぬ力を持って変化せしむることでありましょう。
　飢饉、疫病に始まり、戦争へ。それでも悔い改められねば天変地異へと。
　すでに疫病は不可思議なものが出てまいりました。
　王仁三郎が567をミロクとしたのは、56億7千万年にあやかってのこ

とだけではありません。567ミロクの理由は、

　　567 ＝ 81 × 7

であります。81は光のことですが、ここでは岩戸開きを意味します。7は7回目の7であります。したがって、567は最後の岩戸開きにてミロクの世となることを示した数霊なのであります。

　岩戸開きは7回目で終わりですが、実は8回目がない訳ではございません。

　八の戸と書く八戸は北緯41度に位置しております。

　これは何を意味するか。8回目の戸は神＝41が開かせる。人には開けることができないということであります。

　では、どの神が開けるのか。多分白山系の神々でしょう。

　北緯41度線を八戸から日本海側に移動しますと、そこにあるのは白神山地なのですから。

　やがては日中戦争、そして太平洋戦争へと発展していくきっかけとなりました満州事変は1931年のことでありました。

　日本皇紀2591年です。

　この年号を王仁三郎は

　　1931 ＝ いくさ始め、で

　　2591 ＝ 地獄始め、と申しました。

　このまま体主霊従を続けておりますと、このたびの岩戸開きもまた同じことをくり返してしまいます。

　現在は富士神界が裏の働きをし、白山神界が表に出ていますように、数霊力も36が裏へまわり、表にはもうひとつのミロク、37が作用しております。

　これに7回目の岩戸開きの7を掛けますと、

　　37 × 7 ＝

　恐怖心を煽るようで申し訳ないのですが、3367は3366.99でミロクが二つ重なっておりましたので、7も二つ重ねまして、

3367 × 77 =

　ミロク三つに7三つ

　　333667 × 777 =

　本章の一番はじめに出てまいりました、
12345679に21世紀はどうなるのかと聞いてみましたところ、

　　12345679 × 21 =

　数学的には当然の組み替えでありますが、このようにも変化させることができます。

　　37 × 7007 =

　　37 × 7007007 =

　　37 × 3 × 7 × 333667 =

　気分悪くなりそうですのでこのあたりでやめておきます。
　これは予言ではありません。
　体主霊従のままですとまずいことになるぞよと神々からの警告であります。そして、どうしたら避けることができるのかという答えもちゃんと教えていただいております。
　自らの内側の破壊から始める霊主体従の生きざまによるミロクの世の国造り。
　これをせえよ、すりゃ地獄とならんぞよ、とのことです。
　間違えないでいただきたいのは、内側の破壊と申しましても自暴自棄になったり、反社会的になったりすることではございません。
　アナーキストへのすすめではないのですから。
　フーリガンになってもいけません。

新たな創造のための破壊であります。
　また、ときとして破壊と創造というものは同時に起こりうることもございます。
　山の中で怪我をしてしまったときなど、包帯を持っていないがためにシャツを切り裂き包帯替わりにして手当てをすれば、シャツの破壊であると同時に治療のための創造になります。この程度のことでしたら誰しもができましょうが、内面の改革、思考パターンの変革、自己弁護の放棄、世間並みの常識からの脱却となりますとなかなか勇気がいるのであります。それは今までの自己の否定にも繋がってしまいますので。特に手首が硬く、ひじの筋肉が張って冷たくなっておりますと、まず新しい考えを植え付けることはできません。
　一切の東洋医学を見下す西洋医学の医師や、すべての現象についてすでに証明された科学の範囲内で答えを求めたがる科学者はみな右手首が硬く、ひじも冷たいでしょう。手首の柔らかいお医者さん方は、東洋医学と西洋医学、科学と民間での伝承、双方の得手不得手を客観的かつバランス良く捉えておいでですので、何事に関しても自然であります。

　数霊に戻ります。
　シャトルの大聖堂の内部には
　「"聖なる中心"の地下37メートルには2500年以上前の古代渦文明の"生命の井戸"が現在もあり、また地上37メートルには円蓋の頂点がある」（『宇宙の謎を解く鍵は聖なるカタチにあった！』高橋励著　福昌堂）
　ここに出てまいります37メートルは、37.0メートルなのか36.9メートルなのか、あるいはそれ以外での約37メートルなのかは判断できませんが、地上・地下共に37メートルのところに何らかのエネルギー層のようなものがあることを感じていたのではないでしょうか。
　西洋人が「ミロク」の概念を持った上で地上地下共に37メートルを定めたとは考えられません。
　日本の場合ですと社を建てる際に、意図的に3丈6尺9寸といった寸法を用いますが、キリスト教文化の中ですので仮に意図的であったとしましても、ミロクとは別のものでありましょう。それがたまたま結果と

してはミロクになってしまったのだと。
　キリストの発音は正確ではありませんが、日本語的にそのまま言霊数にしますと、
　　キ＝10　リ＝45　ス＝13　ト＝17
で、85になります。
　ミロクも言霊数にしますと、
　　ミ＝35　ロ＝42　ク＝8
　同じく85です。
　これはキリストの唱える愛と弥勒菩薩または弥勒如来の御心が同じ慈愛に満ちたものであることの証しであります。
　81方陣では大九霊界にある369の上に3285がありまして、大九霊界の中心になっております。
　キリスト教では確か、イブはアダムのあばらによって生まれたとされておったのではなかったでしょうか。
　あばらとは肋骨であります。
　　ロ＝42　ツ＝18　コ＝7　ツ＝18
＝85。
　通常は人間が肋骨から生まれることはございませんでして、子宮内で育ちます。それを外側から包み込んで保護する骨を腸骨と申します。骨盤の横側の部分のことであります。
　　チ＝20　ヨ＝37　ウ＝3　コ＝7　ツ＝18
　やはり85です。
　神話では素盞鳴尊から生まれました7柱の神のうち唯一の男神、五十猛命(イソタケルノミコト)の言霊数が
　　イ＝5　ソ＝12　タ＝16　ケ＝9　ル＝43
＝85。
　このような共通点も神様の示したるしるし、神示であります。
　　シ＝15　ン＝10　ジ＝60
＝85。
　なかなか密接に繋がっております。
　　ミ＝35　ツ＝18　セ＝14　ツ＝18
　これは余分でしたね。けど85です。

ショーの続きを。
333667 は素数ですが別の形にして

$$333667 ≒ 10^9 ÷ 2997$$

で表すことができます。

$$1000000000 ÷ 2997 =$$

これもなかなかの姿です。
2997 とは何とも中途半端に見えますが、姿を変えますと、
$$\begin{aligned}2997 &= 999 × 3\\&= 333 × 9\\&= 81 × 37\\&= 3^4 × 37\end{aligned}$$
なじみのある数ばかりですね。
333 は 37 × 9 でもありますので。
かつて五番街にはマリーという女が暮らしていました。
81 方陣で、2997 は 81 のすぐ上に暮らします。
この 2997 もなかなかの技を持っておりまして、

$$333667 ÷ 2997 =$$

出ましたね。111.333667。
これを、
$$÷ 111.333666999$$
と考えれば芸術的でしょ。
では、せっかくですのでさらに続きを。先ほども似たのが出ましたが。

$$111.333667 ÷ 333667 =$$

すごいでしょ。
　これも実は数学的に分解し直して考えますとごく当たり前のことなのですが、それでもほれぼれするほどきれいです。
　とにかく美しいのであります。

　ここで今までの数とは一旦離れることにいたします。
　『日本書紀』の神武天皇に関する記述に、
　　「天祖(アマツオヤ)がこの地に降りられて以来、もう1792470余年が経ってしまった」
というくだりがございます。
　この1792470余年という数を今まで幾人かの方がご研究なさりました。
　明治以前には古神道の巨星、平田篤胤(ヒラタアツタネ)が取り組み、結局は頭の179を切り捨て2470余年としたとのことであります。
　その後もまた違った説が出てまいりましたが、どれもしっくりとこない。
　それを視点を変えて答えを出したのが、『日本書紀　衝撃の大暗号』（平田穂生著　廣済堂文庫）です。
　平田氏は1792470余年を1792474年と仮定し、その平方根
　　1338.8331年
という数を割り出されました。
1338.8331年は1338年と304日を意味し、この日数を使い見事な推理をされております。
　ほんのさわりだけ紹介させていただきますと、
　　神武東征決意表明から壬申の乱終結までがぴったり1338.8331年であり、壬申の乱から1338.8331年後が西暦2011年になり…というものであります。
　詳しくは氏の著書をご覧いただくとしましょう。

　本書では1792470余年を単体で考えるのではなく、他の数と複合的に見ることにいたします。
　日本書紀では何を示すために1792470余年などというもっともらしい数を出したのか、その意図は判りかねますが、年という単位を消してし

まいます。
　そして、1792470余というのもそのまま1792470で使います。
　端的に申しましょう。
　この章の1番最初に出てまいりました
　12345679と、今の1792470から重大な知らせが現れてくるのであります。知らせなどといったのんびりしたものではなく、警告といった方が適切かもしれません。

　　12345679 × 1792470 =

　答えが14桁になってしまいますので、ここに記します。

　　12345679 × 1792470 = 22129259237130

　文字というものは単体ですとその文字の持つ意味しか表しませんが、組み合わせることにより別の意味が現れてまいります。
　例えば「大」と「田」と「熱」と「神」。
　これらを単体で扱えば、それぞれの持ついくつかの意味以外には何も出てまいりませんが、組み合わせることで「熱田大神」とすれば、ここに熱田大神のお持ちの波動が発生いたします。
　神棚にお祀りするお札、これもただ文字が書いてありお祓いしてあるだけの紙ではなく天照皇大神と書かれておりますならば、そこには天照皇大神と同じ波動が宿ります。ですから粗末にしてはいけないのであります。
　人の名前でも同じでありまして、文字を組み合わせて人の名前にすれば、知らぬ人でもその人がどういった人かを名前だけで感じることが可能になります。
　水や植物はその波動を感じ取る力を持っておりますので、「ありがとう」の文字を見せれば水はまろやかになり、植物もよく育ちます。見せる人が「ありがとう」の意味が判らない外国人であってもです。ということは、見せる人の念が水や植物に伝わるのではなく、水や植物が組み合わされた文字の意味を出ている波動から読み取っているということに

なります。
　当然、悪い言葉や悪しき念の強い人の名前を見せれば逆のことが起こります。
　これは文字自体から発するエネルギーでありまして、言霊として言挙げしたり、意味を知った故に発生する念以前のものなのであります。
　それが数にも同じように当てはまります。日本人の嫌う4や9も単体では、見方を変えれば決して嫌うばかりのものではありませんが、組み合わさることにより具体性が出てまいります。
　4桁ほどにもなりますと、決して触れたくはない意味になる組み合わせがいくつかございます。
　先ほどの14桁の数。これが実によくないのでして、このままでは非常にまずい。
　日月神示の「富士は晴れたり日本晴れ…」と同じように読んでみます。

　　22129259237130

　お判りでしょうか。
　　「富士火噴く、地獄に皆蹙れ」
　　　　　　　　　　　　いざ

　いざれとは「いざる」の命令形であります。
　蹙る——すわったまま進む。ひざがしらでにじり進む。
　いざ
　これが本来の意味でありますが、この場合は「行け」「どけ」といった意味として捉えればよろしいかと。
　平方根で1792470余年を解釈されました平田穂生氏は、2011年に世界平和達成とされました。
　もちろんそうなれば何も問題はございません。
　マヤ暦では大周期5125年の大区切りが2012年12月22日にやってまいります。
　神道の一部では平成25年が大転換期になるであろうとされております。平成25年は2013年です。

　いずれもほぼ同じ時期でありまして、それまでに霊主体従の世となっ

ておりませんと、本当に富士が火を噴くことになりかねません。富士が火を噴き、富士山の形が崩れますと、日本のエネルギーの中心点がなくなってしまいまして、全体がまとまらないのであります。

　各々は自ら進む方向へ向かえばよろしいのですが、全体はひとつにならないといけません。

　また、富士火噴くというのは象徴としてのことでありまして、ただ富士山が噴火するだけを示しているのではありません。

　もっと全体のことです。

　いえ、実際には何も起こらないのかもしれません。人類を、少なくとも日本人を霊主体従にするための少し脅しのきいた方便とも考えられます。そう考えましょう。

　ただし、霊主体従になることが条件の。

　霊主体従の世になっても先の計算式の答えは変わらないじゃないか、とファックスが届いておりますが、大丈夫です。

　人が霊主になりますと作用するエネルギー体が変わりまして、数霊力も変化します。

　姓名判断で大凶がありましても超越してしまえば数への意味付けが無意味になるのと全く同じことですので。

　"イザナミと117"と同じくこの章も省いてしまおうかと考えておりました。

　それか、数のショーだけをお見せして「はい、楽しかったですね。これでおしまい」にしようかとも。

　しかし、昨今の世界情勢や事件事故の報道を聞いておりますと、映画や推理小説にさえならないようなことが現実に起こっております。しかも毎日のように。

　とすると、このまま欲に支配され、我(が)に甘えたまま体主霊従の生き方をしておりますと、ひょっとすると、万が一にも、と思い、お話しすることにいたしました。

　これは予言ではありません。

　予測とも違います。そのようなことになるとは思っておりませんので。

　時が流れ、過ぎ去ってしまった大転換期のその後に、何事も起こって

おらねば「馬鹿馬鹿しい、何を大げさな」と笑われるのはちっともかまわないのでありますが、このまま何も変わらず生きてまいりますと、ひょっとしたらもっと苦しい時代が続くことになるかもしれません。その苦しみを軽減させ、災いを最小限にとどめるための警告として受け止める分には決して悪いことではないように思えます。

　人類が早急に解決せねばならない問題はたくさんございます。
　オゾンホール、温暖化、次世代のエネルギーや、地雷除去から食料事情、福祉や高齢化の問題に至るまで。
　年金の問題ひとつ取りましても、ニュースでは街頭インタヴューで「払っても自分たちに返ってこないんだから払うだけ損だわ」「もっと判りやすい政治をやってほしいです」といったものを平気で流しております。国家予算が80兆円を越える先進国の国会レベルで、専門の書一冊たりとも読んだことのないような一国民にまで判りやすい政治をやってもらっては怖い。村議会じゃないんですから。
　すると、三ヶ月前までは学生だったような哲学も経験もなきキャスターが、いかにも私は国民の皆さんの味方ですよといった顔付き口調で政府を批判した主観を述べる。
　これでは確実に国民の意識レベルが下がります。低下しているのは子供たちの学力ではなく、学力を低下せしむる社会、親、大人たちであることが判らんのですかねえ。
　「昔はおじいちゃんやおばあちゃんが隠居しますと息子夫婦がお小遣いをあげておりました。今はそれを国が替わりにやってくれてますから私たちは間接的に年金として払っているんですね。便利な世の中にしてくれた世代の方々へのお礼として」ぐらいのことが言えないのだろうか。無理でしょうけど。
　直接自分に関わることですとこんな程度です。それで先ほどの大規模な問題を一体どうやって解決できるのでありましょうか。
　解決してほしいですね、ではなく自分には何ができるかでしょ。
　言うだけであとはすべて人まかせ。
　それを体主霊従の世という。
　メディアは国民を育てよ。

そして、その前に自分自身をも。

　「終わり始まり」の終わりを終わらせるにはもうしばらく膿を出す時期が続くことでありましょう。個人にも各業種にもどんどん出てまいります。出た膿はすべて自分がためこんだ穢れでありまして、スマンかったと認識しないことには膿出しになりません。
　申し訳なかった。そしてありがとう＝117で涙＝117した分すんなり膿が出てまいります。
　しかし、膿というのはたいていが悪しきカタチで出てまいります。
　それを人のせい、世の中のせいにしておりますと、せっかくの膿出しがまた新たな業(ゴウ)をつくり、いつまでもくり返すことになります。自らを省みずして何でも裁判に持ち込むような社会は、すでに崩壊への最終段階に入っております。
　膿を見て、自らの過去を知る。
　膿を出して、自らの玉し霊に輝きを取り戻す。
　そして霊主となり国造りの一コマになる。
　これが「終わり始まり」を終了させることができる法であります。
　『火水伝文(ヒミツツタエフミ)と⦿九十の理(マコトノミチ)』(白山大地著　四海書房)では、こういった膿出しのことを「魔釣り戻し」「真釣り戻し」と使い分けて大変判りやすく伝えております。
　すでに、悪しき風習に流され続けることに疑問を持つ玉し霊の叫びに耳を傾け、真釣り戻しを本格化させる時期に突入しております。
　破壊の使者は何度もやってまいりました。百武彗星に乗って、ヘール・ボップ彗星に乗って。シューメーカー・レビーもその一環であります。
　また、現在は宇宙から降り注ぐ"神光線"なるものが凄い勢いで増してきております。これを受けるには姿勢が大切でありまして、姿勢が悪いと受けられません。正しき姿勢にて"神光線"を受けますと、眠っている細胞がどんどん目覚めますぞ。そうなりますと、いくらでも発揮できるのであります。内なる神の御力(ミチカラ)が。
　霊主体従に生き、神々の意に乗り、大自然と呼吸を合わせた生活をしておりますと、富士が火を噴き人々が地獄へ堕ちるようなことは絶対にありません。

彗星のランデブーと時を同じくし、130年ぶりに金星の日面通過も観測されます。
　太陽、金星、地球の順で一直線に並ぶのは130年も起こっておりませんでした。
　2004年6月8日がその日であります。
　しかも2012年の6月6日にも再び同じことが起こります。1回目のそれよりちょうど8年後です。
　これは大きな意味を持つ神界劇であります。
　今回の大転換期、悪しきを破壊し、良きを創造しむるものとなりますよう。
　　　テ＝19　ン＝1　カ＝6　ン＝1　キ＝10
＝37。
　使者は彗星に乗ってやってまいります。
　　　ス＝13　イ＝5　セ＝14　イ＝5
＝37。
　直霊(ナオヒ)の思うままに従わせることであります、身体を。
　　　シ＝15　ン＝1　タ＝16　イ＝5
＝37。
　霊主の世となりますれば、きっと一度に咲くことでしょう。三千世界の梅の花。
　　　ウ＝3　メ＝34
＝37。

その14 "焦がすほどに、玉し霊を"

"ヒトの命と血統と"

　イロハ、ヒフミ共にンを含め48で扱ってまいりましたが、47のままでも数霊として意味を持っております。
　ヒトは数言霊ですので一十で表しました。玉し霊がとどまるところでして、霊止(ヒト)とも書きますが、通常の言霊数は
　　ヒ＝30　ト＝17
で、47であります。
　ヒトが生きていられることを命があると申しますが、
　　イ＝5　ノ＝22　チ＝20
命も47になります。
　命あるのは肉体に玉し霊が宿っているからでありまして、玉し霊は光の玉となって肉体に宿るのであります。
　　タ＝16　マ＝31
47です。
　玉し霊の流れを霊統と申しますが、ヒトにはもうひとつ、大きな流れがございまして、それが血統であります。
　　ケ＝9　ツ＝18　ト＝17　ウ＝3
はい、47であります。
　イロハやヒフミの47音は、ヒトを表し、命を表し、玉し霊や血の流れを表すものなのでしょう。
　血統が47種類あるという意味ではないでしょうが、霊統と血統が組み合わさって人それぞれが色とりどりの花を咲かせるからこそ色彩豊かな世となれるのであります。
　　イ＝5　ロ＝42
　　ハ＝26　ナ＝21
共に47でございます。
　47は都道府県の数にも等しく、ですから各県別に当てはまる言霊をそれぞれひとつずつ持っているのでしょう。

人それぞれに花が咲きますと、いよいよ玉し霊の開眼、本当の夜明けです。

　　ヨ＝37　ア＝1　ケ＝9

　47ですね。

　玉し霊の開眼は守護者の方々にとりましては最高の祝いごとになります。

　きっとたくさんの御神酒が振る舞われることでありましょう。

　　オ＝2　ミ＝35　キ＝10

　玉し霊が封印され、心や肉体が病いに冒されておりましても、玉し霊活かし意乗った生き方をしておりますれば必ず回復してまいります。

　　カ＝6　イ＝5　フ＝28　ク＝8

　47です。命と同じ言霊数であります。

　これが47の数霊力ということです。

"鈴の音色は玉し霊の音楽"

　地球＝71が誕生し、国産み＝71が行われましてから一体いかほどのときが流れたのでありましょうか。

　神話に伝わる国産みが行われる以前は夕陽が沈んでしまった後のような闇の世でした。

　　シ＝15　ン＝10　ワ＝46

＝71。

　　ユ＝38　ウ＝3　ヒ＝30

＝71。

　　ヤ＝36　ミ＝35

＝71。

　まずは闇の世を明るく照らすため火の神が地に降りました。

　　ヒ＝30　カ＝6　ミ＝35

＝71。

　神様の降り立った地は高天原が最も知られておりますが、それ以外にも神様は降りておられます。そういった地のことを神降地と申します。

　　カ＝6　ミ＝35　コ＝7　ウ＝3　チ＝20

＝ 71。
　神様が降りられますときは天から鈴の音が響いてまいります。
　　　ス＝ 13　ズ＝ 58
＝ 71。
　シャンシャンシャン、シャンシャンシャンと美しい音色で。
　　　ネ＝ 24　イ＝ 5　ロ＝ 42
＝ 71。
　まるで音楽を奏でているように。
　　　オ＝ 2　ン＝ 10　ガ＝ 51　ク＝ 8
＝ 71。
　人に宿る玉し霊も、それぞれの振動が音楽となり、共鳴するところに集ってまいります。
　そうしてできあがったのが家族です。
　　　カ＝ 6　ゾ＝ 57　ク＝ 8
＝ 71。
　その音楽は肉体を持った人間には蜃気楼のようなものですが、
　　　シ＝ 15　ン＝ 1　キ＝ 10　ロ＝ 42　ウ＝ 3
＝ 71。
　玉し霊にとりましては、一厘の仕組みにしっかりと組み込まれたものなのであります。
　　　イ＝ 5　チ＝ 20　リ＝ 45　ン＝ 1
＝ 71。
　音霊と家族を大切に。

　久しぶりの余談です。
　「高天原」は一般的にはタカマガハラと読みますが、これをタカマノハラとも読みますし、タカアマハラとする場合もございます。
　どれが最も適切なのかは別にしますと、はじめはタカマガハラが最も発音しやすいのですが、慣れてしまいますとむしろ他の二つの方が口の中で滑らかになってまいります。
　他の二つには濁点がないことも滑らかになる要因でしょうが、特にタカアマハラはタカマガハラと同じくすべての母音がアです。

TA KA A MA HA RA

　ですから口の中でタカアマハラをくり返し転がしておりますと、つるつるになってまいります。何と言えばいいのでしょうか。
　ちょうど黄金糖やチェルシーを舐めておりますと表面がつるんつるんになってくるような。いや、それとはちょっと違いますが、大変滑らかになってまいりますので、最近はもっぱらタカアマハラかタカマノハラを使うようにしております。
　まったくためにならない余談でした。

"焦がすほどに　玉し霊を"

　天津神と国津神により国が成り立ち、
　　ア＝1　マ＝31　ツ＝18　カ＝6　ミ＝35
＝91。
　　ク＝8　ニ＝25　ツ＝18　カ＝6　ミ＝35
＝92。
　神の波動が小さなひとつの玉し霊となり、
　　ハ＝26　ド＝62　ウ＝3
＝91。
　　タ＝16　マ＝31　シ＝15　ヒ＝30
＝92。
　風神志那都比古神(フウジンシナツヒコノカミ)の吹かせる神風に乗って地に運ばれ、
　　シ＝15　ナ＝21　ツ＝18　ヒ＝30　コ＝7
＝91。
　　フ＝28　ウ＝3　ジ＝60　ン＝1
＝92。
　精子と卵子の結合に玉し霊宿り、骨盤に保護され子は育つ。
　　セ＝14　イ＝5　シ＝15　　計34
　　ラ＝41　ン＝1　シ＝15　　計57
　合計91。
　　コ＝7　ツ＝18　バ＝66　ン＝1
＝92。

生まれ出づる御子は、神と父と母の三位一体の写し鏡なるぞ。
　　サ＝11　ン＝1　ミ＝35　イ＝5　ツ＝18　タ＝16　イ＝5
＝91。
　　カ＝6　ガ＝51　ミ＝35
＝92。
　鏡なる御子の行い、善しも悪しきも共有するのぞ因果応報。
　　キ＝10　ヨ＝37　ウ＝3　ユ＝38　ウ＝3
＝91。
　　イ＝5　ン＝1　ガ＝51　オ＝2　ウ＝3　ホ＝27　ウ＝3
＝92。

　子の生きざまで親の価値が決まってまいります。子の生きざまで先祖の守護は力を増します。子の生きざまで親神様の封印が解かれ、秘仏が開眼されるのであります。

　　焦がすほどに玉し霊を
　　信じてみて下されよ。
　　焦げつくほどに玉し霊の
　　熱き情熱、燃やし尽くして下されよ。

　　♪ボクサーのように
　　　闇切り開け
　　　魂焦がして／「魂こがして」より（作詞・作曲：石橋凌）

"1◯1"

　1（ヒト）と1（ヒト）とが◯（和合）して、できた御子に、（神）宿る。
　その姿が「1◯1」であります。
　数霊的形霊とでも申しましょうか。
　数霊としてはもちろん101です。
　両端の1は、向かって右が父、左が母であります。

リ＝45　ヨ＝37　ウ＝3　シ＝15　ン＝1
＝101
　　　ワ＝46　ゴ＝52　ウ＝3
＝101
　　　コ＝7　ド＝62　モ＝32
＝101

　最近の結婚式や披露宴の高砂は、男女の並び方が逆です。
　火の働きの者が水に位置し、水の働きを持つ者が火に位置す。
　火水が水火になってしまっております。
　ですから力関係も不自然なカタチになっておりますし、お役も違えてくるのであります。
　水が先にまいりますので、火足りずして物、金ばかりが先を行く。
　雛人形のお飾りまでもが逆転しております。
　よーく神返れば判るはずなのですが。きっとあんまり神返んのでしょうなぁ。
　いいから改めなさい、高砂もお飾りも。

　序章では、元旦を冬至にすべきであると申しましたが、国内だけでしたら節分をお正月にするのもまた有意義なことであります。
　節分とは「節を分ける」ことでして、この日を境に思い改め次の一年を迎える日なのであります。
　　　セ＝14　ツ＝18　ブ＝68　ン＝1
＝101。
　うまいことに、節分に夫婦が和合いたしますと、御子の誕生は"いい夫婦の日"11月22日ごろになります。個人差により多少のズレはありましょうが。
　日之本(ヒノモト)に生まれ出ずる御子はみな八重垣に守られ育っておりまして、
　　　ヒ＝30　ノ＝22　モ＝32　ト＝17
＝101
　　　ヤ＝36　エ＝4　ガ＝51　キ＝10
＝101

そうして生まれました御子は誕生の日がいつであるかにかかわらず、本当はどの子も神皇子であります。
　　シ＝15　ン＝1　ノ＝22　ウ＝3　ジ＝60
＝101。
　神様からお預りした御子がいかなる花を咲かせるのか、両親には見極める義務がございます。スミレの花咲く子にバラの花を咲かせようとしたり、ヒマワリ咲かせるその種にランの花咲かせたがるのは御子の玉し霊の自由を奪うことであります。
　　ジ＝60　ユ＝38　ウ＝3
＝101。
　両親にも子供にも同じように自由が与えられております。
　自分自身に与えられた自由という権利は、同時に人の自由を保障する義務でもあります。
　それが101の神ハタラキです。
　自分勝手身勝手と自由を同じにしてはいけません。和が乱れますので。
　日之本の掟です。
　掟であると同時に、天・人・地の法則でもあります。
　　テ＝19　ン＝1　　計20
　　ジ＝60　ン＝1　　計61
　　チ＝20
　20 ＋ 61 ＋ 20 ＝ 101。

月明り（80）　鞍馬（80）の境内（80）
　明王（80）の姿（80）
阿吽(アウン)（80）の平和（80）の冬至（80）かな
※阿吽の阿は76

不変（58）の仕組み（58）　弥栄(イヤサカ)（58）に
祇園（58）の虎（58）の加護（58）に感謝（58）

仏典（106）が　示す愛情（106）
　究極（106）の調和（106）
神風(カミカゼ)（106）結びし一期一会（106）

黄昏(タソガレ)（123）の　白山(シラヤマ)（123）に聞く
　磐笛(イワブエ)（123）に
目覚める不死身（123）の天璽(アマツシルシ)（123）

高天原(タカマノハラ)（142）の龍宮（142）に
　星（42）隠るるば朝日（42）が登る
巫女(みこ)（42）のしつけ（42）も神心（142）

南北（97）の　三千世界（97）の表裏（97）
上座（97）に拝する阿弥陀（97）の御姿

無心（49）に響く和音（49）の和らぎ
温和（49）な甘露（49）の幕開け（49）なりて

因果（57）めぐる胸（57）の内
明かせば暗礁（57）乗り越えて
笑顔（57）で和解（57）の白（57）き霊魂（57）
槍ヶ岳（157）にて神産巣日（157）
ガイア（57）の行く末前途洋洋（157）
神輿（57）担ぎて神社（157）で直会

祭壇（78）で　都（78）の吉凶（78）占いて
祭政一致（78）の厄落し（78）

惟神（120）　地獄（120）に稲妻（120）鳴り響き
タマフリ（120）　育む（120）　思いやり（120）
昇り龍（220）の背で天（20）から見れば
見事　地（20）に咲く優曇華（120）の花

母国（82）の柱（82）の神審（82）となりて
長男（82）　次男（82）の御霊（82）立つ

水晶（73）のような澄みたる惑星（73）
オノコロ（73）の島　イロハ（73）の国の
天地（73）の天主（73）　天狗（73）の悟り（73）
羽織（73）姿でよき塩梅（73）に
育児（73）に精出す恩返し（73）

　何のことだかよく判らんようになってしまいました。慣れんことをするとこうなるのであります。
　よせばいいのにもう少し。

その14　"焦がすほどに、玉し霊を"　369

天津(アマツ)(50)の神の法則(50)に
意欲(50)わき立つ今日(きょう)(50)の一念(50)

山の神(130)　櫓(ヤグラ)(130)に立(りっ)する守護神(130)は
豊饒(130)実らすタヂカラオ(130)の神

　　　タヂカラオ＝天手力男神（アメノタヂカラオノカミ）
　　　力の神、五穀豊饒の神

山紫水明(84)　祝詞(ノリト)(84)を奏で
本州(84)の枢軸(84)　大和(84)なり

新生児(95)　父母(95)の思いが発芽(95)して
秘伝(95)授かり天地神明(テンチシンメイ)(95)
誓いし未曾有(ミゾウ)(95)の腹づもり
金剛不壊(95)の一歩(95)出す

冥王星(63)の
宝(63)の大麻(オホヌサ)(63)打ち振れば、
無法(63)を壊滅(63)
永久(とわ)(63)なる開眼(63)

数(64)で始まる宇宙(64)の劇(64)は
天王星(64)の姫(64)との約束(64)
合図(64)は香華(コウゲ)(64)に桃(64)供(そな)え

大峠(オホトウゲ)（103）は越えたぞと
　　須弥山(シュミセン)（103）より来た岩船（103）の
　　建御名方(タケミナカタ)（103）と大己貴(オホナムチ)（103）
　　伝えば篤(あつ)き温情（103）に
　　日食（103）起こりて岩戸に隠れた
　　邪馬台国（103）のミカド（103）出づ

♪ザ・ローングアーンワインディンロード
　　ダートゥリーズ　トゥーヨドー…
　お別れの曲が流れてまいりました。
　映画ですとここでいくつかの場面が無声のまま回想シーンとなって出てまいります。
　つい今しがた観たばかりの場面が、もうずいぶんと昔のことのように感じられ、交わされた会話や背後の風景までありありと思い出すことができます。そして、自分もその場にいたような懐かしさでジーンと胸が熱くなるのですが、書物ではそのようにはまいりませんので、ちょっと情けないですが口述します。
　あっ、音楽はそのまま頭の中で流し続けておいて下さい。
　お判りかとは思いますが、曲はビートルズの「ザ・ロング・アンド・ワインディングロード」で。

　どこを足しても369になる9方陣に目を丸くし、次の日学校でみんなに夢中で話した放課後。外は涼しい秋の風が吹いていた。

　へそも米も血液もみーんな神と同じ41になり、人間も胎児も先祖も未来もが光と同じ81になることに驚き、友だちの名前を片っ端しから数にして夜更かししたあの日。

　ありがとうを忘れてしまったことが117の反作用になっていることにショックを受け、なかなか寝つけなかった木曜日。

　左はヒダリだけど右はやっぱりミギよねぇ。

その14　"焦がすほどに、玉し霊を"　371

ミギリなんて変よってミサコとポテトを食べながら話した金曜日。

　出雲の大社での天之御中主神と大国主命の会話を、背景を想像しながら読んでいたら出雲に行ってみたくなり、地図帳を広げた夜。

　彗星が木星に衝突したなんて知らなかった。けどそれってすごいことだったんだと、ぼんやり窓の外をながめながら物思いにふけった雨の日曜日。

　健太君と一平君ってどんな感じの子かなぁ。健太君の彼女の友音ちゃんって多分清楚なタイプだろうなって、学校へ向かうバスの中で思い浮かべてみたりも。きっと友音ちゃんってルーズソックスなんて履いてないわっと思ったら急に紺色のハイソックスが欲しくなったりもしたっけ。

　渦がエネルギーを生むって信じて、テスト勉強しながら人さし指で頭に向かってクルクル渦をまわしてみた。けどやっぱり駄目だった。

　役行者(エンノギョウジャ)って人に興味を持ったからお父さんに聞いてみたら、そんなことよりも学校の勉強を一所懸命にやりなさいって言われて何だか悲しくなっちゃった。それでもう勉強なんてどうでもよくなってヘッドフォンでモトリークルーやエアロスミス聞いてたら少しは気分もよくなったわ。どうしてああなのかしら。

　神秘的で妖しい星と思っていた土星が実は堅実で生真面目なことを知って、星も見かけによらないのねって一人で笑っていたのは日本史の授業中のことだったっけ。

　火龍と水龍にお礼が言いたくって、地面に手をあてて思いを伝えたのは丘の上の富士見公園。誰もいなかったからブランコに揺られて空を見上げていたら、いつのまにか大好きなモトキのこと考えていた。

　近くの神社で手を合わせ、どうか富士山が火を噴いたりしませんよう

にってお祈りしたら少しだけ気が楽になったから、ミサコを誘って買い物に出かけ、久しぶりに無邪気にはしゃいだ土曜日の午後。

　机の上に出しっ放しにして毎日夢中で読んでいた本が、今日は教科書の一番端に立てかけられている。
…ドーンキープミ　ウェイティンヒア　リーミトゥーヨードー
　Yea　Yea　Yea　Yea

　どういったわけでしょう、いつのまにやら主人公が女子高生になってしまいましたが、これで。
　さようなら。また会う日まで。

おしまいに

　あいまいさを持ったままで物事に対処するということは、性格的なものよりもむしろ体質的なものによるところの方が大きく影響しております。
　なぜ体質が関係あるのか。
　それは、体質が性格をカタチ作るからであります。
　自動車のハンドルやアクセル、ブレーキの動きには「アソビ」の部分が設けられております。レーシングマシンでない限り、アソビがありませんとかえって危険です。
　人体の骨格にもそれに近いところがございまして、一本一本の背骨が独立したゆるみを持っておりませんと危険であります。
　整体に、背骨が曲がっているのでまっすぐにして欲しいという方がお越しになりますが、通常転移と申しまして、誰しも多少は曲がっております。極端な曲がり具合は正すべきでありますが、大切なのはゆるみです。
　少々曲がっておりましても一本一本が可動性を持っておれば、特別悩むほどのことではございません。自身で正していく手段を見つけ、普段の生活の中で、楽しみながら行っていけばよろしいことでしょう。
　問題なのは、まっすぐであっても可動性のない背骨です。
　それぞれの骨が上下の骨とくっついた状態になり、たわむこともねじれることもできない、まるで一本の棒のようになってしまった背骨。これは自身の肉体にも、家族やまわりの人たちにも害を生むことになります。
　こういった「あそびなき背骨」の人に、物事をあいまいな状態で一旦は置いておけと言葉で伝えましても無理です。
　言うことを聞かないのではなく、聞けない体なのですから。
　まばゆいオーラを発する人は、一見頑固そうに見えましても、質のいいゆるみを持っております。腰が柔らかい。背骨が柔らかい。手首やひじが柔らかい。ですから物事に対し柔軟に対処でき、必要な分のあいまいさを持ち合わせ、いちいち事細かに人を咎めないのであります。赤信

号を渡る人とかを見ても。

　必要以上に緊張を強いられる社会や生き方は、人体からゆるみを奪い、どんどんあいまいさを許さない状態にしてしまいます。

　すると、人との間に争いが生まれ、自らの肉体を破滅させ、和のない世界ができあがります。ミロクの世と正反対の世界です。

　ですから、必要な分のあいまいさを持つというのは調和のための必須条件なのであります。決して、いい加減さや無関心さではありません。

　何事に関してもすべて白黒その場でつけたがり、極端な答えを導き出すがために、結局は自分で決めたその答えに苦しめられている人が増えてまいりました。

　白黒はっきり決めず、グレーの状態にしておきなさいよと、背骨が棒になってしまった人に伝えますとどうなるか。

　白か黒、極端な答えは導き出さずとも、白と黒とグレー、３つの中から答えを選ぶようになります。グレーにしておきなさいと言われている分、白と黒の中間の固定化したグレーで理解しようと努力いたします。

　固定化したグレーは、白や黒でないだけであり、同じ極端な答えのひとつであります。釈尊のおっしゃる中道とは、そんな程度のことではございません。

　そうではなく、白から黒までのグラデーションのことをグレーと表現しているのでありますが、とにかく硬いのでグラデーションが理解できません。体質が理解させないのです。

　これは捉える人の罪か、それとも伝える側に問題があるのか。

　当然捉える人で…はありません。

　伝える側の智恵のなさに問題がある。

　そして、あの人はいくら言っても判らないから駄目だで片付ける。

　違いますよ。判ってないのはそっちです。

　体がゆるんでまいりますと、白と黒の間に無限のグレーができてまいります。

　ときには白に近い淡いグレーのところに答えを置いておき、物事によっては黒に近いグレーで一旦は処理をする。

　時が過ぎ、そのグレーが適切でないと感じましたならば少しどちらかに移動させることもできるようになります。

おしまいに

それまでは白、グレー、黒の３つの「点」でしか物事を捉えることができなかったのが、「線」に発展するのであります。
　さらに体がゆるみ、柔軟になってまいりますと、どこかのグレーひとつ取りましても少しオレンジがかったグレーであったり、青味を帯びたグレーであったりと、色彩豊かに「空間」へと広がってまいります。
　そこに透明度やつやの有無といったものまでが加わりますと、なぜその人はそれをするのか、どうしてそれを優先したがるのかが、氏育ちや体質、過去生から持ち越した業に至るまでを考慮したうえで見て取ることができるようになります。
　その力を観自在と申します。
　自在に物事を見て取る力のことです。
　観自在を身に付けますと、生きながらにして菩薩様の働きを体得したことになります。
　観自在菩薩であります。
と申しましても人には主観がございますし、肉体を持っている以上、背骨や内臓、筋肉の状態により物事の判断を左右させられますので、なかなかそうはなれません。
　しかし、何に対してでもすぐに白黒はっきりさせてしまうのではなく、人を認め人を許す調和の基を「あいまいさ」として持ちうるためには背骨のゆるみは絶対に必要であります。
　ご自身がそうならずして政府に要求ばかりを訴えておりましても、世の中が変わってもご自身の生活は変わらないままであります。
　むしろ人がよくなった分、自分は悪くなったと感じることでありましょう。
　「感じる」というのは「観自る」のことでありまして、自らを省みることであります。
　自身をよーく見つめてみることです。
　すると、なぜそう感じたのかが読めてまいります。それを可能にするのも背骨のゆるみと内臓の正常な働きによります。
　体主霊従のうちは肉体からの影響を避けることは不可能なのですから。
　また、霊主体従のつもりでおりましても、従なる肉体に問題が出ておれば、主なる霊が歪んでいる証拠であります。

調和のための世づくり国づくり。
　必要なのは健体康心とそこから生まれるあいまいさ。この２つが鍵になることでありましょう。
　もっとも個人個人における小さな争いに限って申しますと、
「物の言い口調に言葉遣い。
　顔つき目つきに態度」
　これさえ気を付けておりますと日常の争いごとの７割程度は減らすことができ、お互い判り合えることでありましょうが。

　実を申しますと、愛知万博が決定した当初、どうあがいても人類の未来に光が射すほどのきっかけにはなりそうもありませんでした。
　なにしろ、とにかく道路やウワモノを建てさえすれば気がすむ一部の業者と感性なき役人がことを進めておりましたので。
　経済的な成功につきましてもどうも怪しい。設定された高い入場料で人を集めるのでしたら、ＮＡＳＡから宇宙人のホルマリン漬けを借りてくるとか、ベッカムやデルピエロ、イルハンらに日替わりで登場してもらうとかしませんと、一体どうなることやらというのが現状でした。
　これではニギハヤヒ尊の復活祭も何もあったもんじゃございません。
　ある程度の大自然を破壊するわけですから、それ以上に人類が育たねば開催の意味がないではありませんか。ただ大がかりなイベントで終わるのでしたら日本の国土の26倍を有するカナダでやっていただいた方がよろしい。
　ですが、それではニギハヤヒ尊の御柱が立ちません。
　はよう気付いて下されよ、であります。
　ところが、いざ蓋を開けてみますとこれが大当たり。のべ2205万人の入場者があり、多くの人々の意識を高めることができました。
　極秘でですが、会場内唯一の"人当り神社"にはニギハヤヒ尊のお札が祀られ見事天照国照彦天火明櫛玉饒速日尊（アマテルクニテルヒコアメノホアカリクシタマニギハヤヒノミコト）の御柱も立ちました。
　これでいよいよ日之本が開闢（カイビャク）するための準備が整ったわけです。
　開け、世界に向け、我らが神国日之本よ。

　最近名古屋上空に大きな気の渦ができております。今、旬な地区のひ

おしまいに　377

とつです。
　ですから同時に、"膿み出し"も本格化してまいりました。名古屋刑務所の事件、名古屋鉄道のバス無免許隠ぺい事件、愛知県とゼネコンを相手取った裁判などなど。まだ出るでしょう。
　このような"膿み出し"は生まれ変わる際に絶対必要なことでして、ドシドシ明るみにされればよろしいのであります。
　すると、やがては来るかもしれない東海地震も、清まった分だけは被害が少なくなるものです。これは天の法でありますので。

　「おいおい、火星が落ちてくるとピーナッツになるんだって。落花生」
　もしもし。
　約６万年ぶりの距離にまで大接近するということで2003年の夏は火星に注目が集まっておりました。
　最接近日が近づきつつある８月の14日と19日に愛知県のすぐ西隣、三重県多渡町にありますごみ固形燃料発電所で爆発がありました。最接近の２日後、８月29日には名古屋港にありますエクソンモービルのタンクで火災が発生。
　９月に入りましてすぐに名古屋の南、東海市では新日鉄構内でガスタンクが爆発炎上し、10日にはこれも名古屋の鬼門に当たります多治見市で国宝と名庭を有する永保寺の本堂が全焼してしまいました。
　16日には名古屋の繁華街のひとつ、大曽根のビルでも爆発があり大騒ぎになりました。話が前後しますが、栃木県のタイヤ工場の大火災も９月８日のことです。
　９月26日には地震により出光興産北海道製油所で大規模な火災が起こり、28日にもナフサタンクが炎上しております。ただし、これにつきましては、関係者がしっかりしておれば防ぐことができたはずであります。認識不足だったと申されておりますが、違います。能力不足です。
　同じ日、イタリアでは全土が停電していました。そういえばニューヨークの大停電は三重県多渡町の爆発と同じ日でした。
　さらに９月30日、群馬県で廃油タンクが爆発し、火災、爆発と燃えてばかりであります。
　これらは火星が災いをもたらしたのではございません。人々の火の流

れへの思いや行いが歪んでいるがために火星の持つエネルギーが悪い方向へ作用したのであります。

　これも天の法を犯したからでありまして、全体が本気で悔い改める時期であるぞよという大自然からの警告であります。

　因果関係の科学的根拠など証明できません。が、真摯に受け止めてまいりましょう。さらなる大きな災いがふりかかる前に。

　1997年9月11日、名古屋市内にあります東山動物園入口すぐ正面のビルでガス爆発が起こりました。幸い大きな被害はございませんでしたが、これは何かの雛型かもしれんぞよということで憶えておりました。

　それから3年後、2000年の9月11日、東海地方に大雨が降りまして、翌12日までに年間総雨量の3分の1にも達し、市内郊外水びたしという有様でした。

　このときの雨量が567ミリ。王仁三郎のミロクであります。

　日本で記録されました最高の降水量は1日で1114mmでありまして、これは1976年9月11日のことです。

　これはますます何ぞあるぞよ、であります。

　して翌年、2001年9月11日はご存じニューヨークでテロの日です。

　ただし、名古屋とニューヨークのテロは今のところ結び付けておりません。

　もしニューヨークのテロの911が今後数霊的に現れるとするならば、それは"瀬戸際の国、日本"ではなく"手遅れの国、中国"あたりでしょう。カタチとしては判りません。数霊的には911、119、年対称日の311、四半対称日611、1211などでしょうが、それもはっきりとは判りません。

　しかし、ニューヨークのテロとは別でありましても気を付けておいた方がよろしいかと。

　名古屋や東海地方だけでなく、関東、関西も含めてであります。

　どうか悪しきカタチでの現れになりませんよう意乗って。

　本文を一旦書き終えましたころ、岩手、宮城両県で震度6弱を記録する地震が起こりました。

　2003年5月26日の三陸南地震です。

おしまいに　379

"御中主、満ち足りて"で天之御中主神が大国主命に気を付けて見ておいてくれとおっしゃっていた地域であります。
　確かこの地域は韓半島の雛型でした。
　天之御中主神がおっしゃったことを信ずるとすれば、いえ、本物の天之御中主神がおっしゃったことでしたら疑う余地などございませんが、本書に登場しました天之御中主神は、著者に信頼がない分少し頼りなく、ですが日本が世界の雛型であることは著者の信頼には関わりなく事実でありますので、韓半島に動きが出る兆しかもしれません。
　実際6月に入り、韓国の大統領が天皇、皇后両陛下主催の宮中晩さん会に出席されたり、北朝鮮の万景峰号の入港が中止されたりしております。7月に入ったころからは核の問題が表面化してまいりました。
　米朝共に何かたくらんでおりますぞ。
　地震の日の1ヶ月後、6月の同じく26日。
　韓半島の雛型とは関係ないと思われますが、名古屋の中心点、通称栄交差点でトラックとワゴン車が衝突し、トラックの積み荷のスプレー缶約7千6百本が次々と爆発炎上。その様子はさながらB-29による絨毯爆撃のようでして、悪しき雛型とならねばよろしいのですが。
　それで、韓半島に戻りますが、さらに1ヶ月後、7月の26日。またしても宮城県北部で震度6弱、震度6強の地震が計3回起こりました。宮城県北部地震です。そして2ヶ月後、北海道の十勝沖地震。マグニチュード8.0。また26日であります。嫌ですね、こういう出方は。
　　カ＝6　イ＝5　シ＝15
26です。
　何が開始されるのでしょう。
　26のひとつの捉え方ですが、日本皇紀2600年の26でもあります。
　日本皇紀2600年は1940年、昭和15年です。翌年1941年に日本は米・英に宣戦し太平洋戦争が始まりました。
　ということは、26は開戦前夜を示すものである訳です。西側の悪の枢軸にまどわされてはいけません。
　韓国に駐在する米軍も動き出し始めました。
　動き出すための名目は一切真に受けない方がよろしい。国の利益のためなら何でもありですから、あの国は。

イラクではまた劣化ウラン弾を使用したのですよ、世界の警察官気取っているくせに。
　あの国が22世紀を迎えることができる確率は「限りなく黒に近いグレー」でありましょう。
　ともかく、次はシリア、イランと同時に極東を舞台にするようです。
　おそらくその際には日本も対岸の火事では済みません。今から清めておきましょう。決して恐怖心を抱かずに。
　最悪の状況になっても対処できる備えをしつつ、それが不必要であったことになるよう惟神の道を歩む、これで決まりです。
　恐怖心がありますと、やがては怒りが生じてまいります。そして怒りは争いに発展します。
　自身をよーく観察しておりますと、怒りが生じる前には必ず恐怖心の存在が認められまして、それは身の危険といったものだけではなく、自分が尊重されていないですとか、疎外感、あるいは誰からも必要とされていないといったような存在意義に至るまでさまざまです。では、その恐怖心がいつ怒りに変化するのか。それは身の安全が確保されたと認識した瞬間ですとか、受け入れてもらえないことに対して開き直った瞬間であります。
　車を運転中、急に目の前に他の車が飛び出してきたら当然急ブレーキを踏みます。
　このときはまだ強い恐怖心を感じております。
　しかし、たとえ車が停車する以前でありましても今までの経験上、ああこれだけの距離とスピードなら何とか衝突は避けられるであろうと脳が判断したその瞬間、恐怖心は怒りに転じるのであります。もちろん停車後の場合でもそうです。ああよかった、ぶつからなかったと安堵のため息をついたその瞬間、恐怖心は消え怒りがわき上がってまいります。
　恐怖心が大きければ大きいほど現れる怒りも強いものになります。
　　ナゼお前はちゃんと前を見てないんだ。
　　どうしてオレに気付かないんだ。
　　もっとオレに気を使え。
　　オレに何かあったらどうしてくれるんだ。
　他の怒りも同じです。

家族に怒りをぶちまける情けない父親もすべて恐怖心が元になっております。
　オレを判ってくれないと。
　うまくいかない自分がバカにされているんではないかと。
　ダメな男だと思われたくないがために。
怒りの心の前には気付かずとも必ず恐怖心があるのであります。
　また、恐怖心は怒りの他に悲しみ、不安、ねたみ、嫉妬、憎しみ、恨みなど、負の感情のすべてに転ずる要因ともなります。
　ですから、何事があろうとも状況をよりよく打破するために最も不必要なもの、それが恐怖心なのであります。
　大自然に呼吸を合わせておりますと、ありのままの大自然は恐怖心を持ち合わせていないことを感ずることができます。
　そこにあるのは、ただただ自らの生命を活かすこと、それのみです。
　人も素のままの我(ワレ)でありますと、恐怖心など一切感じなくなってまいります。
　なぜなら、直霊はそのまま神様の分身であり、すなわち大自然そのものなのですから。
　世界の人々の未来＝81に光＝81が射し、人間＝81らしく暮らすことができる日々が来るよう意乗って。

　以前住んでおりましたところの先200メートルほどにある小高い丘の階段を百五十数段登りますと、視界が開け、大きなお堂に観音様がお祀りしてあります。十一面観音様です。さらに先へ進みますと鎮守の杜(モリ)の神様のお社(ヤシロ)が現れてまいります。いつものように社の前で靴を脱ぎ手を合わせて座っておりました。
　「あなたが今大切にしているもの、以前は毛嫌いしていたものばかりですねえ」
　一体何のことかしらんと思い目を閉じたままでいましたら、次から次へと思いあたることが浮かんでまいりました。
　食生活や色の好み、興味の対象となることから人物に至るまで、今好みとしているものの多くは昔嫌っていたものばかりでした。
　その中でも最たるものが、ひとことで申し上げますと「日本」であり

ます。
　文化風習・祭りごとに人の生き方・接し方。それはもうことごとく反発しておりました。
　ところが歳を重ねてまいりますと、宮司をしておりました血筋のためか、形あるもの無きものにかかわらず風土に根付いた古人たちのよりどころというものに尊さを感じるようになってまいりました。
　そして、それまでさんざん嫌ってきたうしろめたさも加わり、これは大切にせんとあかんなあ、ちゃんと受け継いでまいらんことにはやがて消えて無くなってしまうぞよと、何だか責任感まで持ってしまい現在に至っております。
　しかし、文化を受け継ぐとはどのようなことなのでありましょうか。
　世界遺産に指定されました白川郷の合掌造りにしましても、匠(たくみ)の技にいたしましても、また、白神山地や上高地など大自然に対してもいつまでも残っていて欲しいとは望みます。
　ですが、望むだけであとは人まかせ。一体自分はそれらを後世に残すために、たとえ間接的であっても何か手助けになるようなことをしているのだろうかと神返ましたら、何もありません。
　観光客に覗かれる白川郷の人たちの快適な生活のために何かしたのか。
　匠の技も残ってほしいと思うだけで、その製品を購入することがあるのか。ホームセンターで割安のものばっかり買い求めて。
　長良川や川辺川を自然のまま残すための運動にも参加せずして、残してほしいなどという資格はないのではなかろうか。

　畑が少しだけありましたのでそこに小さな家を建てました。大工さんがですが。
　天井に太い梁(はり)を何本か入れ、高山の骨董屋で求めた自在鉤(じざいかぎ)を囲炉裏(いろり)の上に吊(つる)しました。
　壁は漆くいで、カーテンは一枚もなくすべて障子であります。ですから毎日が飛騨の山里の民宿にいるような気分です。今度、お客さんにお出しするスリッパに"民芸宿　深田屋"の文字を入れてやろうと思っております。
　冬の凍てつく真夜中に、照明を暗くし、火を起こした炭に当たってお

りますと、ピーン、ピーンと炭がうたい出します。高級な炭だけですが、そのような心地いい声を出すのは。

　囲炉裏の炭を火ばしでつっつきながら岩魚(いわな)の骨酒なんぞをなめるようにして物思いにふけっておりますと、少しずつ、だんだんと思い出してくるのであります。

　霊(ヒ)が、血が、以前このようにしていた記憶を。

　どれほど昔のことかは判りませんが、過去に同じことをしておったと。同じ眺めを見ていたと。

　幾日かそのようなことをくり返しておるうちに、はっきりと判ってまいりました。

　この景色はふるさとそのものなのだと。

　何か文化・伝統の継承をしたいとの思いで設計士の加藤紀子さんに無理難題をふっかけて建ててもらった古民家仕様の家ですが、霊と血が大昔の記憶を思い出してくれたのであります。

　ふるさとの山や川にいつまでも残ってもらいたいと望むように、霊も血も文化・伝統を残してほしいと望んでいるのでしょう。

　カヌーイストの野田知佑さんが名古屋にお越しになり、「♪ふるさと」をみんなでうたう機会をもっと増やそうではないかとおっしゃっておりました。

　大変すばらしいことだと思います。

　「大きな古時計」が大ヒットしました。

　若いアーティストがああいった曲をシングルカットすることも喜ばしいことですが、それがヒットチャートで1位になるというのは、今の日本人が求めているものがあの曲にはあるからなのでしょう。

　小学生のころ、音楽の時間に「大きな古時計」をうたいました。けどもうたい進むうちに、まだそのころは健在であった祖父との別れを連想してしまい、涙をこらえながらうたっていたことを憶えております。

　やがて祖父は他界しましたが、時々思い出すことがありますと、必ず頭の中で、♪おじいさんが生まれた朝に　買ってきた時計さ　今はもう動かない　その時計、が流れるようになってしまいました。

　ですから、あの曲がヒットしている間中は、しょっちゅう祖父を思い

出すことができました。
「♪ふるさと」を聞きますと、思い出すことは祖父に限ったことではございませんでして、幼児のころのあらゆることを思い出します。
　家の裏の柿の木、竹林、リヤカー、あぜ道、田んぼでわらを積む祖父母、かまど、杵と臼、由美ちゃん、崩れそうな塀の土壁、父のおみやげの三角チョコレート。
　そして「♪ふるさと」は現代の日本人が最も必要としているものも思い出させてくれます。
　何ひとつ不安なく、安心して身も心もまかせるままにしていた幼き日の、つつみ込まれるようにして抱かれていた母のあたたかみを。

　最近は俳優としてもご活躍ですが、ロックバンドＡＲＢの石橋凌さんはよくこう話されております。音楽関係者から「反戦の歌なんか売れないよ。ラブソングうたわなきゃ駄目だよ」って言われると。けれども凌さんは反戦の歌をうたい続けております。
　凌さん曰く。
　　戦争の愚かさを訴え、平和を願う歌こそが究極のラブソングだと思っている、と。
　かっこいいぞ。ヒュー、ヒュー。
　凌さんとご一緒させていただいた際のことです。
　ベラベラと出しゃばったことを口走ってしまったついでに、3時を過ぎたころでしょうか、酔いにまかせてこのようなことを言ってしまったのであります。
「凌さんにうたってもらいたい曲があるんですけど。…ふるさとを」
「えっ、ふるさとってあの"うさぎ追いし"のふるさと」
「そうです。凌さんがうたわないと駄目なんです」
　酔いが覚めた後、何とも失礼なことを言ってしまったもんだと恥じておりましたが、許していただくことにいたしましょう。
　なぜなら「ふるさと」は、日本人にとって玉し霊のラブソングなのですから。

　もし日本中で「ふるさと」がうたわれるようになりますと、人はきっ

おしまいに　385

と、もっともっとやさしくなれることでありましょう。
　そして忘れていた、本当に大切なものは何かを思い出すのではないでしょうか。
　新しい便利さを作り出すのも大切ですが、今は見失ってしまったものを思い出すことの方が大切な時代なのですから。
　「ふるさと」を国民の歌にしてみてはどうでしょう。

　　うさぎ追いし　かの山
　　小鮒つりし　かの川
　　夢は今も　めぐりて
　　忘れがたき　ふるさと

　　いかにいます　ちちはは
　　つつがなしや　友がき
　　雨に風に　つけても
　　思いいずる　ふるさと

　　こころざしを　はたして
　　いつの日にか　帰らん
　　山は青き　ふるさと
　　水は清き　ふるさと

　　　　　　　　　　　　　（高野辰之・作詞　岡野貞一・作曲）

　我が愛する人類と地球のために「弥栄（イヤサカ）」。

巻末付録・81方陣

　397ページのⒶは、81方陣の中の最も小さな9マスずつのブロック別での縦・横・斜めの和。
　㋹左上角の「9570」は、大四霊界の左上の9つのマス

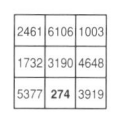

2461	6106	1003
1732	3190	4648
5377	**274**	3919

の縦・横・斜めの和。

　Ⓑは、81の霊界別での縦・横・斜めの和。
　㋹右下角の「29619」は大六霊界の中の51霊界の縦・横・斜めの和。

　Ⓒは1から9までの大霊界別での縦・横・斜めの和。
　㋹中心の「88587」は大五霊界の縦・横・斜めの和。

2458	6103	1000	2863	6508	1405	2296	5941	838	2503	6148	1045	2908	6553	1450	2341	5986	883	2440	6085	982	2845	6490	1387	2278	5923	820
1729	3187	4645	2134	3592	5050	1567	3025	4483	1774	3232	4690	2179	3637	5095	1612	3070	4528	1711	3169	4627	2116	3574	5032	1549	3007	4465
5374	271	3916	5779	676	4321	5212	109	3754	5419	316	3961	5824	721	4366	5257	154	3799	5356	253	3898	5761	658	4303	5194	91	3736
2377	6022	919	2539	6184	1081	2701	6346	1243	2422	6067	964	2584	6229	1126	2746	6391	1288	2359	6004	901	2521	6166	1063	2683	6328	1225
1648	3106	4564	1810	3268	4726	1972	3430	4888	1693	3151	4609	1855	3313	4771	2017	3475	4933	1630	3088	4546	1792	3250	4708	1954	3412	4870
5293	190	3835	5455	352	3997	5617	514	4159	5338	235	3880	5500	397	4042	5662	559	4204	5275	172	3817	5437	334	3979	5599	496	4141
2782	6427	1324	2215	5860	757	2620	6265	1162	2827	6472	1369	2260	5905	802	2665	6310	1207	2764	6409	1306	2197	5842	739	2602	6247	1144
2053	3511	4969	1486	2944	4402	1891	3349	4807	2098	3556	5014	1531	2989	4447	1936	3394	4852	2035	3493	4951	1468	2926	4384	1873	3331	4789
5698	595	4240	5131	28	3673	5536	433	4078	5743	640	4285	5176	73	3718	5581	478	4123	5680	577	4222	5113	10	3655	5518	415	4060
2449	6094	991	2854	6499	1396	2287	5932	829	2467	6112	1009	2872	6517	1414	2305	5950	847	2485	6130	1027	2890	6535	1432	2323	5968	865
1720	3178	4636	2125	3583	5041	1558	3016	4474	1738	3196	4654	2143	3601	5059	1576	3034	4492	1756	3214	4672	2161	3619	5077	1594	3052	4510
5365	262	3907	5770	667	4312	5203	100	3745	5383	280	3925	5788	685	4330	5221	118	3763	5401	298	3943	5806	703	4348	5239	136	3781
2368	6013	910	2530	6175	1072	2692	6337	1234	2386	6031	928	2548	6193	1090	2710	6355	1252	2404	6049	946	2566	6211	1108	2728	6373	1270
1639	3097	4555	1801	3259	4717	1963	3421	4879	1657	3115	4573	1819	3277	4735	1981	3439	4897	1675	3133	4591	1837	3295	4753	1999	3457	4915
5284	181	3826	5446	343	3988	5608	505	4150	5302	199	3844	5464	361	4006	5626	523	4168	5320	217	3862	5482	379	4024	5644	541	4186
2773	6418	1315	2206	5851	748	2611	6256	1153	2791	6436	1333	2224	5869	766	2629	6274	1171	2809	6454	1351	2242	5887	784	2647	6292	1189
2044	3502	4960	1477	2935	4393	1882	3340	4798	2062	3520	4978	1495	2953	4411	1900	3358	4816	2080	3538	4996	1513	2971	4429	1918	3376	4834
5689	586	4231	5122	19	3664	5527	424	4069	5707	604	4249	5140	37	3682	5545	442	4087	5725	622	4267	5158	55	3700	5563	460	4105
2494	6139	1036	2899	6544	1441	2332	5977	874	2431	6076	973	2836	6481	1378	2269	5914	811	2476	6121	1018	2881	6526	1423	2314	5959	856
1765	3223	4681	2170	3628	5086	1603	3061	4519	1702	3160	4618	2107	3565	5023	1540	2998	4456	1747	3205	4663	2152	3610	5068	1585	3043	4501
5410	307	3952	5815	712	4357	5248	145	3790	5347	244	3889	5752	649	4294	5185	82	3727	5392	289	3934	5797	694	4339	5230	127	3772
2413	6058	955	2575	6220	1117	2737	6382	1279	2350	5995	892	2512	6157	1054	2674	6319	1216	2395	6040	937	2557	6202	1099	2719	6364	1261
1684	3142	4600	1846	3304	4762	2008	3466	4924	1621	3079	4537	1783	3241	4699	1945	3403	4861	1666	3124	4582	1828	3286	4744	1990	3448	4906
5329	226	3871	5491	388	4033	5653	550	4195	5266	163	3808	5428	325	3970	5590	487	4132	5311	208	3853	5473	370	4015	5635	532	4177
2818	6463	1360	2251	5896	793	2656	6301	1198	2755	6400	1297	2188	5833	730	2593	6238	1135	2800	6445	1342	2233	5878	775	2638	6283	1180
2089	3547	5005	1522	2980	4438	1927	3385	4843	2026	3484	4942	1459	2917	4375	1864	3322	4780	2071	3529	4987	1504	2962	4420	1909	3367	4825
5734	631	4276	5167	64	3709	5572	469	4114	5671	568	4213	5104	1	3646	5509	406	4051	5716	613	4258	5149	46	3691	5554	451	4096

	1	

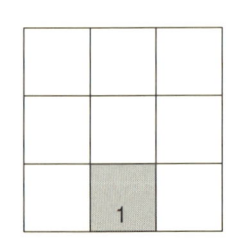

2459	6104	1001	2864	6509	1406	2297	5942	839	2504	6149	1046	2909	6554	1451	2342	5987	884	2441	6086	983	2846	6491	1388	2279	5924	821
1730	3188	4646	2135	3593	5051	1568	3026	4484	1775	3233	4691	2180	3638	5096	1613	3071	4529	1712	3170	4628	2117	3575	5033	1550	3008	4466
5375	272	3917	5780	677	4322	5213	110	3755	5420	317	3962	5825	722	4367	5258	155	3800	5357	254	3899	5762	659	4304	5195	92	3737
2378	6023	920	2540	6185	1082	2702	6347	1244	2423	6068	965	2585	6230	1127	2747	6392	1289	2360	6005	902	2522	6167	1064	2684	6329	1226
1649	3107	4565	1811	3269	4727	1973	3431	4889	1694	3152	4610	1856	3314	4772	2018	3476	4934	1631	3089	4547	1793	3251	4709	1955	3413	4871
5294	191	3836	5456	353	3998	5618	515	4160	5339	236	3881	5501	398	4043	5663	560	4205	5276	173	3818	5438	335	3980	5600	497	4142
2783	6428	1325	2216	5861	758	2621	6266	1163	2828	6473	1370	2261	5906	803	2666	6311	1208	2765	6410	1307	2198	5843	740	2603	6248	1145
2054	3512	4970	1487	2945	4403	1892	3350	4808	2099	3557	5015	1532	2990	4448	1937	3395	4853	2036	3494	4952	1469	2927	4385	1874	3332	4790
5699	596	4241	5132	29	3674	5537	434	4079	5744	641	4286	5177	74	3719	5582	479	4124	5681	578	4223	5114	11	3656	5519	416	4061
2450	6095	992	2855	6500	1397	2288	5933	830	2468	6113	1010	2873	6518	1415	2306	5951	848	2486	6131	1028	2891	6536	1433	2324	5969	866
1721	3179	4637	2126	3584	5042	1559	3017	4475	1739	3197	4655	2144	3602	5060	1577	3035	4493	1757	3215	4673	2162	3620	5078	1595	3053	4511
5366	263	3908	5771	668	4313	5204	101	3746	5384	281	3926	5789	686	4331	5222	119	3764	5402	299	3944	5807	704	4349	5240	137	3782
2369	6014	911	2531	6176	1073	2693	6338	1235	2387	6032	929	2549	6194	1091	2711	6356	1253	2405	6050	947	2567	6212	1109	2729	6374	1271
1640	3098	4556	1802	3260	4718	1964	3422	4880	1658	3116	4574	1820	3278	4736	1982	3440	4898	1676	3134	4592	1838	3296	4754	2000	3458	4916
5285	182	3827	5447	344	3989	5609	506	4151	5303	200	3845	5465	362	4007	5627	524	4169	5321	218	3863	5483	380	4025	5645	542	4187
2774	6419	1316	2207	5852	749	2612	6257	1154	2792	6437	1334	2225	5870	767	2630	6275	1172	2810	6455	1352	2243	5888	785	2648	6293	1190
2045	3503	4961	1478	2936	4394	1883	3341	4799	2063	3521	4979	1496	2954	4412	1901	3359	4817	2081	3539	4997	1514	2972	4430	1919	3377	4835
5690	587	4232	5123	20	3665	5528	425	4070	5708	605	4250	5141	38	3683	5546	443	4088	5726	623	4268	5159	56	3701	5564	461	4106
2495	6140	1037	2900	6545	1442	2333	5978	875	2432	6077	974	2837	6482	1379	2270	5915	812	2477	6122	1019	2882	6527	1424	2315	5960	857
1766	3224	4682	2171	3629	5087	1604	3062	4520	1703	3161	4619	2108	3566	5024	1541	2999	4457	1748	3206	4664	2153	3611	5069	1586	3044	4502
5411	308	3953	5816	713	4358	5249	146	3791	5348	245	3890	5753	650	4295	5186	83	3728	5393	290	3935	5798	695	4340	5231	128	3773
2414	6059	956	2576	6221	1118	2738	6383	1280	2351	5996	893	2513	6158	1055	2675	6320	1217	2396	6041	938	2558	6203	1100	2720	6365	1262
1685	3143	4601	1847	3305	4763	2009	3467	4925	1622	3080	4538	1784	3242	4700	1946	3404	4862	1667	3125	4583	1829	3287	4745	1991	3449	4907
5330	227	3872	5492	389	4034	5654	551	4196	5267	164	3809	5429	326	3971	5591	488	4133	5312	209	3854	5474	371	4016	5636	533	4178
2819	6464	1361	2252	5897	794	2657	6302	1199	2756	6401	1298	2189	5834	731	2594	6239	1136	2801	6446	1343	2234	5879	776	2639	6284	1181
2090	3548	5006	1523	2981	4439	1928	3386	4844	2027	3485	4943	1460	2918	4376	1865	3323	4781	2072	3530	4988	1505	2963	4421	1910	3368	4826
5735	632	4277	5168	65	3710	5573	470	4115	5672	569	4214	5105	2	3647	5510	407	4052	5717	614	4259	5150	47	3692	5555	452	4097

		2

2460	6105	1002	2865	6510	1407	2298	5943	840	2505	6150	1047	2910	6555	1452	2343	5988	885	2442	6087	984	2847	6492	1389	2280	5925	822
1731	3189	4647	2136	3594	5052	1569	3027	4485	1776	3234	4692	2181	3639	5097	1614	3072	4530	1713	3171	4629	2118	3576	5034	1551	3009	4467
5376	273	3918	5781	678	4323	5214	111	3756	5421	318	3963	5826	723	4368	5259	156	3801	5358	255	3900	5763	660	4305	5196	93	3738
2379	6024	921	2541	6186	1083	2703	6348	1245	2424	6069	966	2586	6231	1128	2748	6393	1290	2361	6006	903	2523	6168	1065	2685	6330	1227
1650	3108	4566	1812	3270	4728	1974	3432	4890	1695	3153	4611	1857	3315	4773	2019	3477	4935	1632	3090	4548	1794	3252	4710	1956	3414	4872
5295	192	3837	5457	354	3999	5619	516	4161	5340	237	3882	5502	399	4044	5664	561	4206	5277	174	3819	5439	336	3981	5601	498	4143
2784	6429	1326	2217	5862	759	2622	6267	1164	2829	6474	1371	2262	5907	804	2667	6312	1209	2766	6411	1308	2199	5844	741	2604	6249	1146
2055	3513	4971	1488	2946	4404	1893	3351	4809	2100	3558	5016	1533	2991	4449	1938	3396	4854	2037	3495	4953	1470	2928	4386	1875	3333	4791
5700	597	4242	5133	30	3675	5538	435	4080	5745	642	4287	5178	75	3720	5583	480	4125	5682	579	4224	5115	12	3657	5520	417	4062
2451	6096	993	2856	6501	1398	2289	5934	831	2469	6114	1011	2874	6519	1416	2307	5952	849	2487	6132	1029	2892	6537	1434	2325	5970	867
1722	3180	4638	2127	3585	5043	1560	3018	4476	1740	3198	4656	2145	3603	5061	1578	3036	4494	1758	3216	4674	2163	3621	5079	1596	3054	4512
5367	264	3909	5772	669	4314	5205	102	3747	5385	282	3927	5790	687	4332	5223	120	3765	5403	300	3945	5808	705	4350	5241	138	3783
2370	6015	912	2532	6177	1074	2694	6339	1236	2388	6033	930	2550	6195	1092	2712	6357	1254	2406	6051	948	2568	6213	1110	2730	6375	1272
1641	3099	4557	1803	3261	4719	1965	3423	4881	1659	3117	4575	1821	3279	4737	1983	3441	4899	1677	3135	4593	1839	3297	4755	2001	3459	4917
5286	183	3828	5448	345	3990	5610	507	4152	5304	201	3846	5466	363	4008	5628	525	4170	5322	219	3864	5484	381	4026	5646	543	4188
2775	6420	1317	2208	5853	750	2613	6258	1155	2793	6438	1335	2226	5871	768	2631	6276	1173	2811	6456	1353	2244	5889	786	2649	6294	1191
2046	3504	4962	1479	2937	4395	1884	3342	4800	2064	3522	4980	1497	2955	4413	1902	3360	4818	2082	3540	4998	1515	2973	4431	1920	3378	4836
5691	588	4233	5124	21	3666	5529	426	4071	5709	606	4251	5142	39	3684	5547	444	4089	5727	624	4269	5160	57	3702	5565	462	4107
2496	6141	1038	2901	6546	1443	2334	5979	876	2433	6078	975	2838	6483	1380	2271	5916	813	2478	6123	1020	2883	6528	1425	2316	5961	858
1767	3225	4683	2172	3630	5088	1605	3063	4521	1704	3162	4620	2109	3567	5025	1542	3000	4458	1749	3207	4665	2154	3612	5070	1587	3045	4503
5412	309	3954	5817	714	4359	5250	147	3792	5349	246	3891	5754	651	4296	5187	84	3729	5394	291	3936	5799	696	4341	5232	129	3774
2415	6060	957	2577	6222	1119	2739	6384	1281	2352	5997	894	2514	6159	1056	2676	6321	1218	2397	6042	939	2559	6204	1101	2721	6366	1263
1686	3144	4602	1848	3306	4764	2010	3468	4926	1623	3081	4539	1785	3243	4701	1947	3405	4863	1668	3126	4584	1830	3288	4746	1992	3450	4908
5331	228	3873	5493	390	4035	5655	552	4197	5268	165	3810	5430	327	3972	5592	489	4134	5313	210	3855	5475	372	4017	5637	534	4179
2820	6465	1362	2253	5898	795	2658	6303	1200	2757	6402	1299	2190	5835	732	2595	6240	1137	2802	6447	1344	2235	5880	777	2640	6285	1182
2091	3549	5007	1524	2982	4440	1929	3387	4845	2028	3486	4944	1461	2919	4377	1866	3324	4782	2073	3531	4989	1506	2964	4422	1911	3369	4827
5736	633	4278	5169	66	3711	5574	471	4116	5673	570	4215	5106	3	3648	5511	408	4053	5718	615	4260	5151	48	3693	5556	453	4098

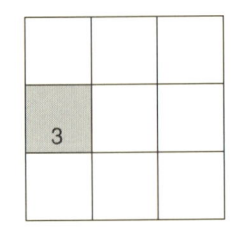

3		

390

2461	6106	1003	2866	6511	1408	2299	5944	841	2506	6151	1048	2911	6556	1453	2344	5989	886	2443	6088	985	2848	6493	1390	2281	5926	823
1732	3190	4648	2137	3595	5053	1570	3028	4386	1777	3235	4693	2182	3640	5098	1615	3073	4531	1714	3172	4630	2119	3577	5035	1552	3010	4468
5377	274	3919	5782	679	4324	5215	112	3757	5422	319	3964	5827	724	4369	5260	157	3802	5359	256	3901	5764	661	4306	5197	94	3739
2380	6025	922	2542	6187	1084	2704	6349	1246	2425	6070	967	2587	6232	1129	2749	6394	1291	2362	6007	904	2524	6169	1066	2686	6331	1228
1651	3109	4567	1813	3271	4729	1975	3433	4891	1696	3154	4612	1858	3316	4774	2020	3478	4936	1633	3091	4549	1795	3253	4711	1957	3415	4873
5296	193	3838	5458	355	4000	5620	517	4162	5341	238	3883	5503	400	4045	5665	562	4207	5278	175	3820	5440	337	3982	5602	499	4144
2785	6430	1327	2218	5863	760	2623	6268	1165	2830	6475	1372	2263	5908	805	2668	6313	1210	2767	6412	1309	2200	5845	742	2605	6250	1147
2056	3514	4972	1489	2947	4405	1894	3352	4810	2101	3559	5017	1534	2992	4450	1939	3397	4855	2038	3496	4954	1471	2929	4387	1876	3334	4792
5701	598	4243	5134	31	3676	5539	436	4081	5746	643	4288	5179	76	3721	5584	481	4126	5683	580	4225	5116	13	3658	5521	418	4063
2452	6097	994	2857	6502	1399	2290	5935	832	2470	6115	1012	2875	6520	1417	2308	5953	850	2488	6133	1030	2893	6538	1435	2326	5971	868
1723	3181	4639	2128	3586	5044	1561	3019	4477	1741	3199	4657	2146	3604	5062	1579	3037	4495	1759	3217	4675	2164	3622	5080	1597	3055	4513
5368	265	3910	5773	670	4315	5206	103	3748	5386	283	3928	5791	688	4333	5224	121	3766	5404	301	3946	5809	706	4351	5242	139	3784
2371	6016	913	2533	6178	1075	2695	6340	1237	2389	6034	931	2551	6196	1093	2713	6358	1255	2407	6052	949	2569	6214	1111	2731	6376	1273
1642	3100	4558	1804	3262	4720	1966	3424	4882	1660	3118	4576	1822	3280	4738	1984	3442	4900	1678	3136	4594	1840	3298	4756	2002	3460	4918
5287	184	3829	5449	346	3991	5611	508	4153	5305	202	3847	5467	364	4009	5629	526	4171	5323	220	3865	5485	382	4027	5647	544	4189
2776	6421	1318	2209	5854	751	2614	6259	1156	2794	6439	1336	2227	5872	769	2632	6277	1174	2812	6457	1354	2245	5890	787	2650	6295	1192
2047	3505	4963	1480	2938	4396	1885	3343	4801	2065	3523	4981	1498	2956	4414	1903	3361	4819	2083	3541	4999	1516	2974	4432	1921	3379	4837
5692	589	4234	5125	22	3667	5530	427	4072	5710	607	4252	5143	40	3685	5548	445	4090	5728	625	4270	5161	58	3703	5566	463	4108
2497	6142	1039	2902	6547	1444	2335	5980	877	2434	6079	976	2839	6484	1381	2272	5917	814	2479	6124	1021	2884	6529	1426	2317	5962	859
1768	3226	4684	2173	3631	5089	1606	3064	4522	1705	3163	4621	2110	3568	5026	1543	3001	4459	1750	3208	4666	2155	3613	5071	1588	3046	4504
5413	310	3955	5818	715	4360	5251	148	3793	5350	247	3892	5755	652	4297	5188	85	3730	5395	292	3937	5800	697	4342	5233	130	3775
2416	6061	958	2578	6223	1120	2740	6385	1282	2353	5998	895	2515	6160	1057	2677	6322	1219	2398	6043	940	2560	6205	1102	2722	6367	1264
1687	3145	4603	1849	3307	4765	2011	3469	4927	1624	3082	4540	1786	3244	4702	1948	3406	4864	1669	3127	4585	1831	3289	4747	1993	3451	4909
5332	229	3874	5494	391	4036	5656	553	4198	5269	166	3811	5431	328	3973	5593	490	4135	5314	211	3856	5476	373	4018	5638	535	4180
2021	0400	1303	2254	5899	796	2659	6304	1201	2758	6403	1300	2191	5836	733	2596	6241	1138	2803	6448	1345	2236	5881	778	2641	6286	1183
2092	3550	5008	1525	2983	4441	1930	3388	4846	2029	3487	4945	1462	2920	4378	1867	3325	4783	2074	3532	4990	1507	2965	4423	1912	3370	4828
5737	634	4279	5170	67	3712	5575	472	4117	5674	571	4216	5107	4	3649	5512	409	4054	5719	616	4261	5152	49	3694	5557	454	4099

4		

2462	6107	1004	2867	6512	1409	2300	5945	842	2507	6152	1049	2912	6557	1454	2345	5990	887	2444	6089	986	2849	6494	1391	2282	5927	824
1733	3191	4649	2138	3596	5054	1571	3029	4487	1778	3236	4694	2183	3641	5099	1616	3074	4532	1715	3173	4631	2120	3578	5036	1553	3011	4469
5378	275	3920	5783	680	4325	5216	113	3758	5423	320	3965	5828	725	4370	5261	158	3803	5360	257	3902	5765	662	4307	5198	95	3740
2381	6026	923	2543	6188	1085	2705	6350	1247	2426	6071	968	2588	6233	1130	2750	6395	1292	2363	6008	905	2525	6170	1067	2687	6332	1229
1652	3110	4568	1814	3272	4730	1976	3434	4892	1697	3155	4613	1859	3317	4775	2021	3479	4937	1634	3092	4550	1796	3254	4712	1958	3416	4874
5297	194	3839	5459	356	4001	5621	518	4163	5342	239	3884	5504	401	4046	5666	563	4208	5279	176	3821	5441	338	3983	5603	500	4145
2786	6431	1328	2219	5864	761	2624	6269	1166	2831	6476	1373	2264	5909	806	2669	6314	1211	2768	6413	1310	2201	5846	743	2606	6251	1148
2057	3515	4973	1490	2948	4406	1895	3353	4811	2102	3560	5018	1535	2993	4451	1940	3398	4856	2039	3497	4955	1472	2930	4388	1877	3335	4793
5702	599	4244	5135	**32**	3677	5540	437	4082	5747	644	4289	5180	**77**	3722	5585	482	4127	5684	581	4226	5117	**14**	3659	5522	419	4064
2453	6098	995	2858	6503	1400	2291	5936	833	2471	6116	1013	2876	6521	1418	2309	5954	851	2489	6134	1031	2894	6539	1436	2327	5972	869
1724	3182	4640	2129	3587	5045	1562	3020	4478	1742	3200	4658	2147	3605	5063	1580	3038	4496	1760	3218	4676	2165	3623	5081	1598	3056	4514
5369	266	3911	5774	671	4316	5207	104	3749	5387	284	3929	5792	689	4334	5225	122	3767	5405	302	3947	5810	707	4352	5243	140	3785
2372	6017	914	2534	6179	1076	2696	6341	1238	2390	6035	932	2552	6197	1094	2714	6359	1256	2408	6053	950	2570	6215	1112	2732	6377	1274
1643	3101	4559	1805	3263	4721	1967	3425	4883	1661	3119	4577	1823	3281	4739	1985	3443	4901	1679	3137	4595	1841	3299	4757	2003	3461	4919
5288	185	3830	5450	347	3992	5612	509	4154	5306	203	3848	5468	365	4010	5630	527	4172	5324	221	3866	5486	383	4028	5648	545	4190
2777	6422	1319	2210	5855	752	2615	6260	1157	2795	6440	1337	2228	5873	770	2633	6278	1175	2813	6458	1355	2246	5891	788	2651	6296	1193
2048	3506	4964	1481	2939	4397	1886	3344	4802	2066	3524	4982	1499	2957	4415	1904	3362	4820	2084	3542	5000	1517	2975	4433	1922	3380	4838
5693	590	4235	5126	**23**	3668	5531	428	4073	5711	608	4253	5144	**41**	3686	5549	446	4091	5729	626	4271	5162	**59**	3704	5567	464	4109
2498	6143	1040	2903	6548	1445	2336	5981	878	2435	6080	977	2840	6485	1382	2273	5918	815	2480	6125	1022	2885	6530	1427	2318	5963	860
1769	3227	4685	2174	3632	5090	1607	3065	4523	1706	3164	4622	2111	3569	5027	1544	3002	4460	1751	3209	4667	2156	3614	5072	1589	3047	4505
5414	311	3956	5819	716	4361	5252	149	3794	5351	248	3893	5756	653	4298	5189	86	3731	5396	293	3938	5801	698	4343	5234	131	3776
2417	6062	959	2579	6224	1121	2741	6386	1283	2354	5999	896	2516	6161	1058	2678	6323	1220	2399	6044	941	2561	6206	1103	2723	6368	1265
1688	3146	4604	1850	3308	4766	2012	3470	4928	1625	3083	4541	1787	3245	4703	1949	3407	4865	1670	3128	4586	1832	3290	4748	1994	3452	4910
5333	230	3875	5495	392	4037	5657	554	4199	5270	167	3812	5432	329	3974	5594	491	4136	5315	212	3857	5477	374	4019	5639	536	4181
2822	6467	1364	2255	5900	797	2660	6305	1202	2759	6404	1301	2192	5837	734	2597	6242	1139	2804	6449	1346	2237	5882	779	2642	6287	1184
2093	3551	5009	1526	2984	4442	1931	3389	4847	2030	3488	4946	1463	2921	4379	1868	3326	4784	2075	3533	4991	1508	2966	4424	1913	3371	4829
5738	635	4280	5171	**68**	3713	5576	473	4118	5675	572	4217	5108	**5**	3650	5513	410	4055	5720	617	4262	5153	**50**	3695	5558	455	4100

	5	

2463	6108	1005	2868	6513	1410	2301	5946	843	2508	6153	1050	2913	6558	1455	2346	5991	888	2445	6090	987	2850	6495	1392	2283	5928	825
1734	3192	4650	2139	3597	5055	1572	3030	4488	1779	3237	4695	2184	3642	5100	1617	3075	4533	1716	3174	4632	2121	3579	5037	1554	3012	4470
5379	276	3921	5784	681	4326	5217	114	3759	5424	321	3966	5829	726	4371	5262	159	3804	5361	258	3903	5766	663	4308	5199	96	3741
2382	6027	924	2544	6189	1086	2706	6351	1248	2427	6072	969	2589	6234	1131	2751	6396	1293	2364	6009	906	2526	6171	1068	2688	6333	1230
1653	3111	4569	1815	3273	4731	1977	3435	4893	1698	3156	4614	1860	3318	4776	2022	3480	4938	1635	3093	4551	1797	3255	4713	1959	3417	4875
5298	195	3840	5460	357	4002	5622	519	4164	5343	240	3885	5505	402	4047	5667	564	4209	5280	177	3822	5442	339	3984	5604	501	4146
2787	6432	1329	2220	5865	762	2625	6270	1167	2832	6477	1374	2265	5910	807	2670	6315	1212	2769	6414	1311	2202	5847	744	2607	6252	1149
2058	3516	4974	1491	2949	4407	1896	3354	4812	2103	3561	5019	1536	2994	4452	1941	3399	4857	2040	3498	4956	1473	2931	4389	1878	3336	4794
5703	600	4245	5136	33	3678	5541	438	4083	5748	645	4290	5181	78	3723	5586	483	4128	5685	582	4227	5118	15	3660	5523	420	4065
2454	6099	996	2859	6504	1401	2292	5937	834	2472	6117	1014	2877	6522	1419	2310	5955	852	2490	6135	1032	2895	6540	1437	2328	5973	870
1725	3183	4641	2130	3588	5046	1563	3021	4479	1743	3201	4659	2148	3606	5064	1581	3039	4497	1761	3219	4677	2166	3624	5082	1599	3057	4515
5370	267	3912	5775	672	4317	5208	105	3750	5388	285	3930	5793	690	4335	5226	123	3768	5406	303	3948	5811	708	4353	5244	141	3786
2373	6018	915	2535	6180	1077	2697	6342	1239	2391	6036	933	2553	6198	1095	2715	6360	1257	2409	6054	951	2571	6216	1113	2733	6378	1275
1644	3102	4560	1806	3264	4722	1968	3426	4884	1662	3120	4578	1824	3282	4740	1986	3444	4902	1680	3138	4596	1842	3300	4758	2004	3462	4920
5289	186	3831	5451	348	3993	5613	510	4155	5307	204	3849	5469	366	4011	5631	528	4173	5325	222	3867	5487	384	4029	5649	546	4191
2778	6423	1320	2211	5856	753	2616	6261	1158	2796	6441	1338	2229	5874	771	2634	6279	1176	2814	6459	1356	2247	5892	789	2652	6297	1194
2049	3507	4965	1482	2940	4398	1887	3345	4803	2067	3525	4983	1500	2958	4416	1905	3363	4821	2085	3543	5001	1518	2976	4434	1923	3381	4839
5694	591	4236	5127	24	3669	5532	429	4074	5712	609	4254	5145	42	3687	5550	447	4092	5730	627	4272	5163	60	3705	5568	465	4110
2499	6144	1041	2904	6549	1446	2337	5982	879	2436	6081	978	2841	6486	1383	2274	5919	816	2481	6126	1023	2886	6531	1428	2319	5964	861
1770	3228	4686	2175	3633	5091	1608	3066	4524	1707	3165	4623	2112	3570	5028	1545	3003	4461	1752	3210	4668	2157	3615	5073	1590	3048	4506
5415	312	3957	5820	717	4362	5253	150	3795	5352	249	3894	5757	654	4299	5190	87	3732	5397	294	3939	5802	699	4344	5235	132	3777
2418	6063	960	2580	6225	1122	2742	6387	1284	2355	6000	897	2517	6162	1059	2679	6324	1221	2400	6045	942	2562	6207	1104	2724	6369	1266
1689	3147	4605	1851	3309	4767	2013	3471	4929	1626	3084	4542	1788	3246	4704	1950	3408	4866	1671	3129	4587	1833	3291	4749	1995	3453	4911
5334	231	3876	5496	393	4038	5658	555	4200	5271	168	3813	5433	330	3975	5595	492	4137	5316	213	3858	5478	375	4020	5640	537	4182
2823	6468	1365	2256	5901	798	2661	6306	1203	2760	6405	1302	2193	5838	735	2598	6243	1140	2805	6450	1347	2238	5883	780	2643	6288	1185
2094	3552	5010	1527	2985	4443	1932	3390	4848	2031	3489	4947	1464	2922	4380	1869	3327	4785	2076	3534	4992	1509	2967	4425	1914	3372	4830
5739	636	4281	5172	69	3714	5577	474	4119	5676	573	4218	5109	6	3651	5514	411	4056	5721	618	4263	5154	51	3696	5559	456	4101

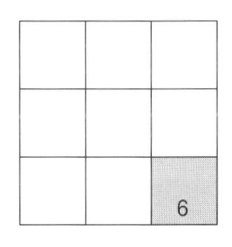

		6

2464	6109	1006	2869	6514	1411	2302	5947	844	2509	6154	1051	2914	6559	1456	2347	5992	889	2446	6091	988	2851	6496	1393	2284	5929	826
1735	3193	4651	2140	3598	5056	1573	3031	4489	1780	3238	4696	2185	3643	5101	1618	3076	4534	1717	3175	4633	2122	3580	5038	1555	3013	4471
5380	277	3922	5785	682	4327	5218	115	3760	5425	322	3967	5830	727	4372	5263	160	3805	5362	259	3904	5767	664	4309	5200	97	3742
2383	6028	925	2545	6190	1087	2707	6352	1249	2428	6073	970	2590	6235	1132	2752	6397	1294	2365	6010	907	2527	6172	1069	2689	6334	1231
1654	3112	4570	1816	3274	4732	1978	3436	4894	1699	3157	4615	1861	3319	4777	2023	3481	4939	1636	3094	4552	1798	3256	4714	1960	3418	4876
5299	196	3841	5461	358	4003	5623	520	4165	5344	241	3886	5506	403	4048	5668	565	4210	5281	178	3823	5443	340	3985	5605	502	4147
2788	6433	1330	2221	5866	763	2626	6271	1168	2833	6478	1375	2266	5911	808	2671	6316	1213	2770	6415	1312	2203	5848	745	2608	6253	1150
2059	3517	4975	1492	2950	4408	1897	3355	4813	2104	3562	5020	1537	2995	4453	1942	3400	4858	2041	3499	4957	1474	2932	4390	1879	3337	4795
5704	601	4246	5137	**34**	3679	5542	439	4084	5749	646	4291	5182	**79**	3724	5587	484	4129	5686	583	4228	5119	**16**	3661	5524	421	4066
2455	6100	997	2860	6505	1402	2293	5938	835	2473	6118	1015	2878	6523	1420	2311	5956	853	2491	6136	1033	2896	6541	1438	2329	5974	871
1726	3184	4642	2131	3589	5047	1564	3022	4480	1744	3202	4660	2149	3607	5065	1582	3040	4498	1762	3220	4678	2167	3625	5083	1600	3058	4516
5371	268	3913	5776	673	4318	5209	106	3751	5389	286	3931	5794	691	4336	5227	124	3769	5407	304	3949	5812	709	4354	5245	142	3787
2374	6019	916	2536	6181	1078	2698	6343	1240	2392	6037	934	2554	6199	1096	2716	6361	1258	2410	6055	952	2572	6217	1114	2734	6379	1276
1645	3103	4561	1807	3265	4723	1969	3427	4885	1663	3121	4579	1825	3283	4741	1987	3445	4903	1681	3139	4597	1843	3301	4759	2005	3463	4921
5290	187	3832	5452	349	3994	5614	511	4156	5308	205	3850	5470	367	4012	5632	529	4174	5326	223	3868	5488	385	4030	5650	547	4192
2779	6424	1321	2212	5857	754	2617	6262	1159	2797	6442	1339	2230	5875	772	2635	6280	1177	2815	6460	1357	2248	5893	790	2653	6298	1195
2050	3508	4966	1483	2941	4399	1888	3346	4804	2068	3526	4984	1501	2959	4417	1906	3364	4822	2086	3544	5002	1519	2977	4435	1924	3382	4840
5695	592	4237	5128	**25**	3670	5533	430	4075	5713	610	4255	5146	**43**	3688	5551	448	4093	5731	628	4273	5164	**61**	3706	5569	466	4111
2500	6145	1042	2905	6550	1447	2338	5983	880	2437	6082	979	2842	6487	1384	2275	5920	817	2482	6127	1024	2887	6532	1429	2320	5965	862
1771	3229	4687	2176	3634	5092	1609	3067	4525	1708	3166	4624	2113	3571	5029	1546	3004	4462	1753	3211	4669	2158	3616	5074	1591	3049	4507
5416	313	3958	5821	718	4363	5254	151	3796	5353	250	3895	5758	655	4300	5191	88	3733	5398	295	3940	5803	700	4345	5236	133	3778
2419	6064	961	2581	6226	1123	2743	6388	1285	2356	6001	898	2518	6163	1060	2680	6325	1222	2401	6046	943	2563	6208	1105	2725	6370	1267
1690	3148	4606	1852	3310	4768	2014	3472	4930	1627	3085	4543	1789	3247	4705	1951	3409	4867	1672	3130	4588	1834	3292	4750	1996	3454	4912
5335	232	3877	5497	394	4039	5659	556	4201	5272	169	3814	5434	331	3976	5596	493	4138	5317	214	3859	5479	376	4021	5641	538	4183
2824	6469	1366	2257	5902	799	2662	6307	1204	2761	6406	1303	2194	5839	736	2599	6244	1141	2806	6451	1348	2239	5884	781	2644	6289	1186
2095	3553	5011	1528	2986	4444	1933	3391	4849	2032	3490	4948	1465	2923	4381	1870	3328	4786	2077	3535	4993	1510	2968	4426	1915	3373	4831
5740	637	4282	5173	**70**	3715	5578	475	4120	5677	574	4219	5110	**7**	3652	5515	412	4057	5722	619	4264	5155	**52**	3697	5560	457	4102

2465	6110	1007	2870	6515	1412	2303	5948	845	2510	6155	1052	2915	6560	1457	2348	5993	890	2447	6092	989	2852	6497	1394	2285	5930	827
1736	3194	4652	2141	3599	5057	1574	3032	4490	1781	3239	4697	2186	3644	5102	1619	3077	4535	1718	3176	4634	2123	3581	5039	1556	3014	4472
5381	278	3923	5786	683	4328	5219	116	3761	5426	323	3968	5831	728	4373	5264	161	3806	5363	260	3905	5768	665	4310	5201	98	3743
2384	6029	926	2546	6191	1088	2708	6353	1250	2429	6074	971	2591	6236	1133	2753	6398	1295	2366	6011	908	2528	6173	1070	2690	6335	1232
1655	3113	4571	1817	3275	4733	1979	3437	4895	1700	3158	4616	1862	3320	4778	2024	3482	4940	1637	3095	4553	1799	3257	4715	1961	3419	4877
5300	197	3842	5462	359	4004	5624	521	4166	5345	242	3887	5507	404	4049	5669	566	4211	5282	179	3824	5444	341	3986	5606	503	4148
2789	6434	1331	2222	5867	764	2627	6272	1169	2834	6479	1376	2267	5912	809	2672	6317	1214	2771	6416	1313	2204	5849	746	2609	6254	1151
2060	3518	4976	1493	2951	4409	1898	3356	4814	2105	3563	5021	1538	2996	4454	1943	3401	4859	2042	3500	4958	1475	2933	4391	1880	3338	4796
5705	602	4247	5138	35	3680	5543	440	4085	5750	647	4292	5183	80	3725	5588	485	4130	5687	584	4229	5120	17	3662	5525	422	4067
2456	6101	998	2861	6506	1403	2294	5939	836	2474	6119	1016	2879	6524	1421	2312	5957	854	2492	6137	1034	2897	6542	1439	2330	5975	872
1727	3185	4643	2132	3590	5048	1565	3023	4481	1745	3203	4661	2150	3608	5066	1583	3041	4499	1763	3221	4679	2168	3626	5084	1601	3059	4517
5372	269	3914	5777	674	4319	5210	107	3752	5390	287	3932	5795	692	4337	5228	125	3770	5408	305	3950	5813	710	4355	5246	143	3788
2375	6020	917	2537	6182	1079	2699	6344	1241	2393	6038	935	2555	6200	1097	2717	6362	1259	2411	6056	953	2573	6218	1115	2735	6380	1277
1646	3104	4562	1808	3266	4724	1970	3428	4886	1664	3122	4580	1826	3284	4742	1988	3446	4904	1682	3140	4598	1844	3302	4760	2006	3464	4922
5291	188	3833	5453	350	3995	5615	512	4157	5309	206	3851	5471	368	4013	5633	530	4175	5327	224	3869	5489	386	4031	5651	548	4193
2780	6425	1322	2213	5858	755	2618	6263	1160	2798	6443	1340	2231	5876	773	2636	6281	1178	2816	6461	1358	2249	5894	791	2654	6299	1196
2051	3509	4967	1484	2942	4400	1889	3347	4805	2069	3527	4985	1502	2960	4418	1907	3365	4823	2087	3545	5003	1520	2978	4436	1925	3383	4841
5696	593	4238	5129	26	3671	5534	431	4076	5714	611	4256	5147	44	3689	5552	449	4094	5732	629	4274	5165	62	3707	5570	467	4112
2501	6146	1043	2906	6551	1448	2339	5984	881	2438	6083	980	2843	6488	1385	2276	5921	818	2483	6128	1025	2888	6533	1430	2321	5966	863
1772	3230	4688	2177	3635	5093	1610	3068	4526	1709	3167	4625	2114	3572	5030	1547	3005	4463	1754	3212	4670	2159	3617	5075	1592	3050	4508
5417	314	3959	5822	719	4364	5255	152	3797	5354	251	3896	5759	656	4301	5192	89	3734	5399	296	3941	5804	701	4346	5237	134	3779
2420	6065	962	2582	6227	1124	2744	6389	1286	2357	6002	899	2519	6164	1061	2681	6326	1223	2402	6047	944	2564	6209	1106	2726	6371	1268
1691	3149	4607	1853	3311	4769	2015	3473	4931	1628	3086	4544	1790	3248	4706	1952	3410	4868	1673	3131	4589	1835	3293	4751	1997	3455	4913
5336	233	3878	5498	395	4040	5660	557	4202	5273	170	3815	5435	332	3977	5597	494	4139	5318	215	3860	5480	377	4022	5642	539	4184
2825	6470	1367	2258	5903	800	2663	6308	1205	2762	6407	1304	2195	5840	737	2600	6245	1142	2807	6452	1349	2240	5885	782	2645	6290	1187
2096	3554	5012	1529	2987	4445	1934	3392	4850	2033	3491	4949	1466	2924	4382	1871	3329	4787	2078	3536	4994	1511	2969	4427	1916	3374	4832
5741	638	4283	5174	71	3716	5579	476	4121	5678	575	4220	5111	8	3653	5516	413	4058	5723	620	4265	5156	53	3698	5561	458	4103

2466	6111	1008	2871	6516	1413	2304	5949	846	2511	6156	1053	2916	6561	1458	2349	5994	891	2448	6093	990	2853	6498	1395	2286	5931	828
1737	3195	4653	2142	3600	5058	1575	3033	4491	1782	3240	4698	2187	3645	5103	1620	3078	4536	1719	3177	4635	2124	3582	5040	1557	3015	4473
5382	279	3924	5787	684	4329	5220	117	3762	5427	324	3969	5832	729	4374	5265	162	3807	5364	261	3906	5769	666	4311	5202	99	3744
2385	6030	927	2547	6192	1089	2709	6354	1251	2430	6075	972	2592	6237	1134	2754	6399	1296	2367	6012	909	2529	6174	1071	2691	6336	1233
1656	3114	4572	1818	3276	4734	1980	3438	4896	1701	3159	4617	1863	3321	4779	2025	3483	4941	1638	3096	4554	1800	3258	4716	1962	3420	4878
5301	198	3843	5463	360	4005	5625	522	4167	5346	243	3888	5508	405	4050	5670	567	4212	5283	180	3825	5445	342	3987	5607	504	4149
2790	6435	1332	2223	5868	765	2628	6273	1170	2835	6480	1377	2268	5913	810	2673	6318	1215	2772	6417	1314	2205	5850	747	2610	6255	1152
2061	3519	4977	1494	2952	4410	1899	3357	4815	2106	3564	5022	1539	2997	4455	1944	3402	4860	2043	3501	4959	1476	2934	4392	1881	3339	4797
5706	603	4248	5139	36	3681	5544	441	4086	5751	648	4293	5184	81	3726	5589	486	4131	5688	585	4230	5121	18	3663	5526	423	4068
2457	6102	999	2862	6507	1404	2295	5940	837	2475	6120	1017	2880	6525	1422	2313	5958	855	2493	6138	1035	2898	6543	1440	2331	5976	873
1728	3186	4644	2133	3591	5049	1566	3024	4482	1746	3204	4662	2151	3609	5067	1584	3042	4500	1764	3222	4680	2169	3627	5085	1602	3060	4518
5373	270	3915	5778	675	4320	5211	108	3753	5391	288	3933	5796	693	4338	5229	126	3771	5409	306	3951	5814	711	4356	5247	144	3789
2376	6021	918	2538	6183	1080	2700	6345	1242	2394	6039	936	2556	6201	1098	2718	6363	1260	2412	6057	954	2574	6219	1116	2736	6381	1278
1647	3105	4563	1809	3267	4725	1971	3429	4887	1665	3123	4581	1827	3285	4743	1989	3447	4905	1683	3141	4599	1845	3303	4761	2007	3465	4923
5292	189	3834	5454	351	3996	5616	513	4158	5310	207	3852	5472	369	4014	5634	531	4176	5328	225	3870	5490	387	4032	5652	549	4194
2781	6426	1323	2214	5859	756	2619	6264	1161	2799	6444	1341	2232	5877	774	2637	6282	1179	2817	6462	1359	2250	5895	792	2655	6300	1197
2052	3510	4968	1485	2943	4401	1890	3348	4806	2070	3528	4986	1503	2961	4419	1908	3366	4824	2088	3546	5004	1521	2979	4437	1926	3384	4842
5697	594	4239	5130	27	3672	5535	432	4077	5715	612	4257	5148	45	3690	5553	450	4095	5733	630	4275	5166	63	3708	5571	468	4113
2502	6147	1044	2907	6552	1449	2340	5985	882	2439	6084	981	2844	6489	1386	2277	5922	819	2484	6129	1026	2889	6534	1431	2322	5967	864
1773	3231	4689	2178	3636	5094	1611	3069	4527	1710	3168	4626	2115	3573	5031	1548	3006	4464	1755	3213	4671	2160	3618	5076	1593	3051	4509
5418	315	3960	5823	720	4365	5256	153	3798	5355	252	3897	5760	657	4302	5193	90	3735	5400	297	3942	5805	702	4347	5238	135	3780
2421	6066	963	2583	6228	1125	2745	6390	1287	2358	6003	900	2520	6165	1062	2682	6327	1224	2403	6048	945	2565	6210	1107	2727	6372	1269
1692	3150	4608	1854	3312	4770	2016	3474	4932	1629	3087	4545	1791	3249	4707	1953	3411	4869	1674	3132	4590	1836	3294	4752	1998	3456	4914
5337	234	3879	5499	396	4041	5661	558	4203	5274	171	3816	5436	333	3978	5598	495	4140	5319	216	3861	5481	378	4023	5643	540	4185
2826	6471	1368	2259	5904	801	2664	6309	1206	2763	6408	1305	2196	5841	738	2601	6246	1143	2808	6453	1350	2241	5886	783	2646	6291	1188
2097	3555	5013	1530	2988	4446	1935	3393	4851	2034	3492	4950	1467	2925	4383	1872	3330	4788	2079	3537	4995	1512	2970	4428	1917	3375	4833
5742	639	4284	5175	72	3717	5580	477	4122	5679	576	4221	5112	9	3654	5517	414	4059	5724	621	4266	5157	54	3699	5562	459	4104

	9	

- 81×81方陣。　1～6561
- 中心　3281
- 縦、横、斜めの和　265761
- 他は9×9方陣、27×27方陣の法則参照

〈参考文献〉

『古神道入門　神ながらの伝統』(小林美元　評言社)
『仏陀出現のメカニズム』(山口修源　国書刊行会)
『水は答えを知っている』(江本勝　サンマーク出版)
『古神道の本』(学研)
『数字にまつわる世にも不思議な事件簿』(並木伸一郎　二見文庫)
『時間の不思議』(博学こだわり倶楽部　青春出版社)
『13の暗号』(高橋徹　VOICE)
『今日ってどんな日』(〔編集〕中野昭夫／松方安雄　JMAM)
『日本史歳時記三六六日』(小学館)
『日本の神様読み解き事典』(〔編集〕川口謙二　柏書房)
『日本の神々』(佐田靖治　光泉堂)
『子神たち』(佐田靖治　光泉堂)
『火水伝文(ヒミツツタエフミ)と⑤九十の理(マコトのミチ)』(白山大地　四海書房)
『次元の旅人　誕生篇』(白山大地　四海書房)
『出口王仁三郎の霊界からの警告』(武田崇元　光文社文庫)
『武産合気(タケムスアイキ)』(植芝盛平　白光出版)
『八百万の神々』(戸部民夫　新紀元社)
『月刊「ムー」』(学研)
『諸国一の宮』(移動教室出版事業部)
『ヤマトタケル』(吉井巌　学生社)
『抹殺された古代日本史の謎』(関裕二　日本文芸社)
『天翔る白鳥ヤマトタケル』(小椋一葉　河出書房新社)
『青年地球誕生　いま蘇る幣立神宮』(青木秀映、青木伸哉　明窓出版)
『役小角』(黒須紀一郎　作品社)
『「偶然」の真相』(井上赳夫、大上和博　青春出版社)
『逆説の日本史①』(井沢元彦　小学館)
『エトロフの青いトマト』(菅原有悠　山と渓谷社)
『素数の不思議』(堀場芳数　講談社)
『宇宙の謎を解く鍵は聖なるカタチにあった！』(高橋励　福昌堂)
『日本書紀　衝撃の大暗号』(平田穂生　廣済堂文庫)
『彗星の木星衝突を追って』(渡部潤一　誠文堂新光社)
『霊の御綱(トノミツナ)』(松原皎月)

◎著者紹介

深田 剛史（ふかだ たけし）

1963年（昭和38）10月17日生。
名古屋在住。整体師。
霊・心・体で人を診て整体を施す。
宮司としての血を受け継いだため、日本古来よりの精神文化の尊さを徒党を組まずに説いている。
特に、「ご先祖様に申し訳ない」思想が薄れるにつれ、凶悪犯罪が増えていると警告。
とはいえ聞くところによると、毎週毎週子供を道づれに夏は飛騨の山奥の清流に身を浸し、冬は信濃の国の山々に積もった雪にうもれ、春と秋も美濃の野山にたわむれ、木曽の谷に家出をし、と四季を通して忙しいためあまり仕事をしていないのが現状……らしい。

　趣味――たくさんあるけど全部秘密。
　好きな場所――地方都市
　今後の夢――長野県と岐阜県が欲しい。
　名古屋名物 "あんかけスパゲティ" を全国に広める会　会長。
　"♪故郷（ふるさと）" を国民の歌にする会　代表心得。
　主な著書
　「数霊　日之本開闢（ヒノモトカイビャク）」（今日の話題社）
　「数霊　臨界点（リンカイテン）」（今日の話題社）
　「数霊　天地大神祭（アメツチダイジンサイ）」（今日の話題社）

数　霊

2003年11月22日　初版第1刷発行
2009年10月 1日　初版第5刷発行

　　　著　　者　　深田 剛史
　　　発 行 者　　韮澤 潤一郎
　　　発 行 所　　株式会社 たま出版
　　　　　　　　　〒160-0004　東京都新宿区四谷4-28-20
　　　　　　　　　電話　03-5369-3051（代表）
　　　　　　　　　http://www.tamabook.com
　　　　　　　　振替　00130-5-94804
　　　印 刷 所　　東洋経済印刷株式会社

乱丁・落丁本はお取り替えします。
© Fukada Takeshi 2003 Printed in Japan
ISBN978-4-8127-0088-4 C0011